HISTOIRE DES PONTONS

ET

PRISONS D'ANGLETERRE,

PENDANT

LA GUERRE DU CONSULAT ET DE L'EMPIRE

par

A. LARDIER.

TOME 2ᴱ

Lith. Gabert Pl. S. Pierre. 1 Toulon.

HISTOIRE

DES PONTONS

ET

PRISONS D'ANGLETERRE.

Marseille. Imprimerie Mossy, dirigée par Bellande,
rue Sainte, 31.

HISTOIRE
DES PONTONS

ET

PRISONS D'ANGLETERRE,

PENDANT

LA GUERRE DU CONSULAT ET DE L'EMPIRE,

PAR A. LARDIER,

Ancien Commis de Marine.

> Quæque ipse miserrima vidi.
> VIRGILE.

TOME II

PARIS,

AU COMPTOIR DES IMPRIMEURS-UNIS,

Quai Malaquais, 15.

COMON ET Cie

1845.

CHAPITRE PREMIER.

Prison de Bristol. — Projet général d'évasion. — Il échoue par suite d'une délation. — Le délateur est harponné. — Il meurt à l'hôpital avec un peu d'aide. — Cinquante Polonais résistent aux moyens de violence employés par les Anglais. — Aventures et pérégrinations de l'Italien Marinelli. — Incendie dans un cautionnement. — Dévouement des officiers Français. — Sa récompense. — Un aspirant de seconde classe et un ultra.

> Le ciel, dans sa miséricorde, avait donné à chacun des pauvres prisonniers Français, vingt fois le cours de la vie ordinaire à dépenser, puisqu'ils n'ont pas succombé tous.
>
> PILLET.

J'ai déjà mis sous les yeux du lecteur plus d'une infortune, plus d'une aventure tragique ou grotesque, et cependant ma tâche n'est point finie encore, et bien que je ne me sois proposé de tracer qu'une simple esquisse, bien que je ne rapporte que les traits les plus saillants parvenus à ma connaissance et qui m'ont paru les plus propres à caractériser la vie des prisonniers de guerre, il me reste encore beaucoup à dire, et je n'ai qu'à faire un choix parmi les circonstances nombreuses que me présentent mes souvenirs. Je ne prendrai que celles qui me paraissent le mieux atteindre le but que je me suis proposé : stigmatiser la cruauté des Anglais, faire ressortir l'héroïque résignation, l'intrépide énergie de nos compatriotes.

Sortons un instant de Dartmoor et voyons quelques-uns des faits qui, en même temps que ceux que je viens de raconter se passaient dans les nombreuses prisons qui couvraient le sol de l'Angleterre et de l'Écosse, ou sur les pontons de tous les ports de la Grande-Bretagne.

La prison de Bristol, égalait et peut-être surpassait en étendue celle de Dartmoor. Il y avait là de treize à quatorze mille français, un régiment entier de milice et un détachement de cavalerie pour les garder, et de plus, en face de la porte principale, un petit fort, garni de douze caronades de trente-deux, toujours braquées sur la prison, toujours chargées à mitrailles et prêtes à faire feu. Là comme à Dartmoor, comme dans tous les lieux du même genre, régnaient aussi une misère affreuse, une industrie active, du cynisme, de nobles pensées, et par dessus tout un indicible désir de désertion, une détermination toujours constante à en tenter tous les moyens.

Quand il fut question de l'échange dont j'ai parlé dans un de mes précédents chapitres, la chose parut tellement certaine que tous les prisonniers, se livrant à l'allégresse, ne pensèrent plus qu'au bonheur de revoir bientôt la France, et que toutes les industries, tous les métiers, furent mis de côté, pour ne s'occuper que des préparatifs d'un prochain départ. Mais, comme je l'ai dit, les propositions de l'Angleterre n'étaient qu'un leurre; elle le prouva par la manière dont elle commença à exécuter le cartel d'échange, et de plus Napoléon eut la certitude que le sieur Mackensie qui avait été envoyé à Calais, avec la mission ostensible de traiter de cet échange, avait des instructions secrètes et devait espionner les ressources, les projets du gouvernement impérial, conférer avec les chefs de parti ennemi de ce pouvoir et qui plus tard à amené sa chûte. Ces menées ne pouvaient échapper au regard d'aigle de Napoléon, regard qui même en embrassant l'immense espace, apercevait en même temps tous les détails. Peut-être ne fut-il pas très contrarié que, d'un côté, la déloyauté du gouvernement anglais, de l'autre, le caractère et les intrigues du délégué, lui fournissent un prétexte juste et plausible de rompre le traité, car je le répète, je ne pense pas qu'il eût jamais été franchement porté à faire un échange de prisonniers. Cette mesure eût été conforme à ses intérêts en 1814, mais alors les Anglais n'y auraient jamais consenti. A l'époque où il en fut question elle était contraire à ses intentions et à ses vues.

Quoi qu'il en soit, aussitôt qu'on apprit cette rupture, un abattement complet succéda aux espérances dont on s'était flatté. Aucun des prisonniers n'eut pendant long-temps le courage de reprendre les travaux abandonnés. La guerre était plus active, plus acharnée que jamais, et tous ne voyaient qu'un interminable avenir de captivité. Il n'y avait donc qu'un moyen de s'y soustraire ; c'était de fuir, au péril de la vie, au risque de tout ce qui pourrait arriver. Aussi, les tentatives de désertions ne furent jamais plus actives, plus multipliées qu'à cette époque. Dans la seule prison de Bristol, on exécuta simultanément une trentaine de passages souterrains pour pénétrer au loin dans la campagne et s'évader; mais presque tous furent dénoncés et n'aboutirent qu'à rendre la captivité plus dure et plus étroite.

Les Anglais de leur côté redoublèrent d'activité et de moyens pour déjouer ces désertions multipliées qui confondaient leur intelligence et exigeaient un renfort de surveillants et de troupes. D'énormes affiches furent placardées partout, promettant une récompense de cent guinées à tout individu qui révélerait un projet de désertion, et si c'était un prisonnier, il devait en outre recevoir sa liberté, et un passeport pour se rendre à l'endroit qu'il désirerait.

Ce fut par suite de ces promesses que fut déjoué un projet des plus audacieux et dont l'exécution, du reste, ne pouvait avoir une heureuse issue, et n'avait été conçu que par des hommes poussés par le désespoir à la dernière extrémité. Les détenus de Bristol s'étaient entendus pour sortir un jour en masse de la prison, au moment de la distribution des vivres, franchir l'enceinte et gagner la campagne. Tous, portant leurs hamacs et mateats attachés sur la poitrine, devaient s'en faire une cuirasse pour amortir les balles des feux de pelotons qu'ils n'auraient pas manqué de recevoir. Escaladant ensuite le mur extérieur, à l'aide de ces mêmes matelats entassés, ils se seraient dirigés au pas de course vers la partie latérale du fort où les canons n'auraient pu être placés assez promptement en batterie, pour tirer sur eux. Tout le reste était laissé au hasard et aux circonstances qui pourraient se présenter plus ou moins favorables.

Ce plan était-il insensé, était-il inexécutable ? Pour en juger, il faudrait se trouver dans des circonstances semblables à celles où étaient nos prisonniers, se pénétrer de leur énergie, de leur désespoir.

Au surplus, l'épreuve ne fut point tentée ; un délateur y mit bon ordre. Un jour les gardes furent doublées, les prisonniers furent renfermés, toutes les salles fouillées et visitées dans les plus petits recoins, et le gouverneur annonça que le projet était connu et qu'il avait pris toutes les mesures nécessaires pour en comprimer l'exécution. On n'y pensa plus, mais toutes les pensées tendirent à connaître le délateur. Ce désir ne tarda pas à être exaucé.

Peu de jours après ce que je viens de dire, la foule des prisonniers se pressait aux ouvertures de l'enclos par où se faisait la distribution des vivres. Cent coqs, pour les quatorze mille détenus étaient chargés de cette opération. Un d'eux avait auprès de lui un prisonnier qu'il désigna du geste comme le délateur, et à l'instant tous les regards se portèrent sur lui, mille menaces l'assaillirent. Mais il était à l'abri du côté des Anglais et savait trop bien ce qui l'attendait dans la prison pour s'y aventurer. Il s'en approcha de trop près cependant, ignorant sans doute tous les moyens ingénieux que la vengeance peut suggérer.

Un prisonnier fit à la hâte, avec des clous tordus, un espèce de grappin à plusieurs branches, et le fixa au bout d'une forte corde.

Au moment où l'imprudent s'approchant du trou, semblait narguer les camarades qu'il avait trahis, le harpon fut lancé sur ses épaules, accrocha ses vêtements et sa chair, et vingt bras vigoureux attirèrent cette proie que réclamait une justice inexorable. La tête y passa, fut saisie par des mains calleuses, dures comme le fer, puis le corps tomba sur le sol de la prison et fut foulé, roulé à coups de pied comme une lourde masse par les prisonniers qui allaient ainsi l'étouffer avant de le mettre en pièces. En ce moment un détachement de soldats, commandé par un officier, entra, se fit jour, bayonnettes en avant et délivra le malheureux, pas assez rapidement toutefois, pour le soustraire à un supplément d'agonie. Un prisonnier eut le temps de se saisir d'une énorme pierre et de la lancer avec force sur la poitrine du coupable, encore gisant à terre.

Il fut porté à l'hôpital dans un état déplorable. Cependant des soins bien entendus auraient pû le rendre à la vie, car il n'avait pas de blessures vraiment dangereuses. Mais il fallait lui compter cent guinées; il fallait prendre le souci de lui délivrer un passeport, et de lui chercher un refuge pour le mettre à l'abri des poursuites de ses anciens camarades. Une potion calmante, administrée à propos, termina tout cet embarras, en envoyant le coupable comparaître devant la justice céleste.

Mais tout n'était pas fini là pour les prisonniers. Un projet aussi audacieux et qui pouvait être repris plus tard sans encourir les chances de la délation, la fureur et les cruautés exercées contre le révélateur, méritaient une punition exemplaire. Il ne fut question de rien moins que de décimer tout le personnel des Français détenus à Bristol, et de fusiller un prisonnier sur dix. La proposition en fut faite par le commandant du dépôt au Transport-Office, mais cette administration n'étant dans aucun cas, pressée de répondre, les prisonniers furent pendant plus d'un mois dans l'attente du sort qui les menaçait et sous l'épée de Damoclès. Le Transport-Office, qui répondit enfin, recula devant une mesure aussi atroce. Il se borna à renforcer la garnison de Bristol, et à recommander à l'agent une surveillance plus active et plus sévère.

Peu de temps avant cet évènement, environ cinquante militaires Polonais prisonniers de guerre à Bristol avaient été soumis à une longue obsession dont leur détermination parvint à triompher. On leur avait d'abord proposé de s'enrôler sous les drapeaux de l'Angleterre, en leur faisant toutes les brillantes et fallacieuses promesses qu'on prodiguait en pareille occasion. Ils n'y répondirent que par des refus calmes, mais obstinés, et quand on vit que les moyens ordinaires étaient inefficaces, on voulut, par la force, contraindre ces braves à servir une cause qu'ils détestaient. Mais les moyens de rigueur né réussirent pas mieux que ceux de persuasion. Les Polonais les attendaient et s'étaient préparés en conséquence. Ils avaient parmi eux leur sergent-major dont ils reconnaissaient et respectaient toujours l'autorité, moins à cause de son grade militaire et de son rang dans la société, car il était baron, que par l'ascendant qu'avaient su prendre sa fermeté et sa résolution. Voici ce qu'il avait arrêté avec ses hommes, en cas de violence de la part des Anglais, et ce qui fut exécuté :

Un jour, quand on se fut bien convaincu que les cajoleries et les promesses n'aboutiraient à rien, on enferma les prisonniers Français dans l'enceinte intérieure et on laissa les Polonais dans la cour, où se présenta bientôt un fort détachement, chargé de les saisir et de les conduire dans un dépôt où on les enrôlerait bon gré, mal gré. La chose était prévue. Aussitôt que les miliciens parurent, dix petits pelotons de cinq Polonais, se précipitèrent chacun sur un soldat anglais, lui arrachèrent son fusil, et ces dix hommes armés chargeant immédiatement sur le reste de la bande, la refoulèrent en dehors de la porte d'entrée de la cour. Cela était si peu attendu et s'exécuta avec tant de promptitude que les Anglais ne firent aucune résistance. Les Polonais, de leur part, déclarèrent qu'ils étaient déterminés à se défendre et à se faire tuer jusqu'au dernier, plutôt que de servir contre la France. On dut renoncer à vaincre une résistance aussi énergiquement exprimée, et sans doute ces militaires auraient payé cher ces preuves d'honneur et de loyauté, si un évènement sur lequel ils ne comptaient pas, n'était venu les soustraire à la haine rancunière des Anglais. Peu de jours après la scène qu'on vient de lire, ils furent échangés et purent reprendre les armes pour une cause qu'ils trouvaient plus glorieuse et plus juste que celle qu'on avait voulu naguère leur faire embrasser.

Ce fut dans cette prison de Bristol que fut conduit, en 1812, le nommé Marinelli, maître d'équipage de la marine italienne, après trois ans de pérégrinations, d'épreuves et d'aventures dont le détail remplirait un volume, et que je résumerai en quelques mots :

Marinelli était détenu comme prisonnier de guerre à Perth, petite ville d'Écosse dont le nom serait ignoré de la plupart des lecteurs, si le génie de Walter-Scott ne l'avait immortalisé. Il déserta en compagnie de neuf camarades qui tous furent pris, et lui seul parvint à s'échapper en se cachant au bord du Tay dans des roseaux, avec de l'eau jusqu'au menton, où il eut la constance de rester immobile, pendant quatre heures consécutives, et par une température glaciale.

En sortant de là, il eut pour se sécher et se restaurer l'air froid de la nuit, une pluie fine qui commençait à tomber, et pour perspective des courses sans but déterminé, des vicissitudes dont il ne pouvait apprécier ni le nombre ni les dangers. Il erra une partie de la nuit, puis se coucha dans une lande, sur un champ imbibé d'eau, au milieu des bruyères dont les feuilles agitées par la brise versaient sur son corps déjà transi, les gouttes d'eau dont elles étaient chargées ; puis il continua son incertaine et pénible route, vivant de pommesde-terre, de navets crus abandonnés dans les champs. L'amour de la patrie et de la liberté a sans doute de grands charmes pour inspirer de tels dévouements, pour faire accomplir d'aussi pénibles sacrifices.

Après huit jours de cette vie si tourmentée et si pénible que le plus fort cheval y eut succombé, Marinelli en eut assez. Un soir, comme après de nombreux détours il venait de franchir la petite rivière la Tweed, et d'entrer en Angleterre, résolu de se rendre au premier village et de se déclarer prisonnier de guerre, pour en finir, il aperçut une clarté à travers les volets d'une chaumière. Il y frappa et fut reçu par quatre smugglers qui, d'abord disposés à lui faire un mauvais parti, changèrent bientôt d'avis quand ils l'eurent entendu, quand ils purent apprécier ses qualités et sa position. Marinelli parlait l'anglais, l'écossais et les divers jargons, les argots même du pays, avec cette facilité naturelle aux hommes du midi. Il n'avait d'ailleurs rien à perdre, et pouvait courir toutes les chances sans empirer son sort. C'était ce qu'il fallait aux smugglers qui, par un hasard heureux pour Marinelli, avaient besoin d'un auxilliaire actif et résolu, pour un enlèvement de quatre officiers sur parole à Thames qu'ils devaient aller prendre peu de jours après. L'accord fut bientôt fait et fut scellé par un repas, comme le pauvre Marinelli n'en avait pas fait depuis longtemps et dont il avait grand besoin.

Dès le lendemain on se mit en route, évitant toujours, en qualité de smuggler, comme en qualité de déserteur, les routes battues et les lieux habités. Cependant l'expédition fut heureuse ; les quatre officiers français, les quatres smugglers et leur recrue, s'embarquèrent dans une chaloupe pontée qui les attendait sur la côte Est de l'Angleterre et arrivèrent en France où leur fut payé le prix de l'expédition. Marinelli avait hautement exprimé son intention de quitter cette vie et de recouvrer son entière liberté en mettant le pied en France. Mais les smugglers, qui n'étaient pas gens très scrupuleux et qui voyaient les services que l'Italien était à même de leur rendre, en avait décidé autrement. Sous un prétexte spécieux ils le laissèrent dans la chaloupe quand ils allèrent remettre les officiers aux autorités françaises, et quand ils revinrent, un autre prétexte leur servit pour pousser au large et emmener Marinelli.

A peine avaient-ils pris la haute mer qu'ils furent obligés de virer de bord et de revenir sur la côte de France pour éviter une frégate anglaise qui croisait dans la Manche. Ils se hasardèrent encore le lendemain, et après plusieurs jours de raffales et d'une grosse mer, furent jetés non loin de Dublin, sur des rochers où la chaloupe se brisa. Trois des smugglers se noyèrent ; le quatrième et Marinelli, arrivés nus sur la côte, mais heureusement avec une ceinture garnie de quelques pièces d'or, se rendirent dans un hameau, où ils purent se procurer des vêtements des vivres et un gîte pour quelques jours. Mais cette existence devait avoir un terme. Les deux aventuriers allèrent à Dublin où il fut facile, au smuggler, de passer en Angleterre, à Marinelli de chercher les moyens de vivre en attendant une occasion quelconque pour gagner le continent. Il entra comme mitron chez un boulanger, et n'avait pas trop à se plaindre, ni de son sort, ni des traitements de son maître, lorsqu'un beau jour il fut saisi avec plusieurs Irlandais, dans une rue, par la *press gang* qui recrutait des héros maritimes à coups de bayonnettes.

Trouvé excellent pour le service et ne présentant aucune réclamation, Marinelli fut embarqué comme matelot, sur un vaisseau destiné à faire partie de l'escadre d'observation devant Toulon, et qui fit voile dès lendemain. Ce vaisseau, après avoir croisé pendant quelque temps dans la méditerranée, rallia son escadre, et se trouva en 1813, parmi ceux qui presque bord à bord foudroyèrent le *Romulus* en vue de Toulon, et sous le feu des batteries de la côte.

Jusques là Marinelli s'était flatté que quelque jour, envoyé sur la côte avec une embarcation, il pourrait s'évader, se rendre auprès des autorités française et leur expliquer comment il avait été conduit à prendre du service chez les Anglais, et recouvrer sa liberté sans courir aucun risque. Mais il venait d'être exposé aux boulets de nos vaisseaux, celui sur lequel il se trouvait aurait pu fort bien être pris et conduit à Toulon, et alors, le sort de l'Italien recevait une complication qui pouvait se terminer d'une manière tragique. Il le comprit, ne voulut pas s'exposer à cette alternative, et demandant à parler à son commandant, lui exposa sa position et réclama d'être traité en prisonnier de guerre et renvoyé en Angleterre.

▫ Cautionnement.
◉ Prison.
⚓ Ponton.

Londres	1
Chatham	2
Portsmouth	3
Plymouth	4
Bristol	5
Dartmoor	6
Stapleton	7
Bath	8
Winchester	9
Brecon	10
Abergavenny	11
Lichfield	12
Tiverton	13
Swansea	14
Barnstaple	15
Alresford	16
Northampton	17
Thames	18
Montgomery	19
Launceston	20

Nous n'avons indiqué sur cette Carte que les principaux lieux de détention et ceux qui sont mentionnés dans l'Ouvrage. Les cautionnements ont été changés trop fréquemment pour qu'il ne soit pas superflu de les donner tous.

Le commandant l'écouta à peine et lui ordonna d'un ton arrogant et sec de continuer son service. Marinelli répondit qu'il n'en ferait rien et tint parole. Il fut mis aux fers. Quand il en sortit il persista dans sa volonté d'inaction, ne voulut obéir à aucun ordre, ne toucha pas une manœuvre, répétant toujours qu'il était prisonnier de guerre et entendait être traité comme tel. Pendant huit jours on lui administra chaque matin dix coups de corde qui ne firent que meurtrir son dos sans changer sa résolution. On le menaça de le pendre; il répondit qu'il aimait mieux être pendu par les Anglais que fusillé par les Français.

Enfin le commandant se décida à le faire passer sur une frégate qui allait en Angleterre et où pendant la traversée, les mauvais traitements ne lui furent pas épargnés. On le débarqua au dépôt de Plymouth d'où il fut envoyé à Bristol avec quelques autres prisonniers. Il avait assez de désertions et de courses comme cela, et attendit patiemment les évènements de 1814.

Cette vie est-elle assez accidentée à votre gré? Et cependant, je n'en ai fait qu'un aride sommaire, je n'ai écrit, pour ainsi dire, dans ce qu'on vient de lire, que des titres de chapitres. N'y a-t-il pas toute une odyssée dans cette série non interrompue d'aventures et de périls accumulés dans un aussi court espace de temps, et Marinelli n'eut-il pas été bien venu à nous donner ses mémoires? Mais aussi, à l'époque où il put reprendre une existence moins agitée, combien d'autres appartenant à la même génération, tant secouée par les évènements politiques et les guerres, n'auraient-ils pas pu comme lui nous donner des détails du même genre, et raconter de semblables vicissitudes.

Les prisonniers Français, tant ceux qui étaient renfermés dans leurs bagnes flottants ou à terre, que ceux qui moins malheureux respiraient du moins un air libre dans les cautionnements, oubliaient toute haine et toute vengeance, tous les mauvais traitements dont ils avaient à se plaindre, quand il s'agissait de faire preuve de générosité. Plusieurs fois des voies d'eau, des incendies, ont eu lieu à bord des pontons, et toujours les prisonniers, loin de chercher à profiter du désastre, se sont montrés plus actifs, plus empressés que les Anglais mêmes, à en arrêter les progrès. Le même dévouement, la même générosité se sont fréquemment manifestés dans les cautionnements. Je me bornerai à en citer un seul exemple :

Dans une petite ville de Devonshire, se trouvait une centaine d'officiers sur parole. Une nuit, pendant l'hiver de 1810, et par un vent violent, le feu prit à une auberge, et se communiqua si bien et si rapidement aux maisons voisines, que tout le pays fut bientôt menacé d'être la proie des flammes. Comme presque toutes les maisons et les mobiliers étaient assurés, les anglais s'habillèrent, prirent leurs cannes et leurs chapeaux et allèrent se promener dans les environs au clair de la lune. Les officiers français n'eurent pas tant de flegme, bien que la chose ne les touchât pas d'aussi près; d'un mouvement spontanné ils se réunirent, s'organisèrent,

obéirent à un chef improvisé, dont les ordres régularisèrent les secours à porter, désignèrent les points où
la plus grande activité devait être déployée, parvinrent
enfin à maîtriser l'incendie et à sauver la petite ville
d'une ruine complète.

Le lendemain, les habitants, pour témoigner leur reconnaissance de ce service, adressèrent au Transport-Office,
un rapport détaillé de ce qui s'était passé, et la demande
du renvoi en France de tous les officiers prisonniers
dans leur ville. Le Transport-Office trouva que la reconnaissance dépassait le bienfait, ne voulut rendre la
liberté qu'à la moitié des prisonniers, et ordonna que
le sort désignerait ceux qui devaient jouir de cette faveur.
La chose se fit ainsi, et cinquante officiers, environ,
favorisés par une chance heureuse, reçurent la liberté.

Je regrette d'avoir à ajouter ici à ces circonstances
tout honorables de part et d'autre, un accessoire qui
l'est beaucoup moins, mais qui est une conséquence de
mon récit et doit le compléter.

Le jeune P.... aspirant de marine de seconde classe,
était un de ceux qui avaient montré le plus d'ardeur
et d'intrépidité à éteindre l'incendie, et avait été assez
heureux pour sauver du milieu des flammes prêtes à
l'étouffer, une jeune personne, parente du marquis de
Wellesley, frère de Wellington. Le sort le favorisa, et
il fut du nombre des partants. Mais son père, lieutenant
de vaisseau, vieux et infirme, était prisonnier au même
cautionnement, et le jeune aspirant demanda comme
une faveur de le laisser partir à sa place. Le Transport-

Office voulut bien cette fois sortir de ses habitudes, se montra généreux, et ordonna le départ du père et du fils. La chose eût semblé bien naturelle partout ailleurs, ce fut une merveille en Angleterre.

P.... rentré en France y reprit son service jusqu'en 1814, époque où il fut licencié comme tous les aspirants de seconde classe et tous les auxiliaires, de quelque grade qu'ils fussent, et quelle que fut leur ancienneté. Mais dix mois après Napoléon reparut, et P.... qui ne savait que faire courut après lui, l'atteignit à Lyon, et fut nommé sous-lieutenant au 16me de ligne.

C'était un crime irrémissible qui ne pouvait être pardonné quand vint la seconde Restauration. Licencié de nouveau, sans fortune, et poursuivi par la haine du parti dominant, l'ex sous-lieutenant ne sut que devenir. Il se décida à aller à Paris pour y chercher un emploi quelconque, et eut le bonheur d'y rencontrer le marquis de Wellesley qui n'oublia pas le service qu'il en avait reçu et recommanda chaudement le malheureux P.... à Wellington, pour le moment roi de France, et ayant Louis XVIII pour lieutenant-général. Wellington fit grand cas de la recommandation de son frère, et voulut présenter P.... au duc d'Angoulême. Ce prince, sans haine et sans rancune, quoi qu'on en ait dit, interrogea P.... qui lui raconta son fait avec franchise et sans rien dissimuler. « Eh bien ! lui dit le duc, quand le récit fut terminé, à tout pécheur miséricorde. » Et là-dessus il lui donna pour le ministre de la marine une lettre avec ordre de délivrer un brevet de lieutenant en second, d'artillerie de marine. Cet ordre ne pouvait éprouver ni objection ni retard, car le duc d'Angoulême qui aurait pris peut-être une chaloupe canonnière pour un vaisseau à trois ponts, était, comme on sait, grand amiral.

P.... fut destiné par le ministre pour le régiment qu'on organisait à Toulon. Pressentant les désagréments qui l'attendaient dans cette ville, où ses opinions bonapartistes lui avaient fait de nombreux ennemis, il réclama, et voulut être envoyé à Rochefort ou à Brest. Mais le ministre qui, peut-être, de son côté, avait une prévision de ce qui devait arriver, ne voulut par changer la destination, et donna le brevet pour Toulon.

Il y avait alors dans ce port, pour major de la marine, un de ces hommes qui ont fait plus de mal à la Restauration que ses ennemis les plus acharnés, un de ces royalistes, plus royalistes que le comte d'Artois, et qui n'entendaient à aucun raprochement, à aucune transaction entre l'ancien et le nouvel ordre de choses ; déjà fort mal disposé contre tout ce qui avait appartenu à l'armée ou à la marine de l'empire, il avait été particulièrement instruit, par des rapports officieux, des antécédents et de la conduite de P.... et avait promis de le recevoir en conséquence.

En effet, quand le jeune officier alla lui présenter son brevet, M. le major en fit quatre morceaux, les lui jeta à la figure, lui ordonna d'aller à l'instant ôter son uniforme, le menaçant de le lui faire arracher sur la place d'Armes, s'il en était revêtu pendant un quart-d'heure encore. Ce n'était pas là seulement un outrage sanglant à ce malheureux, c'était encore une insulte au ministre de la marine, au duc d'Angoulême et à Wellington. P.... aurait dû le comprendre, retourner à Paris, et rendre compte de ce qui s'était passé. Il n'est pas bien certain que justice lui eut été rendue, car le major n'aurait pas manqué aussi de faire son rapport, appuyé par de nombreuses dénonciations.

Exaspéré par un traitement aussi injuste et auquel il avait été bien loin de s'attendre, P.... conta sa déconvenue à quelques amis qui l'attendaient et qui en furent indignés comme devait l'être tout homme à qui il restait, à cette époque de vertige, quelque sentiment d'honneur et quelque bon sens. Ils l'entraînèrent dans un restaurant, cherchèrent à le consoler et à le calmer de leur mieux, mais la blessure était trop récente et trop vive pour être aussitôt cicatrisée. En reparaissant sur la place d'Armes le malheureux, toujours plus aigri, toujours plus exaspéré, poussa, de toute la force de ses poumons, en présence d'une foule nombreuse, le cri de : *vive l'Empereur!*

Il prononça ainsi lui-même sa condamnation. Arrêté immédiatement, il fut jugé quelques jours après et condamné à cinq ans de détention. C'était le maximum et il devait s'y attendre. Cependant il ne subit pas sa peine jusqu'au bout ; car entré dans sa prison, plein de vie, de jeunesse et de santé, il y mourut, consumé de chagrins, après deux ans de détention.

Je m'étais flatté d'achever mon œuvre sans rapporter rien qui ne fut honorable pour mon pays et pour le nom français, et c'est à regret que j'ai été entraîné,

Résistance de 50 Polonais.

par la suite de mon récit, à raconter ce qui précède. Une réflexion me console toutefois : c'est que de hauts fonctionnaires, capables d'oublier, comme celui dont j'ai parlé, leur devoir et les convenances, avaient depuis longtemps cessé d'être Français, et appartenaient aux ennemis de notre nationalité.

J'ai rapporté un trait honorable, en quelque sorte, pour le caractère du peuple anglais, je n'aurai pas besoin de chercher bien loin pour en trouver plus d'un ignominieux pour le gouvernement et ses agents. A peu près à l'époque où le dévouement et le courage de quelques officiers français recevaient dans un cautionnement une faible récompense, d'autres Français étaient fusillés non loin de là, par les soldats préposés à leur garde.

C'était à Chatham, en 1811, à bord du ponton le *Samson*. Un embaucheur avait été sur tous les pontons, recruter des étrangers pour servir dans les armées de l'Angleterre, répandant les trompeuses promesses auxquelles quelques-uns se laissaient prendre. Partout il avait été accueilli par le sarcasme, poursuivi par des cris de mépris et de malédiction. Ces manifestations avaient été plus énergiques à bord du *Samson* que partout ailleurs. Là, les prisonniers s'étaient rués en masse sur l'embaucheur, l'avaient maltraité, l'avaient contraint de fuir à la hâte, malgré la protection du commandant et des soldats, protection bien impuissante, car la garnison, refoulée par les prisonniers qui se précipitèrent entre elle et le recruteur, ne pût être qu'impassible témoin de sa honte et des avanies dont on l'accablait.

Cette conduite était déjà un grief terrible dont le commandant du ponton se promettait bien de tirer une vengeance exemplaire à la première occasion. Une circonstance nouvelle vint ajouter à sa colère et à son désir de répression. Dans la nuit qui suivit cette scène, dix-huit prisonniers s'évadèrent après avoir fait un trou au ponton. Deux se noyèrent avant d'arriver à terre ; les autres, poursuivis et traqués par les milices et les paysans, furent repris, et ramenés au ponton et mis au cachot.

Il semblait que le châtiment des coupables, puisqu'on s'obstinait à les considérer comme tels, et dont deux avaient été punis de mort, aurait dû suffire à la vengeance anglaise, puisque les autres prisonniers n'y étaient pour rien. Il n'en fut point ainsi : Tous les prisonniers indistinctement furent enfermés et mis à la demi-ration. Quand on les fit sortir, pendant une demi-heure, pour la distribution des vivres, ils ne purent s'empêcher de pousser des huées et des vociférations arrachées par une mesure aussi inique.

Oubliant toute modération et toute retenue, le commandant se précipita sur eux, saisit un officier à la gorge et se colleta avec lui. Celui-ci le repoussa avec force et le fit tomber lourdement sur le pont, aux pieds de ses soldats, rangés à quelque distance. En se relevant il ordonna de faire feu, et les soldats qui étaient prêts, exécutèrent l'ordre à l'instant. Huit Français tombèrent morts, entr'autres le lieutenant d'infanterie Dubeausset, celui avec qui le commandant avait eu à faire, un plus grand nombre furent plus ou moins dangereusement blessés.

Le lendemain les prisonniers adressèrent une plainte au commandant en chef du dépôt. Une instruction eut lieu, et douze soldats de marine et leur chef furent envoyés devant les assises. Mais ils étaient sans inquiétudes : de nombreux précédents, dans des affaires du même genre, les rassuraient complètement. En effet, le jury les acquitta, qualifiant leur crime de *justifiable homicid*. C'est ce qui avait toujours lieu, lorsque la mort de quelque prisonnier français avait été la suite immédiate, soit d'un acte de brutalité de la part d'un soldat, soit de la volonté préméditée d'un chef, comme dans la circonstance dont je viens de parler. J'ai déjà dit quelques mots de la manière dont se comportaient les soldats des garnisons, l'orsqu'il s'agissait de faire sortir les prisonniers pour l'appel. Citons encore quelques mots du général Pillet qui, comme moi, a été témoin oculaire de ces faits :

« Au moment, dit-il, où l'on doit compter, des soldats descendent pour faire monter les prisonniers, et il se commet alors des actes effroyables de brutalité; plusieurs fois des prisonniers ont été percés de bayonnettes ou estropiés à coups de sabre, parce qu'ils ne montaient pas assez vite au gré d'un soldat ivre. Dans ce cas, il n'y a aucun redressement à espérer ou à obtenir. Le colonel *Vatable* et moi, témoins et presque victimes d'un pereil acte de barbarie, vîmes tomber un malheureux sous les coups de sabre d'un soldat ; il reçut une forte entaille au bras. Nous témoignâmes notre indignation ; pour tout redressement de notre plainte, il nous fut répondu que le soldat était un peu brutal, qu'il avait bu, mais que pareille chose n'arriverait plus. Le lendemain on ordonna que le colonel et moi fussions désormais enfermés l'un et l'autre, avant l'appel pour compter, afin que nous ne fussions pas témoins et que nous ne pussions pas nous plaindre de l'assassinat de nos compatriotes. C'est de cette manière que se rend généralement en Angleterre, la justice en faveur des prisonniers de guerre Français ; un crime que l'on commet contre eux, devient toujours le précurseur d'une aggravation de peines et de persécutions pour eux. »

« Je déclare, avec pleine connaissance de cause, que plus de cinq cents Français ont péri de cette manière, sans qu'il ait été possible d'obtenir justice ; qu'une quantité considérable restera estropiée et hors de service, par les coups de feu, les coups de bayonnette, les coups de sabre, etc. »

« Après avoir subi tant de mauvais traitements, après avoir éprouvé tant de dangers, les prisonniers de guerre n'ont encore pas connu toute l'horreur de leur destinée ; si leur santé a résisté à tant de maux, les maladies viennent y mettre le comble. »

Les maladies décimaient en effet les prisonniers. J'ai parlé de l'épidémie qui ravagea la prison de Dartmoor. Pendant plusieurs mois il en régna une avec les mêmes caractères et la même intensité à Bristol. Mais là, les souffrances et l'agonie des malades n'étaient point adoucies par des soins aussi compatissants que ceux que donnait le docteur Ashelby aux malheureux confiés à son art. Quels que fussent les ravages d'une maladie, quelque grand que fut le nombre des victimes, les journaux anglais répétaient de temps en temps et périodiquement que la santé des prisonniers était dans l'état le plus satisfaisant, et qu'ils étaient seulement atteints de rhumes légers et sans importance. Cette phrase devait avoir été stéréotypée, car elle revenait à des époques fixes et déterminées, sans le changement d'une seule lettre.

Qu'étaient cependant ces rhumes légers? C'étaient invariablement des maladies de poitrine qui atteignaient plus particulièrement des jeunes gens, des hommes dans la force de l'âge et d'une constitution robuste. On ne pouvait subir deux ans d'emprisonnement et du régime auquel on était soumis, sans en être atteint, et ses ravages étaient toujours en proportion de la jeunesse du sujet.

Tous les remèdes apportés à la prétendue guérison de cette maladie pulmonaire étaient calculés pour en accroître les ravages et en accélérer le terme. C'étaient d'abondantes saignées, un régime débilitant, des vésicatoires prodigués à outrance. Ainsi, on amenait les malades au point où il les fallait pour les renvoyer en France, quand ils ne rendaient pas le dernier soupir en Angleterre, quand ils ne devaient arriver dans leur patrie que pour y mourir.

Et quand ces moribonds se présentaient en foule à la

visite des médecins commis pour choisir ceux dont on pouvait se débarrasser, sans craindre une trop longue prolongation d'existence, on a vu déjà avec quelle scrupuleuse attention ils étaient examinés et combien le gouvernement anglais était avare dans la délivrance des congés, qu'on pouvait appeler des billets d'enterrement. Ces précautions étaient tellement rigoureuses, que souvent l'Angleterre n'avait à fournir, que pendant quelques jours encore, le logement immonde et la triste ration au prisonnier que l'on avait cru pouvoir survivre trop longtemps au traitement homicide des pontons.

CHAPITRE II.

L'ordre du Lion. — Ses fondateurs. — Son but, sa propagation dans les divers cautionnements. — Les Rafalés. — Institution parodie. — Pensée généreuse des fondateurs. — Voyage de deux aigles françaises. On en perd une. — Anecdotes diverses.

> Il faut rire de tout, de peur d'être
> obligé d'en pleurer.
> BEAUMARCHAIS.

A l'époque de l'expédition de Napoléon contre la Russie, le cabinet de St-James conçut les plus vives appréhensions, et vit bien que c'était là le coup décisif qui allait enfin décider des destinées de l'Angleterre et de la France. En effet, si cette expédition eût eu le succès qu'elle devait avoir, l'Empereur en eut fini avec l'éternelle ennemie de notre puissance, soit qu'il l'eut frappée au cœur dans ses possessions de l'Inde, soit qu'il eut repris les projets de descente qui auraient offert alors, bien moins de difficultés qu'à l'époque du camp de Boulogne.

On dit qu'alors les Anglais songèrent au sort qu'ils feraient à leurs prisonniers de guerre en cas d'une menace de descente. Ils connaissaient la haine implacable que ces hommes leur portaient, ils connaissaient leur patriotisme, leur dévouement à Napoléon, et leur détermination. Il fut, assure-t-on question, en conseil secret, soit d'un massacre général, soit d'une déportation, avant l'issue de la guerre, dans les mines de la Sibérie. Il n'existe pas de preuves authentiques de ce crime prémédité, mais les crimes politiques commis par le gouvernement anglais suffisent pour en garantir le projet.

Les prisonniers, soit par pressentiment, soit par la conviction dont étaient capables leurs ennemis, soit enfin, par quelque indiscrétion, en eurent connaissance. La foule n'en prit aucun souci, certaine que son sort, tel qu'on le lui ferait, même par la mort, ne pouvait empirer. Mais les hommes d'élite songèrent à se précautionner, à se porter des secours mutuels en cas de malheur, à s'unir par des nœuds indussolubles, qui fussent en même temps un gage de leur haine contre l'Angleterre, de leur dévouement à leur pays.

Ce fut alors que fut créé au cautionnement d'Odiam, par l'adjudant-général Simon, l'ordre du Lion. Il fallait, pour y être admis, avoir trente ans révolus, être d'une conduite irréprochable, avoir quelques faits d'armes ou avoir assisté à une affaire sérieuse. Le fondateur fit part de son projet à quelques hommes sûrs, et bientôt l'ordre fut organisé sur des bases fixes, ayant, comme la maçonnerie, son serment, serment terrible! ses secrets, son catéchisme, ses mots de passe et de reconnaissance.

Bien que les évènements ultérieurs et la politique actuelle aient rompu les liens de cette association, les principes et le but n'en existent pas moins encore parmi ses membres épars, et l'on sent qu'il ne m'est pas permis de révéler en entier ses secrets. Je me bornerai donc à des généralités que, cependant, je ne crois pas sans intérêt.

Dans le principe, les membres se réunissaient et faisaient leurs réceptions au pied d'une vieille tour, dans les environs d'Odiam. Ils s'entendirent ensuite avec les membres d'une loge maçonnique où ils tinrent leurs séances, en changeant les décorations. A côté du fauteuil du président était le buste de Napoléon, et au-dessus, une étoile transparante avec une N dans le centre. Chaque membre était décoré d'un ruban bleu moiré, sur lequel étaient brodés un glaive et une tête de lion. Tout cela était emblèmatique et expliqué par le texte du catéchisme. La tête de lion, c'était la dynastie de Napoléon, le glaive, la haine vengeresse qui menaçait constamment l'Angleterre.

On a déjà deviné la pensée qui avait présidé à la création de l'ordre. C'était de jurer une haine implacable, éternelle, au gouvernement anglais, de consacrer toutes ses facultés, toute sa fortune, tout son pouvoir, à provoquer la destruction de ce gouvernement ; c'était de se vouer pour jamais au maintien, à la défense de la dynastie impériale ; c'était enfin, de se secourir mutuellement comme des frères, contre les persécutions présentes et à venir des Anglais.

L'ordre ne tarda pas à se propager de proche en proche, et eut d'assez nombreux affiliés dans tous les cautionnements, bien qu'on mit une extrême circonspection dans le choix des présentations. Ce n'était qu'après de rudes épreuves, après un examen sévère qu'on était admis ; et le scrutin qui précédait et décidait cette admission devait être unanime. Une seule opposition suffisait pour le rejet définitif du candidat.

Odiam avait été le berceau de l'ordre, ce fut à Odiam que les Anglais en eurent le premier soupçon et cherchèrent à l'étouffer. Sur quelques indices vagues, l'agent des prisonniers à Odiam, entra dans la loge, au moment où les chevaliers du Lion en sortaient, et n'eut pas grand peine à reconnaître que les décorations du local n'étaient pas des décorations maçonniques. Il saisit les registres, les papiers, les emblèmes qui pouvaient donner quelque lumière sur le but, les projets et les moyens de l'ordre. Tout cela fut envoyé à Londres, mais tout cela ne put être déchiffré. C'étaient des hiéroglyphes dont avaient la clé, ceux seulement qui les avaient créés. On en conclut cependant que c'était une conjuration contre l'Angleterre, et on agit en conséquence.

Le général Simon fut arrêté et traité, non plus en prisonnier de guerre, mais en prisonnier d'état, et en-

Prisonniers sur l'Ile Cabrera.

fermé dans une forteresse. Plusieurs officiers supérieurs subirent le même sort, après avoir été soumis à de rigoureux interrogatoires, à des visites domiciliaires et personnelles qui ne respectèrent pas les endroits les plus secrets.

Cependant l'ordre ne fut point anéanti pour cela. Les affiliés continuèrent à se réunir et à faire des réceptions avec plus de précautions et de secret, mais avec le même zèle et les mêmes intentions.

Des officiers pouvaient seuls être admis dans l'ordre, et ce n'a été que par exception et par une faveur spéciale qu'un très petit nombre de sous-officiers de terre et de mer qui avaient fait des preuves d'intrépidité et de fermeté de caractère, y ont été reçus.

Tous les prisonniers qui avaient connaissance de l'ordre étaient convaincus que Napoléon en avait reçu communication, qu'il l'avait approuvé, et même s'en était constitué le grand-maître. Cette opinion ne repose sur aucun fondement, mais j'y crois avec la plus intime conviction, j'y crois, parce qu'elle concorde avec ce que j'ai déjà dit de l'éloignement de Napoléon pour l'échange des prisonniers, des projets qu'il pouvait fonder sur leur présence en Angleterre. Je crois aussi fermement que le prince Lucien Bonaparte, du fond de son cautionnement d'Écosse connaissait tous ces projets et les secondait de son influence et de sa fortune.

Il est une particularité que je ne dois point omettre, sans que j'en veuille tirer aucune conséquence. C'est que, la plupart des membres de l'ordre du Lion que j'ai connus, étaient des militaires appartenant à l'ancienne noblesse, et dont les pères s'étaient ralliés à Napoléon et à sa dynastie.

Il y avait, à coup sûr, dans la création de cet ordre, une conception sérieuse qui pouvait, et qui peut-être peut avoir encore de graves résultats. Mais dans l'histoire des prisonniers de guerre, à côté des sujets les plus sérieux, on trouve toujours des sujets bouffons et des parodies. C'est ce qui m'engage à dire quelques mots de l'ordre des *Raffalés* qui fut créé à Arlesford, à peu près à la même époque que l'ordre du Lion.

Arlesford était un cautionnement favorisé, où n'étaient guère envoyés que des officiers généraux ou supérieurs. Ces messieurs fréquentaient l'aristocratie et la haute bourgeoisie anglaises, et fraternisaient avec elles dans les loges maçonniques. D'un patriotisme plus austère et plus exclusif, les jeunes officiers voyaient avec peine ces communications qu'ils traitaient de mésalliance, et s'en moquaient hautement. Ils voulurent en faire la contre-partie et la caricature, par la création d'un ordre qui fut le symbole de la véritable position des prisonniers et de leur existence en présence des anglais.

Une vingtaine d'espiègles, aspirants ou sous-lieutenants qui auraient été en état d'en remontrer à leurs chefs, pour l'esprit, l'activité et le patriotisme, organisèrent l'ordre des Raffalés. Il fallait, pour y être admis, être prisonnier depuis quatre ans au moins, et avoir subi temporairement l'épreuve du ponton ou de la prison. Il fallait prouver qu'on en était réduit depuis un certain temps à la solde insuffisante du gouvernement anglais. Mais il faut dire qu'on n'était pas très rigoureux sur ce point.

Les séances se tenaient dans une salle nue et dénuée de toute espèce de meubles, et où les membres se tenaient debout, appuyés contre le mur. Ils avaient comme cordon de l'ordre, une bande de grosse toile d'emballage, portée en sautoir, et au bout de laquelle, pendait pour bijou, une pomme-de-terre. Dans le principe, on y avait placé aussi deux carrottes en croix qui figuraient sur la poitrine du frère raffalé. Mais sur la proposition d'un membre, et après une discussion animée, cet emblème fut définitivement supprimé, comme objet d'un luxe trop aristocratique pour l'institution.

J'ai assisté à quelques séances de l'ordre des Raffalés, et j'y ai entendu des discours pétillants d'esprit et de saillies, peut-être, parce qu'il n'y avait là aucune prétention, et qu'on ne s'attendait pas à être applaudi.

Tout cela n'était qu'une plaisanterie, mais grâce à une pensée heureuse qui était venue s'y joindre, comme je le dirai tout-à-l'heure, grâce surtout au désœuvrement des prisonniers, à leur besoin de former entre eux des nœuds d'alliance et de rapprochement, cette association franchit l'enceinte d'Arlesford avec quelques officiers qui furent envoyés dans d'autres villes, et bientôt tous les cautionnements eurent leurs loges de raffalés qui protestaient contre l'union scandaleuse de l'aristocratie des prisonniers avec l'aristocratie anglaise. Pour rendre la chose plus sensible, je me servirai d'une comparaison avec ce qui s'est passé de nos jours. L'ordre du Lion était le Carbonarisme, qui a fait une guerre à mort à la restauration, et a fini par la vaincre. L'ordre des Raffalés était la presse de plaisanteries et de sarcasmes qui déconsidérait le pouvoir, et chaque jour lui enlevait ses partisans en les attaquant par le ridicule. L'un et l'autre auraient peut-être atteint leur but, si les évènements politiques ne fussent venus brusquement mettre un terme à cette lutte.

Au surplus, au milieu de ces facéties, les raffalés, liés par un serment auquel ils étaient fidèles, n'en poursuivaient pas moins un but honorable et moral. Chaque réunion particulière avait une caisse où l'on s'engageait à verser le tiers, au moins, de l'argent qu'on recevait de France. Le fond provenant de ces remises était destiné à venir au secours, indistinctement, des officiers du cautionnement qui étaient malades et dénués de ressources. Ainsi une pensée généreuse se mêlait à des plaisanteries, car il faut ajouter encore qu'une partie de l'argent arrivant de France, devait être consacré à un banquet pour les membres de l'association, banquet modeste, ou qui, du moins, d'après les prescriptions des fondateurs, devait en avoir l'apparence. Les couverts ne pouvaient être qu'en bois, les plats et assiettes ou vaisselle de terre des plus grossières, et la pomme-de-terre, emblème de l'ordre, devait y jouer le principal rôle.

Dans tous les cautionnements, indépendamment des deux associations dont je viens de parler, étaient des loges maçonniques, soit anglaises, soit françaises. Mais au lieu d'être un lien de fraternité, ces réunions devenaient souvent une cause de dissentions parmi les prisonniers. Les uns s'obstinaient à n'avoir aucun rapprochement avec nos ennemis, et plus d'une fois, on en a vus quitter brusquement la séance quand se présentaient des visiteurs anglais. Quelquefois aussi, pendant la tenue, des discours énergiques ont rappelé les motifs de haine qui divisaient les deux nations, et empêchaient toute liaison de quelque nature qu'elle fût. D'autre part, le gouvernement et ses agents voyaient avec peine ce rapprochement, et mettaient tout en œuvre pour l'empêcher. C'est en grande partie, comme je l'ai dit, ce qui donna lieu à la création des deux associations dont j'ai fait connaître le but.

En fait d'espiègleries faites aux anglais, j'en puis rapporter une qui fit peu de bruit, et qui, cependant, mérite de ne pas être passée sous silence.

Un officier anglais, venant de l'armée d'Espagne, allait à Londres porter deux aigles de nos régiments, prises à la bataille des Aropyles. Il débarqua à Plymouth et s'achemina par terre vers la capitale, avec ses aigles, pour avoir occasion de les faire voir, de se pavaner et d'exalter la bravoure et les succès des troupes anglaises

Il avait planté les deux glorieux insignes dans sa voiture, sortant de chaque côté par les deux portières, les dépassant de toute la moitié de la hampe, et les deux drapeaux qui accompagnaient l'aigle dorée, flottant au vent. John Bull accourait en foule à ce spectacle, battait des mains, et portait aux cieux la gloire de Wellington et de son armée.

En arrivant à Wishendorf où était un cautionnement français, l'officier trouva quelques camarades appartenant à un régiment de milice qui, après s'être fait longuement expliquer l'origine de ce trophée, tous les détails et toutes les manœuvres de la bataille de Aropyles, et la signification des mots : *Valeur et Discipline*, inscrits sur les drapeaux, entraînèrent le messager dans une taverne du voisinage où ils le fêtèrent copieusement, à la manière anglaise.

Pendant que les pots de bière et les bouteilles de porter se vidaient, la voiture était restée dans la rue, avec ses deux aigles en l'air, comme deux rames d'un bateau. Le postillon et un sergent d'infanterie qui accompagnaient l'officier, avaient fait comme lui et étaient allés se désaltérer dans un cabaret, et boire à la prospérité des armes anglaises.

Les toasts furent nombreux, à ce qu'il paraît, car la nuit était venue, que la voiture était encore là, sans gardiens officiels, mais entourée par la foule nombreuse des badauds, et regardée de loin à la dérobée, par quelques officiers français qui rongeaient leur frein. Cependant le temps s'écoula, la nuit devint sombre, la foule se dispersa peu à peu, la cloche des prisonniers français les fit rentrer dans leur domicile, et la voiture resta seule, tandis que le postillon et le sergent étaient déjà sous la table, et que l'officier, dont la tête était plus forte, continuait à boire, et à compter le nombre des français qu'il avait tués aux Aropyles. Plus il buvait, plus il en tuait. Il en tua tant, qu'au dernier, qui n'était rien moins que Marmont, il poussa un hoquet et s'endormit, fatigué par tant d'exploits. Ses camarades ne l'écoutaient plus depuis longtemps, et ronflaient aussi, qui dessus, qui dessous la table. Le maître de la taverne, fait à ces usages, respecta leur paisible sommeil, mais le héros des Aropyles lui inspirait trop de vénération, pour qu'il ne lui donnât pas des soins plus attentifs. A l'aide de deux valets, dont l'un le souleva par les pieds, l'autre par la tête, le héros fut porté sur un lit où, dans un songe, défilèrent devant lui les ombres sanglantes des soldats français qu'il croyait avoir pourfendus.

Pendant qu'il se reposait ainsi de sa fatigue et de ses récits, un officier français, dont le logement se trouvait en face du lieu où la voiture était abandonnée, attendit que tout le monde fut couché dans la maison, que le silence régnât dans les rues, sortit doucement, enleva une aigle, et l'emporta chez lui.

Le lendemain, l'anglais s'éveillant assez tard, malgré les brouillards de la veille, finit par se rappeler sa glorieuse mission, et se disposa à la reprendre. Ce ne fut pas sans peine qu'on trouva le sergent et le postillon, et qu'en les secouant on les remit à leur poste. On finit cependant par se mettre en route, et ce ne fut qu'après avoir fait plusieurs lieues, et avoir reçu de nouvelles ovations, que l'officier s'aperçut qu'il lui manquait une aigle. La chose était grave : ces insignes devaient figurer dans la tour de Londres parmi une foule de souvenirs qui attestent l'aménité des mœurs anglaises; à côté du tonneau où fut noyé, dans du vin de Malvoisie, un duc de Clarence ; à côté des hâches qui décapitèrent Marie Stuart et les femmes d'Henri VIII ; tout près du fer qui brûla les entrailles d'un souverain ; non loin des cordes qui lièrent Jeanne d'Arc, avant de monter au bûcher, et parmi tant d'autres trophées que l'Angleterre devrait bien placer dans ses armoiries au lieu du Lion et de la Licorne.

Qu'advint-il du malencontreux officier qui ne put rendre à destination qu'une partie de la marchandise qui lui avait été confiée, et dont sans doute aussi, on lui avait remis facture ? C'est ce que je n'ai jamais su, mais on peut croire qu'il en fut quitte à bon marché, et que, pour ne pas ébruiter la chose, le gouvernement anglais ne dit mot. Le plus sage était donc de renvoyer ce terrible pourfendeur à l'armée d'Espagne, et c'est ce qu'on fit sans doute.

Quant à l'enseigne impériale, la hampe en fut rompue et brûlée, et l'aigle et le drapeau soigneusement gardés par le prisonnier français, qui se faisait gloire de les rapporter et de les montrer en France. Mais le temps n'était pas loin où cet emblème, proscrit aussi en France, devait y être caché avec plus de précautions encore qu'en Angleterre.

Plus les localités des cautionnements étaient grandes

et populeuses, plus les prisonniers sur parole avaient de vexations et d'avanies à souffrir, parce que là, on se voyait moins, on se fréquentait moins, et que, par conséquent, les haines, les préventions inspirées et entretenues par le gouvernement, contre les Français, ne pouvaient pas aisement être détruites. Dans de très petites villes ou des villages isolés où il n'y avait que peu de prisonniers, des rapprochements avaient lieu bientôt entre eux et les habitants, et, nul n'eut songé à les insulter, parce qu'on se préoccupait moins de politique et des évènements de la guerre que dans les villes d'une certaine importance. A Ivy-bridge, par exemple, où il n'y avait que cinquante ou soixante officiers français, leur cloche du soir ne sonnait que pour la forme, et ils pouvaient, à l'heure la plus avancée de la nuit, traverser la ville, en sortant des sociétés où ils passaient la soirée, sans craindre d'être arrêtés ou dénoncés.

Mais aussitôt qu'on s'apercevait de ce bon accord, on s'empressait, soit d'envoyer les officiers dans un autre cautionnement, soit de faire naître, par tous les moyens possibles des sujets de défiance, et de semer des ferments de discorde. A Ivy-bridge, dont je viens de parler, on envoya un certain individu étranger au pays, venu on ne sut dire de quel endroit, et il eut été peut-être embarassé de le dire lui-même. Sous prétexte d'enseigner la langue française qu'il ne connaissait pas et qu'il écorchait horriblement, il se faufila partout, colporta partout les absurdités répandues en Angleterre contre notre pays, inventa des histoires, débita aux Français des calomnies contre les habitans, aux habitants contre les Français, et fit si bien enfin, qu'au bout de deux ou trois mois, la haine, la défiance, le mépris mutuel, avaient remplacé la concorde qui avait regné jusques là, et les pauvres officiers étaient aussi isolés, aussi mal vus à Ivy-bridge que dans les cautionnements les plus hostiles.

Mais partout où avait regné tant soit peu de bonne intelligence, elle cessa naturellement et tout-à-coup, quand on apprit nos désastres en Russie. Alors, l'orgueil national anglais ne put dissimuler la joie que lui causait notre humiliation ; alors les Français blessés de ces manifestations offensantes, et le cœur navré se tinrent claquemurés dans leurs domiciles, ne se virent plus qu'entre eux, pour se communiquer leur douleur du présent, leurs craintes de l'avenir, et rompirent toute communication avec les anglais.

Ce fut surtout à la nouvelle de la bataille de Leipsic, à l'annonce de l'entrée des armées alliées en France, que se montrèrent d'un côté une joie frénétique, de l'autre, un abattement, un désespoir qu'on cherchait vainement à cacher.

A chaque progrès que faisait l'invasion, se révélait, avec une nouvelle énergie, la joie insultante des anglais, s'accroissaient avec une nouvelle force, l'éloignement et la haine entre les prisonniers et les habitants. La tourbe des ouvriers anglais, la fange de la population, encombraient les rues pendant le jour, vociférant de grossières injures, des menaces atroces contre Napoléon, l'armée, et la nation françaises. La nuit, le moindre village était illuminé avec un luxe splendide, et ces démonstrations se prolongèrent pendant plusieurs mois, jusqu'à ce qu'enfin le coup de grâce fut donné aux malheureux prisonniers par l'annonce de la prise de Paris, et la nouvelle qu'un cosaque était gouverneur de la capitale du monde civilisé. Dès lors la morgue anglaise ne connut plus de frein, les insultes n'eurent plus de bornes, et les Français comprirent bien qu'il n'y avait à attendre que des démonstrations hypocrites de la part d'un peuple auquel l'égoïsme national enlève tout respect des convenances et tout sentiment humain.

Avant de terminer ce chapitre je rapporterai un évènement qui a été déjà plusieurs fois raconté, mais que je ne puis omettre. C'est l'évasion la plus audacieuse et la plus heureusement exécutée peut-être qui ait eu lieu pendant la guerre.

En 1810, à bord d'un des pontons de Plymouth, un aspirant et six matelots avaient travaillé pendant longtemps à pratiquer un trou, et avaient été assez heureux pour échapper à la surveillance des anglais, à l'attention des espions. Quand l'œuvre fut achevée, on attendit le beau temps pour se mettre en route, et j'ai déjà dit ce que c'était que ce beau temps : un ouragan à déraciner des pyramides. Mais nos braves avaient calculé que chercher à se rendre à terre au milieu de mille périls, c'était le pont aux ânes, et qu'il était beaucoup plus court et plus sûr d'enlever un petit batiment de la rade, avec ou sans son équipage, et de s'en servir pour gagner la France.

Ils avaient déjà fait élection d'un petit Cutter, mouillé

non loin du ponton, à l'allure paisible, et qui ne paraissait pas très bien gardé. Quand le moment fut venu, ils se mirent dans le costume de rigueur, passèrent par leur trou, se dirigèrent à la nage vers le bâtiment où ils montèrent sans obstacle. Ils trouvèrent sur le pont un seul marin, à moitié endormi, qui fut saisi, garrotté et bâillonné avant de s'être aperçu seulement qu'il y avait des étrangers et qu'il se passait quelque chose d'inusité à bord.

A la lueur de la lampe de l'habitacle, nos Français virent au pied du mat, quelques sabres rangés en faisceau, s'en emparèrent et descendirent sous le pont où tout était dans le plus profond silence. Cinq hommes qui, avec celui qu'on venait de surprendre, formaient tout l'équipage du cutter y dormaient dans la plus parfaite quiétude, et ne se reveillèrent que pour être traités comme leur camarade. Mais force leur fut de se résigner à leur sort et d'aider, bon gré, mal gré, les Français à mettre à la voile sans attendre le jour.

On apprit alors que le cutter était chargé de poudre, destinée à l'approvisionnement de plusieurs bâtiments de guerre en partance, et qui devaient la recevoir le lendemain. Ainsi, nos déserteurs allaient gagner non-seulement leur liberté, mais une petite fortune, dont la valeur était doublée à leurs yeux, puisqu'elle était faite aux dépens des anglais.

Cette nouvelle redoubla leur ardeur; on leva l'ancre, on appareilla, et le cutter longea les pontons, passa au milieu de l'escadre, fut hélé vingt fois, et vingt fois on le laissa filer, sur les réponses données par l'aspirant qui parlait parfaitement l'anglais. Il gagna enfin la tête de rade, et se trouva bientôt en pleine mer, sans plus d'obstacles.

Le même bonheur l'accompagna dans la Manche, qu'il franchit sans rencontrer aucun des nombreux croiseurs qui la sillonnaient. Il arriva à Cherbourg avec ses prisonniers et son chargement de poudre, chargement précieux à cette époque où, comme on sait, il s'en faisait grande consommation. Le gouvernement acheta la cargaison, un armateur de corsaires acheta le cutter qui, changeant ainsi de destination, fit la guerre aux anglais. Le tout rapporta quatre-vingt mille francs aux capteurs, qui les reçurent peu de jours après leur arrivée.

Après avoir rapporté ce trait de détermination et de courage, il faut en faire connaître un de désintéressement, qui paraîtra peut-être incroyable à notre génération. L'aspirant, qui cependant, n'appartenait pas à une famille opulente, ne voulut rien accepter du produit de son expédition, le laissa partager en entier par ses compagnons, qui eurent grand peine à lui faire accepter une riche épée, souvenir de leur reconnaissance, et des périls qu'ils avaient courus ensemble.

Pendant les derniers jours que je passai à Dartmoor j'y connus un officier français qui avait manqué de bien près, d'être suspendu par le cou à la grande vergue de la frégate anglaise la *Java*. Il était prisonnier à bord de ce bâtiment qui l'avait reçu à Malte et le portait en Angleterre, quand on rencontra la frégate la *Cléopatre* et qu'on se disposa à parlementer à coups de canon, comme cela se pratiquait alors. L'affaire commença bientôt, car les deux commandants et les deux équipages ne demandaient pas mieux que de se battre. On s'était canonné pendant une heure et il y avait de part et d'autre, bon nombre de morts et de blessés et des avaries majeures, quand la *Cléopatre* manœuvra pour tenter l'abordage et la *Java* pour l'éviter.

Mais à bord de l'anglais, au moment du branle-bas de combat, on avait eû l'imprudence de laisser notre officier libre de se promener partout où il voudrait, au lieu de l'enfermer dans la câle. Se trouvant dans la grand'chambre, il eut l'heureuse idée de lier fortement son mouchoir, par un nœud bien serré à la drosse du gouvernail; ce nœud enchevêtré dans le passage de la drosse en arrêta le mouvement, et par conséquent la manœuvre de la *Java* qui demeura immobile, présentant son arrière au travers de la *Cléopatre*. Celle-ci, s'en aperçut et en profita pour l'abordage que l'anglaise ne put éviter. Mais cet abordage fut accompagné de circonstances assez singulières pour ne point être omises.

Quand les deux batiments furent bord-à-bord, quand le signal fut donné de sauter sur le pont anglais, le maître d'équipage nommé Corneille, s'élança le premier, le sabre et le pistolet à la main. A peine était-il sur le bastingage ennemi, qu'un léger roulis sépara les deux bâtiments, et que l'équipage ne put suivre Corneille qui se trouva seul sur le pont dont le gaillard d'arrière était complètement abandonné. Il fit quelques pas et vit tout l'équipage anglais réuni en avant du mat de misaine, le commandant en tête, l'épée à la main et prêt à se rendre. Mais ne pouvant à lui seul prendre possession d'une frégate, et faire environ trois cents hommes prisonniers, il revint sur ses pas, pour appeler à son aide, car déjà les batiments s'étaient rapprochés. Un Anglais le suivit et lui tira un coup de pistolet à bout portant, au moment où parvenu près de l'échelle de tribord, il appelait ses camarades. Le coup fut tiré avec tant de précipitation, que la balle passa à côté de l'oreille du maître d'équipage et que la poudre ne fit que roussir ses favoris. L'anglais qui le croyait mort, fort surpris de le voir se retourner et lever le sabre, se mit à fuir à son tour, et fut atteint sur la nuque d'un coup de tranchant qui valait son coup de pistolet, car il ne fit qu'abatre une grosse queue dont il était porteur, sans entamer la peau. En ce moment une partie de l'équipage français avait sauté à bord de la *Java* dont le commandant s'était rendu, sans qu'il y eut par suite de l'abordage, une goutte de sang versé, sans autre perte qu'un favori brûlé et une queue coupée.

L'officier français ne manqua pas, après le combat, de se vanter hautement de la part qu'il y avait prise, tout prisonnier qu'il était. Ses camarades de la *Cléopatre* l'en remercièrent, mais le commandant de la *Java* n'en rit pas et fit d'horribles menaces que les évènements ultérieurs le mirent malheureusement à même d'éffectuer.

Les deux frégates étaient désemparées, plusieurs de leurs pièces démontées, et elles se trouvaient hors d'état de livrer un nouveau combat. Dans cette situation, l'officier dont la ruse de guerre avait peut-être déterminé le succès de l'affaire, et qui avait avec une longue expérience, une horreur invincible de la prison, et peut-être un triste pressentiment de ce qui devait arriver, supplia ses camarades de réparer, sans retard, les avaries les plus dangereuses, et de gagner un port de France. Ils n'en firent rien, et le lendemain un vaisseau anglais de 80 canons, trouvant les deux frégates désemparées et démâtées, n'eut pas grand peine à les prendre.

L'officier fut mis aux fers, par ordre du commandant de la *Java*, avec promesse d'être pendu, en arrivant en Angleterre. Cependant, quand on fut à Plymouth, on en référa au Transport-Office, qui ne voulut pas prêter les mains à cet acte d'une injuste vengeance. Mais on prit un terme-moyen, en privant l'officier, pendant tout le temps que durerait la guerre, du cautionnement auquel son grade lui donnait droit.

Disons encore un tour joué par les prisonniers à leurs ennemis, avant de passer à des sujets plus graves.

Il y avait dans la prison de Bristol, avant 1808, quelques centaines d'espagnols provenant, soit de la division de la La Romana qui fit, pendant quelques temps, comme on sait, partie de notre grande armée, soit des vaisseaux espagnols qui avaient pris part au combat de Trafalgar. Ces prisonniers étaient beaucoup mieux, c'est-à-dire beaucoup moins mal traités que les français. Leurs rations étaient plus fortes, et presque toujours d'une meilleure qualité.

Mais c'étaient des français qui leur faisaient la cuisine, et cet avantage effaçait aux yeux des espagnols tout le mérite des faveurs qu'on leur accordait, car chaque coq était payé un demi-schelling (douze sous) par jour, et ces fonctions étaient sollicitées avec autant d'ardeur et d'intérêt, que le sont parmi nous, à l'époque actuelle, celles de préfet ou de conseiller de cour royale. Les espagnols réclamèrent donc les emplois de coqs, et les obtinrent, mais en furent bientôt débusqués par leurs rivaux plus heureux et plus rusés.

Ces fonctions là n'exigeaient pas, à coup sûr, un grand talent culinaire; il suffisait d'entretenir un grand feu et de laisser bouillir une énorme marmitte, contenant la pâtée de cinq ou six cents hommes. Mais cette opération, toute simple qu'elle était, pouvait être entravée par une ruse diabolique, et elle le fut.

La première fois que les espagnols entrèrent en fonctions, ils eurent à faire cuire des pois. C'étaient les premiers éléments du métier, mais les coqs français destitués, se vengèrent en glissant à la dérobée, dans la marmitte, deux ou trois balles en plomb. Les pois bouillirent grand train, pendant six heures, et sortirent de la marmitte plus durs qu'ils n'y étaient entrés. La chose surprit peu; il en était souvent ainsi, et tout naturellement des légumes donnés par les anglais.

Le lendemain c'était jour de viande, et les coqs espagnols se promirent de montrer à leurs camarades tout ce qu'ils savaient faire en cuisine. Ils avaient compté les pauvrets, sans leurs antagonistes qui n'étaient pas hommes à céder aisément la partie. En effet, ils se procurèrent quelques livres d'un savon épais, onctueux et gluant, et pendant la nuit en frottèrent tout le dessous de la marmitte, et le doublèrent, pour ainsi dire, d'une couche de l'épaisseur d'une pièce de cent sous.

Au matin le fourneau fut allumé, le feu alla grand train, et cependant, au bout d'une heure, l'eau était à peine tiède : ce fut en vain que les espagnols se fatiguèrent à souffler, à user bois et charbon, ils retirèrent leur viande crue, et complètement découragés par cette seconde épreuve, en butte à la colère et aux sarcasmes de leurs camarades, croyant sans doute aussi, à quelque malefice, ils résignèrent leurs fonctions dont furent de nouveau investis leurs adroits rivaux.

CHAPITRE III.

Cabréra. — Description de l'île. — Arrivée des prisonniers. — Leur dénûment. — Formation des barraques. — L'âne Martin. — Le prêtre Estebrich. — Famine horrible.—Sacrifice de Martin. — Nouvelles calamités. — Ouragan.

>   Nous voilà confinés dans cette île sauvage
>   Dont jamais nul mortel n'aborda le rivage.
>   LAHARPE.

Nous allons quitter momentanément le sol inhospitalier de l'Angleterre, pour visiter un sol plus inhospitalier encore, et dont l'Angleterre avait fait une succursale de son odieuse métropole. Qu'elles que fussent les tortures et les misères dont j'ai déjà fait le tableau, endurées par nos prisonniers dans les prisons et sur les pontons anglais, elles n'approchaient pas de ce qui a été souffert à Cabréra par plus de dix mille militaires ou marins, qui y furent jetés nus, et abandonnés, sans ressources, sans abri, à l'inclémence des éléments, souvent à la famine, et toujours à toutes sortes de privations.

Cabréra qui appartient au petit archipel des îles Baléares est un rocher nu, de deux lieues de tour environ. C'est à grand peine que dans quelques ravins on pourrait trouver un étroit espace de terre cultivable, abandonnée pour son peu d'étendue, et parce que les frais de culture dépasseraient ceux des soins qu'on pourrait y donner. La végétation est celle de tous les îlots de la Méditerranée : des plantes aromatiques, des lentisques, quelques pins rabougris croissant dans les fissures des rochers. Il n'y a pas une seule habitation. Seulement, dans la partie de l'Est, près du bord de la mer, existait à l'époque dont je parle, un vieux château délabré, construit dit-on jadis par les Maures, mais qui alors, était sans toitures et dont quelques pièces seulement pouvaient fournir un triste et incommode abri. On prétend qu'à une époque assez reculée, le gouvernement espagnol avait peuplé ce rocher de nombreux troupeaux de chèvres, et que c'est de là qu'est dérivé le nom de Cabréra.

Ce fut ce lieu de plaisance que l'Angleterre choisit pour y déposer les prisonniers de guerre que le temps et l'espace ne lui permettaient pas de transporter sur ses côtes. La plûpart de ces prisonniers avaient été faits par les Espagnols, mais c'était pour l'Angleterre une richesse dont elle était avare et qu'elle ne se faisait pas scrupule d'enlever à ses alliés. Tout était pour elle de bonne prise.

La première colonie de prisonniers qu'on jeta à

Cabréra, se composa de cinq mille cinq cents hommes environ, provenant, presque tous, de la capitulation de Baylen. Quant ils arrivèrent sur le rocher, ils le trouvèrent tel que je viens de le décrire : aride, sec et inhabité. C'est là qu'ils devaient tous souffrir pendant quelque temps, puis mourir. Se divisant en groupes, ils se hâtèrent de parcourir les lieux, pour découvrir quelques signes d'habitations, quelques vestiges de culture, mais ne trouvèrent rien, et purent dès lors, présager le sort qui les attendait.

Ils revinrent ensuite sur le rivage, y passer leur première nuit, se construisirent des auvents provisoires avec des branches d'arbres et des herbes, et s'endormirent en grelottant, car ils avaient été dépouillés par les Anglais et les Espagnols, de leurs capottes et des vêtements assez bons pour leur être enlevés. Quelques officiers étaient avec eux, dont les uns prirent domicile dans les chambres délabrées du vieux château, d'autres bivouaquèrent à l'abri de ses murs décrépits. Mais ni les uns ni les autres n'étaient pas mieux pourvus de vivres et de vêtements que leurs subordonnés.

La faim, n'était pas le tourment le plus cruel éprouvé par les prisonniers ; pendant la traversée de Cadix à Cabréra, on leur avait distribué l'eau avec la plus cruelle parcimonie, et ils ne trouvèrent, au lieu de leur exil, qu'une faible source auprès de laquelle il fallait à la file, faire une longue attente, pour en recueillir un verre. C'était tout ce que pouvait donner l'île où il n'y avait ni puits ni citerne.

Le lendemain de l'arrivée, on songea à s'organiser d'une manière plus stable ; on construisit des barraques assez solides pour se mettre à l'abri de la pluie et des orages fréquents dans l'île. Il se forma ainsi, par groupes de compagnies et de corps, des hameaux de barraques qui furent baptisés du nom glorieux des victoires de l'empire. C'était pour les malheureux prisonniers, une consolation et un gage d'espérance, car Napoléon était toujours regardé comme le sauveur qui devait tôt ou tard, récompenser de tant de souffrances, et en punir les auteurs.

Le plus considérable de ces établissements était le *Camp*, situé près du rivage et du lieu où l'on avait débarqué. C'était ce que l'on pouvait appeler la capitale. Il y avait à peu près deux cents barraques, rangées en lignes, disposées en rues, et abritant chacune, de six à huit prisonniers. Mais malgré le génie d'invention et l'industrie du soldat français, ces constructions étaient fort imparfaites et n'offraient qu'un bien triste asile, par suite de l'insuffisance des matériaux qu'on avait pû trouver sous la main.

Les prisonniers restèrent trois jours sans vivres et sans recevoir aucune nouvelle ni des Espagnols ni des Anglais. Quelques-uns vécurent des provisions qu'ils avaient pu apporter en vendant leurs dernières hardes, d'autres moururent d'inanition dans leurs barraques, d'autres étaient prêts à mourir aussi, quand le quatrième jour, arriva enfin un brick espagnol portant des vivres qui furent distribués et sauvèrent provisoirement la vie aux survivants.

On sut alors que le brick devait venir à jour fixe et apporter des vivres pour une semaine. Cela se fit ainsi, assez régulièrement pendant quelques mois, mais ces vivres étaient tellement insuffisants, que les malheureux, pour la plûpart, les dévoraient en deux ou trois jours, et le reste du temps étaient réduits à vivre de racines et d'herbes sauvages. Ce régime amenait des devoiements, des fièvres d'accès qui diminuaient chaque jour le nombre des insulaires de Cabréra. Il n'y avait parmi eux ni chirurgiens, ni médecins, ni médicaments d'aucune espèce, et les malades se traitaient avec de l'eau claire, quand toutefois ils pouvaient en avoir.

Après deux ou trois mois de séjour à Cabréra, les officiers furent embarqués et envoyés en Angleterre. Ils avait suffi pour maintenir jusqu'à un certain point, l'ordre et les égards, qu'on se devait mutuellement. Il n'en fut plus ainsi après leur départ. Alors, ces hommes, appartenant à des armes, à des corps différents, aigris par le malheur, devenus égoïstes par l'excès des souffrances et des privations, sans frein, sans dicipline et sans chefs, n'écoutèrent plus que leurs volontés et leurs caprices. Le faible devint la victime du plus fort ; les vols furent nombreux, mais que pouvait-on voler à Cabréra ? du pain, et c'était une richesse qui les valait toutes ; la vie en dépendait ; quelques jours de retard dans l'arrivée du brick pourvoyeur, pouvaient réduire la colonie aux dernières extrémités de la famine, et ces retards, comme on le verra bientôt, ont eu lieu plus d'une fois.

Les prisonniers ne tardèrent pas à vouloir remédier à cette anarchie et pensèrent à créer parmi eux une autorité qui put connaître des délits, en prononcer le châtiment, et régler arbitrairement les différents qu'on lui soumettrait. A cet effet, d'un accord presque unanime, douze sous-officiers furent nommés pour former une commission investie des pouvoirs et des fonctions que je viens d'indiquer. Les choix furent heureux; on peut, à cet égard, s'en rapporter au bon sens et à l'instinct des masses. C'est la même pensée qui avait présidé dans les prisons et sur les pontons d'Angleterre, à la création de commissions du même genre, investies de fonctions semblables, et toutes, aussi heureusement choisies. C'est ce qui constate les mérites et les avantages du gouvernement électif, ce qui condamne l'hérédité dans les fonctions gouvernementales, et surtout la légitimité.

Il n'y avait rien de bien noble ni de bien imposant dans les tenues de ce tribunal; pas de riches tentures, pas de bustes du souverain, pas d'emblèmes de l'association qu'il représentait; eh! qu'aurait-on pû y mettre pour la symboliser, cette association? Quelques haillons, quelques débris d'uniforme qui n'eussent fait que rappeler une gloire passée et une affreuse misère présente.

Mais en revanche, il y avait là de la bonne foi et de l'impartialité. Ce n'était pas la manière de penser, les antécédants de l'accusé qu'on jugeait; c'était le fait, le fait seul. En est-il toujours et partout ainsi?

Douze pierres, servant de fauteuils, avaient été placées

circulairement sur le rivage. C'est là que le tribunal tenait ses séances, entouré à distance par la foule des prisonniers qui attendait ses décisions, et prête à les exécuter. En Angleterre le crime le plus irrémissible était la délation, à Cabréra la délation n'était guère possible, et le vol de pain encourait les peines les plus sévères, était le forfait dont le châtiment était le plus fréquemment soumis à la décision des juges. Le pain, en effet, pour ces malheureux toujours affamés, était une chose sacrée dont il n'était pas permis de détacher la moindre parcelle. C'était avec un culte religieux qu'on le recevait, qu'on le distribuait aux camarades, sans oser presque y toucher. Le vol de tout autre objet n'était qu'un délit, le vol de pain était un crime.

On avait inventé des supplices analogues aux lieux et aux circonstances. Sur la côte, en face de la petite rade où étaient mouillées quelques canonnières espagnoles qui surveillaient les prisonniers, avaient été dressés quatre poteaux. Là, étaient attachés, complètement nus, les condamnés, exposés, quelquefois pendant douze heures, quelquefois jusqu'à vingt-quatre, selon la gravité du délit, et pendant tout ce temps, à l'ardeur dévorante du soleil, ou à l'action saisissante de la pluie. Souvent aussi, le conseil prononçait une fustigation exécutée à l'instant même et sans miséricorde, par les premiers venus.

Pendant six mois à peu près, les vivres arrivèrent, non pas régulièrement, mais à des intervalles qui n'étaient pas assez éloignés, pour que la faim fît périr plus de dix ou douze individus sur cent, ce qui était peu. La colonie des prisonniers avait été déposée à Cabréra au commencement du mois de mai. Depuis lors son personnel avait été augmenté par de nombreux arrivants, provenant des batailles livrées sur la Péninsule, et surtout par les prisonniers isolés que faisaient les guérillas. Au commencement de l'automne, la traversée devenant pénible, le brick qui portait les vivres toutes les semaines, trouva plus commode de rester dans le port quand la mer était grosse et les vents contraires, et d'attendre le beau temps, sans s'inquiéter des malheureux auxquels il portait la vie.

On s'était fait peu à peu à ces retards, bien que, comme je l'ai dit, après trois ou quatre jours, les prisonniers fussent, pour la plupart, sans pain et sans moyens d'existence. Mais il arriva une époque, pendant le mois d'octobre, où le retard du brick tant attendu, dépassa toutes les craintes et tout ce qui avait eu lieu jusqu'alors. Le jour où le brick devait arriver, les prisonniers étaient, comme à l'ordinaire, groupés sur les hauteurs, pour voir et saluer sa venue. Il ne parut pas, et ils jeûnèrent. Le lendemain, le jour suivant, et huit jours entiers, se passèrent ainsi, toujours dans la même attente, la même anxiété, la même détresse. Les plus rangés, les plus prévoyants, ceux qui gardaient toujours quelques ressources pour les cas imprévus, étaient au bout de leurs moyens. Que devait-il être de ceux qui dévoraient leur modique ration en quelques jours? Ils moururent tous.

Mais que se passa-t-il, pendant ces huit jours d'angoisse et de désespoir? Des choses comme on n'en a vues que sur des navires perdus au milieu de l'Océan, loin de toute côte habitée, et cependant, ces malheureux, mourant d'inanition, n'étaient qu'à quelques lieues d'un pays qui se dit civilisé, étaient au pouvoir d'une nation qui s'arroge la suprématie du monde.

Les anglais avaient prescrit aux espagnols le régime que devaient subir les prisonniers, et on s'y conformait avec une exactitude irréprochable. Mais les espagnols, peuple dévot, tout en torturant le corps, voulurent du moins sauver l'âme. Ils avaient envoyé à Cabréra pour convertir les prisonniers, si faire se pouvait, un prêtre nommé Estebrich, véritable prêtre espagnol, pétri de gourmandise, d'ignorance et de fanatisme. Estebrich s'était établi dans la salle la moins nue et la moins délabrée du château où il vivait confortablement, et où quelques prisonniers honteux et affamés allaient quelquefois le voir et se confesser, pour recueillir des bribes de sa table.

Pendant la calamité dont je viens de parler, deux ou trois prisonniers, à bout de patience, et ne sachant que faire, allèrent chez Estebrich, qu'ils trouvèrent à table, en présence d'un gigot de mouton, dont le fumet leur fit mieux sentir le vide de leurs entrailles. Ils lui contèrent la détresse de la colonie qui se mourait de faim, et le saint homme, sans leur offrir un verre d'eau, les congédia, en leur promettant qu'il allait prendre des mesures efficaces pour remédier à ces maux. Il n'y manqua pas ; un quart-d'heure après, on le vit sortir du château, en surplis, un crucifix à la main, et chantant des litanies, pour appeler la bénédiction du ciel et l'arrivée du brick. Quelques prisonniers le suivaient, le ventre vide, et trouvant une distraction à leur faim dans cette promenade.

Mais il fallait chercher des remèdes plus efficaces qu'une procession à cette cruelle famine, et on en prit un extrême.

Dès les premiers jours de leur arrivée à Cabréra, les prisonniers y avaient trouvé, paissant en liberté et abandonné, un âne étique dont ils avaient pris possession, et qui bientôt, par son bon naturel et ses services, avait acquis toute l'affection de ces hommes privés de toute communication avec la société de leurs semblables. Ils l'avaient baptisé du nom de *Martin*, et s'en servaient pour transporter les vivres du lieu de débarquement au camp, aux diverses barraques, et les bois et les feuillages qui devaient servir à la construction des cabannes.

Martin était l'ami de tous les prisonniers, et malheur à celui qui l'eut maltraité ; de nombreux vengeurs se fussent présentés pour sa défense. Mais on était dans un de ces moments de crise et de calamité où tous les sentiments, tous les liens même d'affection ou de parenté, disparaissent pour faire place à l'égoïste souci de la conservation personnelle.

Le conseil s'assembla pour aviser aux moyens de porter quelque remède à cette affreuse situation, car la moitié des prisonniers étaient couchés dans leurs barraques., attendant la mort, d'autres erraient comme des spectres sur le rivage, regardant au large s'ils n'apercevaient pas une voile, et maudissant de grand cœur les anglais et les espagnols. Mais on était généralement convaincu que les prisonnniers avaient été condamnés à mort, et qu'il avait été décidé de les laisser mourir de faim.

Une voix se fit entendre dans le conseil, pour proposer un moyen extrême et affreux qui fut repoussé avec horreur, presque à l'unanimité ; mais au lieu d'un sacrifice homicide, pour prolonger de quelques instants encore l'existence de la colonie, un autre membre proposa le sacrifice de Martin. Ce ne fut pas sans peine et sans une vive discussion que cette proposition fut acceptée. Martin trouva de chaleureux défenseurs dans le conseil. Il était le serviteur et l'ami de tous les prisonniers. Mais de sa mort dépendait le salut de la colonie, et sa mort fut arrêtée.

On alla prendre le pauvre Martin sur les roches où il broutait quelques brins secs d'herbes aromatiques. Il crut qu'on venait lui demander sa corvée habituelle, le transport de quelques vivres ou de quelques broussailles. Il s'avança de lui-même et sans défiance, au devant des prisonniers qu'il connaissait tous, et dont il recevait chaque jour les caresses, et tout-à-coup, frappé d'un coup de couteau à la gorge, il tomba, et fut à l'instant même, écorché et dépécé.

Dix minutes ne s'étaient pas écoulées depuis sa condamnation, que déjà sa chair distribuée aux prisonniers, préparait pour les uns un triste bouillon, et pour d'autres plus pressés, grillait sur des charbons. Il était revenu, à chaque prisonnier, après une distribution aussi scupuleusement faite que si on eut pesé de l'or, deux onces pour trois hommes, les os et les intestins compris.

Les malheureux, cependant, n'étaient pas au bout de leurs peines, et les éléments leur en réservaient de plus cruelles encore. Pendant la nuit qui suivit cette journée néfaste, il tomba sur l'île un orage, comme depuis le commencement du monde, peut-être, ces tristes plages n'en avaient jamais vu. Ce n'était pas de la pluie qui tombait, c'étaient des torrents d'eau qui déracinaient et entraînaient avec eux des arbustes et des roches; l'ouragan soufflant avec rage, semblait prêt à ébranler et à engloutir Cabréra, tandis que ses grondements accompagnaient les éclats d'un tonnerre, qui se prolongea sans interruption pendant plusieurs heures.

En un instant, le camp, situé dans un bas-fond, devint le lit d'un torrent impétueux; les barraques, d'abord criblées par la pluie, furent emportées en débris par les eaux; les prisonniers sans abris, surpris par le déluge et par l'inondation, errèrent çà et là, sans avoir ni la volonté ni le pouvoir de se secourir mutuellement, mais bon nombre furent noyés ou ensevelis sous la toiture de leurs cabanes.

Depuis les premiers jours de leur arrivée dans l'île, les prisonniers avaient établi leur cimetière sur le point le plus élevé, où les corps étaient couverts de cailloux et du peu de terre qu'on pouvait trouver. Il est inutile de dire que ce lieu funèbre était déjà abondamment peuplé et recevait chaque jour de nouveaux hôtes.

Ces cadavres, entraînés par la pluie, avec les graviers, les fragments de rochers et les rameaux d'arbustes, roulèrent dans le camp, où ils surnagèrent quelques instants, pêle-mêlé avec les cadavres de ceux qui venaient d'expirer, puis les uns et les autres s'arrêtèrent dans les anfractuosités du terrain, ou furent jetés à la mer par le torrent.

Lecteurs, ce qui précède n'est point un de ces récits dûs à l'imagination d'un écrivain, qui en charge à plaisir les couleurs pour exciter la terreur ou la pitié. C'est de l'histoire dont l'authenticité n'est que trop réelle, et dont plusieurs témoins existent encore, après avoir enduré les maux que je viens d'écrire. Ils sont peu nombreux, il est vrai, car il fallait un corps de fer pour survivre à de pareilles tortures, mais quelque peu nombreux qu'ils soient, ils suffisent encore pour confirmer mes récits, pour dire que ces récits n'ont rendu qu'imparfaitement l'horreur de leur situation.

Quel fut le nombre des morts, après cette nuit de si cruelles épreuves? On ne les compta pas; on se borna à jeter à la mer ceux qui étaient restés dans le camp, et cependant on ne songeait point encore à relever les barraques abattues par l'ouragan, tant étaient grands le découragement, le désespoir, tant chacun croyait toucher à sa dernière heure, et n'avoir plus besoin d'abri.

On n'attendait plus le brick ; pendant les premiers jours, les prisonniers en foule, s'étaient portés, comme ils le faisaient toujours, sur les hauteurs, pour épier son arrivée. Mais on avait enfin, après une si longue attente, renoncé à tout espoir, et l'on n'y comptait plus.

Cependant, le neuvième jour, on vit apparaître une voile, et l'on reconnut le brick. Mais, dans leur abattement, la plupart des prisonniers ne voulurent pas croire à son arrivée, et ce ne fut que quand les vivres furent débarqués sur la plage, qu'avec des transports d'une joie frénétique, on se rendit enfin à l'évidence. On conçoit avec quelle promptitude, quelle avidité ; ces vivres furent saisis, distribués et dévorés. Deux jours après, il n'en restait pas une parcelle, et il fallut attendre et jeûner sur nouveaux frais.

On apprit enfin la cause d'un retard aussi long et aussi inusité ; la voici : l'adjudication des vivres avait été donnée à un nouveau fournisseur, et celui-ci, ayant à régler avec son prédécesseur, des comptes longs et compliqués, il en était résulté un délai d'autant plus long que ces messieurs ne se pressaient guère, et passaient gaîment une partie de leur temps à table, par suite d'invitations réciproques. Que leur importait, en effet, que plusieurs centaines de français mourussent de faim, pourvu que les fournisseurs vécussent joyeusement et posassent des chiffres tout à leur aise.

Mais comment s'était-il fait que tous les prisonniers n'eussent pas péri jusqu'au dernier, pendant cette longue famine ? C'est que le besoin de vivre pour se venger un jour les animait, et que, malgré tout le parti qu'on pouvait tirer des ressources que présentait l'île, bien qu'on les eut pressurées presque jusqu'à extinction, l'impérieuse nécessité en fournit encore quelques restes aux plus actifs et aux plus industrieux.

Dans les commencements de la formation de la colonie, les prisonniers pêchaient sur les côtes de l'île, une assez grande quantité d'huîtres et autres coquillages. Mais tout cela fut bientôt épuisé, et on trouva autre chose qui ne tarda pas aussi à devenir insignifiant, grâce à l'activité qu'on mettait à l'exploiter.

L'île était peuplée par une assez grande quantité de lapins, mais la difficulté était de les prendre, dépourvus qu'on était d'armes et de furets. Les prisonniers qui n'avaient d'autres moyens que leurs loisirs, mais qui en avaient assez, se couchaient à plat ventre à l'orifice d'un trou de lapin et attendaient pendant des heures, pendant des journées entières quelquefois, que la bête sortit le museau, pour la saisir et en faire un repas.

Cabréra n'eut bientôt plus de lapins, mais il y en avait encore dans quelques petits ilots du voisinage, et les prisonniers s'y rendirent pour faire la chasse. Ces ilots étaient assez éloignés pour que le voyage n'en fût pas sans danger, même aux plus forts nageurs. Mais ce n'était pas là un obstacle de nature à arrêter les prisonniers. Quelques-uns se noyèrent, ce qui n'empêcha pas les autres d'aller faire la chasse aux lapins.

Ce fut cette ressource, celle du peu de coquillages

qu'on put trouver encore, qui empêcha tous les prisonniers de mourir d'inanition.

Cette interruption fut la dernière dont la colonie eut à souffrir. Du moins, jusqu'à la fin de la guerre, il n'y en eut pas d'aussi prolongées, et les retards du brick ne dépassèrent pas deux jours, ce qui était bien peu, en comparaison de la crise terrible dont on vient de lire les détails.

Les prisonniers avaient eu peu de communications avec Estebrich avant cette calamité ; ils cessèrent complètement d'en avoir après. Sa conduite leur avait donné la mesure de ce qu'il était et de ce qu'on pouvait en attendre. Toujours amplement approvisionné, il aurait pu, en présence d'aussi grandes souffrances, non pas fournir à tous les besoins, mais empêcher la mort de quelques individus. Il était trop espagnol et trop prêtre pour qu'une pensée aussi généreuse pût pénétrer dans son intelligence et dans son cœur. Il crut faire assez en marmotant quelques mots latins qu'il ne comprenait pas, et en faisant, bien repu, après un copieux dîner, une promenade autour de l'île, en soutane et en surplis.

Depuis le départ des officiers français, maître Estebrich vivait donc seul, disait sa messe seul, si toutefois il songeait à la dire, ce qui est douteux, et souvent sans avoir même quelqu'un pour la lui servir. Les prisonniers ne s'occupèrent pas plus de sa présence que s'il n'eut pas été dans l'île, et, de son côté, il montrait la même indifférence.

Cet isolement et cet abandon le fatiguèrent enfin à tel

point, qu'il demanda son rappel aux autorités de Palma qui l'avaient placé là. Soit qu'à deux fois différentes sa supplique ne fut point parvenue à destination, soit qu'occupés de soins plus importants, les fonctionnaires n'en eussent tenu aucun compte, il ne reçut pas de réponse et fut contraint de rester au poste de missionnaire dont il s'acquittait avec tant de distinction. Il essaya alors de sortir de sa réserve et de se familiariser avec les prisonniers, et de leur offrir ses bons offices, et l'on remarqua que c'était surtout auprès des femmes qu'il cherchait à se rendre agréable et à faire oublier sa réserve et son égoïsme. Mais c'était trop tard auprès de tous les habitants de Cabréra ; la valeur de maître Estebrich était connue et appréciée depuis trop longtemps, pour qu'on pût revenir sur son compte. Il fut donc obligé de se claquemurer de nouveau dans sa masure, où il vécut comme un hibou, jusqu'au moment où les portes de l'enfer de Cabréra s'ouvrirent pour laisser sortir quelques rares infortunés, débris d'une armée presque entière.

Si le gouvernement espagnol eût envoyé là un prêtre comme il peut s'en trouver, qui eût compris sa mission, qui eût été homme avant tout, ah ! certes, ce prêtre eut pu faire un grand bien, apporter des grandes consolations à ces malheureux sequestrés du monde. Oubliant toutes haines, toutes préventions de nationalité, il leur eût parlé, pour les consoler, pour assoupir leur douleurs, de patrie et d'avenir, et peut-être en appaisant des imaginations exaltées, des cœurs aigris par la souffrance, il eut dirigé les pensées vers cette religion qui promet dans une vie meilleure, le prix des peines endurées sur la terre. Mais en admettant qu'un prêtre semblable eût pu se trouver en Espagne, le gouvernement se serait-il donné la peine de le chercher? Non, sans doute; on prit au hazard le premier venu, et ce fut Estebrich.

CHAPITRE IV.

Industrie, métiers et professeurs à Cabréra. — Salle de spectacle. — Succès de la troupe. — Projet de fuite constamment suivi par quatre prisonniers. — Leur départ de Cabréra. — Leur arrivée sur les côtes d'Espagne.

> Il serait inutile de chercher à obtenir par aucun moyen humain ce que l'amour de la liberté n'aurait pu accomplir
> SHILLER.

J'ai écrit à la hâte les horreurs de Cabréra, pressé d'en être quitte et d'avoir à offrir à mes lecteurs des tableaux moins lugubres. Malheureusement dans l'histoire des prisons de guerre, ce sont les images de persécutions et de souffrances qui se présentent le plus fréquemment à la plume du narrateur qui ne trouve pour consolation que le récit de la constance et de l'énergie avec lesquelles ces maux ont été soufferts et quelquefois déjoués. C'est ce que j'ai à dire maintenant.

Après ce qu'il a vu dans le chapitre précédent, le lecteur pourra-t-il bien croire qu'il y avait à Cabréra, des duels fréquents, un marché public, des industries actives, et une salle de spectacle? C'est cependant la vérité; on va le voir.

A Cabréra, comme en Angleterre, on s'avait s'ingénier pour se faire des armes factices au défaut des armes réelles, qui avaient été enlevées à tous les prisonniers. On tirait la pointe, la contre-pointe et le sabre, au moyen de ciseaux, d'aiguilles à voiles et de lames de rasoirs fixées au bout de deux bâtons. Cela avait lieu tous les jours, sans qu'on s'en avisât seulement, sans causer la moindre sensation parmi les prisonniers qui souvent n'en savaient rien. Quand il y avait un mort à l'issue de ces duels, quelquefois on le portait au cimetière dont j'ai déjà parlé, plus souvent on le laissait au lieu où il était tombé. Croit-on qu'un homme de paix et de conciliation, un prêtre tel qu'il l'aurait fallu à Cabréra, au lieu d'Estebrich, se mêlant aux prisonniers, partageant leurs misères et se faisant leur compagnon et leur ami, croit-on que cet homme ne fut point parvenu à adoucir ces mœurs qu'un long et indicible désespoir rendait turbulentes et sauvages? Croit-on qu'il ne lui eut pas été possible de calmer cette fureur de se venger sur un compatriote des maux dont il n'était point la cause, comme l'enfant qui frappe la pierre contre laquelle il se heurte? Certainement la chose était praticable, mais alors le but de nos ennemis n'eût point été atteint. Reculant devant l'odieux d'un massacre général de nos prisonniers, qui fut toujours dans leur pensée, ils voulurent amener leur mort lente et progressive, jusqu'au dernier, par la famine, le suicide et le duel, en les poussant à l'exaspération. Ils n'y ont pas complètement réussi puisque quelques-uns de ces infortunés ont pu survivre, pour nous raconter leurs souffrances, pour nous mettre à même de les publier.

Pour donner une idée de l'active industrie des six mille Robinson Crusoé de Cabréra, et de la peine qu'ils avaient eu à construire leurs baraques, tout imparfaites qu'elles étaient, je dois dire qu'ils ne possedaient à eux tous qu'une hache et une scie, cette dernière faite avec un cercle d'une vieille barrique, trouvé sur le rivage. Le premier de ces outils appartenait à un marin de la garde, l'autre à un caporal d'infanterie qui les louaient un sou par jour, avec nantissement, à ceux qui en avaient besoin. C'est par ce moyen que les barraques avaient été construites. Elles étaient, comme je l'ai dit, en face du port, et celles des militaires du même corps, groupées ou alignées ensemble. Devant quelques-unes étaient de petits jardins, clos et séparés par des palissades formées de quelques branches de pin, et où l'on cultivait des légumes et des fleurs. Ces constructions étaient aussi solides, aussi parfaites qu'on pouvait l'espérer de l'insuffisance des moyens laissés à la disposition des prisonniers. Elles laissaient beaucoup à désirer cependant, et l'on s'en apercevait chaque fois que de fortes pluies ou des coups de vent menaçaient leur solidité. J'en ai cité un exemple.

Près du camp était un endroit désigné sous le nom pompeux de *Palais-Royal*. C'était là que se tenait le marché ou bazard des prisonniers; c'est là qu'on pouvait se faire une juste idée de leur pénurie et de leurs ressources. Il y avait des chiffons, des haillons de toutes les couleurs et de toutes les espèces, et des travailleurs de tous les métiers : des tailleurs, des cordonniers, des crieurs publics, des ouvriers en os, en écaille, d'autres qui taillaient en bois, au couteau, de petites figures d'hommes ou d'animaux.

Dans un endroit plus écarté, près du centre de l'île, deux cents hommes environ restes d'un régiment de dragons, levé dans l'Auvergne, avaient pris domicile dans une grotte assez spacieuse, et s'y occupaient exclusivement à faire des cueillers en racine de buis. Ces deux cents hommes n'avaient, entre tous, qu'un pantalon et un uniforme qui m'énaçaient encore de les abandonner au premier jour et passaient successivement à celui d'entre eux qui était chargé d'aller recevoir les vivres.

Tous les objets dont je viens de parler, étaient vendus pour des prix modiques aux équipages du brick et des canonnières, et aux espagnols que la singularité d'une semblable existence et des spéculations sur l'industrie des prisonniers, attiraient quelquefois dans l'île.

Mais ce qui abondait surtout à Cabréra, comme en Angleterre, c'étaient les professeurs en tout genre. La moitié des prisonniers donnait leçon à l'autre moitié. Partout on voyait des maîtres de musique, de mathématiques, de dessin, et surtout d'escrime, de danse et de bâton. Quand il faisait beau, tous ces professeurs donnaient des leçons au Palais-Royal, à des distances assez rapprochés les unes des autres. Il n'était pas rare de voir un pauvre diable à moitié nu, et qui souvent n'avait pas mangé depuis vingt-quatre heures, chanter un air de contre-danse fort gai, et l'interrompre de temps en temps, pour dire à son élève, vêtu d'un reste de caleçon, avec beaucoup de sérieux : « allons balancez à vos dames, rond de jambe, donnnez vous de la grace. » Un peu plus loin, un bâtonniste enseignait le moulinet à quatre faces et cherchait à flatter l'amour-propre et à exciter l'émulation de son élève, en lui prédisant de grands succès dans l'art d'asséner un coup de bâton. Un chiffon de papier, grand comme la main et placé en écriteau, servait d'enseigne aux plus huppés de ces professeurs.

Nul n'avait songé encore à établir un théâtre à Cabréra, lorsqu'un sergent d'infanterie qui y arriva en 1809, parvint à combler cette importante lacune. Les difficultés étaient grandes et nombreuses; il fut assez heureux pour les surmonter toutes. D'abord il ne pouvait songer à établir sa salle dans le vieux château que l'on fermait régulièrement chaque soir, à l'entrée de la nuit et où, d'ailleurs, le respectable Estrebrich ne l'aurait pas souffert. Il avait pour toute fortune soixante francs mais c'était plus que suffisant, pour le local, les décors et la solde des artistes d'un théâtre à Cabréra.

Il jeta donc les yeux sur une vaste citerne tombant en

ruine, dont les conduits étaient brisés depuis longtemps et dont une partie de la voûte était écroulée. Il y descendit au moyen d'une corde, et trouva qu'il y avait encore dans le fond, environ un pied d'eau ou plutôt de boue. La première chose à faire était d'opérer le dessèchement, et c'était le plus embarassant. Le sergent voulut d'abord construire une pompe, mais après plusieurs tentatives infructueuses il y renonça. Il put, avec beaucoup de peine, faire venir de Palma, quatre sceaux en cuir, construisit une échelle, et loua quatre prisonniers, à deux sous par jour chacun.

A la fin du troisième jour, la citerne était à sec. Il y alluma, pour l'assainir davantage, un grand feu de bois de pin, y fit descendre, pendant tout un jour, du sable et des pierres dont il forma un tertre ayant le tiers de la longueur de la citerne, et destiné à former la scène. Il se procura de l'ocre et de la sanguine, barbouilla les murs en jaune, avec une bordure rouge, suspendit tout autour des bordures de feuillage dont il se servit aussi pour séparer le théâtre d'avec la salle, et finit par écrire, non sur la toile, car il n'y en avait pas, mais au fond de la scène : *castigat ridendo mores*. Il y avait bien, en effet, de quoi rire dans tout celà. Quant à châtier les mœurs, ce n'était pas sur celles des pauvres prisonniers, déjà tant éprouvés, qu'il aurait fallu agir, c'était celles de leurs persécuteurs, qu'il aurait fallu châtier, non par des représentations dramatiques, mais à grands coups de lanières enlevant les chairs et laissant l'épine dorsale nu.

Depuis longtemps le sergent était fixé sur la pièce par laquelle il devait débuter. C'était *Philoctète* de La Harpe. Il avait jadis appris le principal rôle, savait par cœur de longs fragments des autres, et copia le tout, suppléant par de la prose aux vers qu'il avait oubliés. Trois de ses amis se chargèrent des rôles de Pyrrhus, d'Achille et du Grec, et celui d'Hercule fut confié à un sapeur qui avait une voix de tonnerre et beaucoup d'intelligence. Enfin un crieur public annonça dans tout le camp, pour la soirée, la représentation que les prisonniers attendaient avec impatience.

Il pouvait entrer trois cents personnes dans la citerne, et les places avaient été mises à deux sous : tout fut plein ; on descendait par l'échelle que le sergent avait construite, et un homme de confiance, placé sur le premier échelon, recevait le prix d'entrée dans un sac de toile pendu à son cou. La salle était éclairée par des branches de pin allumées, que tenaient des garçons de théâtre placés de distance en distance, et qu'ils renouvelaient à mesure de la consommation.

Toutes les allusions que présentait la pièce, avec la situation des prisonniers, furent saisies avec un tact qui aurait fait honneur au goût d'une assemblée plus brillante. Dès le début,

> Nous voici dans Lemnos, dans cette île sauvage,
> Dont jamais nul mortel n'aborda le rivage,

les acteurs furent couverts d'applaudissements, qui devinrent tellement frénétiques et bruyants, qu'ils semblèrent devoir faire écrouler les restes des voûtes de la citerne, quand le sergent prononça ces deux vers de son rôle :

Ils m'ont surpris ainsi dans les piéges qu'ils tendent,
Ils m'ont fait tous ces maux, que les dieux les leur rendent.

La colonie entière s'intéressait à ces représentations, et le sergent directeur accordait chaque fois vingt entrées gratuites et à tour de rôle, à ceux des prisonniers qui étaient les plus dénués de ressources. Mais ces distractions furent brusquement suspendues, pendant quelque temps, par l'interruption de vivres et par l'ouragan dont j'ai parlé, double calamité qui, accablant à la fois les prisonniers, anéantit toute énergie, arrêta toute volonté, et ne permit plus de songer à autre chose qu'à une mort qui paraissait inévitable.

Ce ne fut que quand le souvenir de tant de souffrances et des compagnons qui en avaient été victimes se fut graduellement affaibli, que les choses reprirent leur cours habituel, et que les représentations dramatiques recommencèrent et attirèrent toujours la même foule.

Il y avait à Cabréra une douzaine environ de femmes qui avaient suivi un mari ou un amant, et ces nouvelles Éponines s'étaient résignées à subir toutes les privations, toutes les misères de cet exil. Le sergent parvint, non sans peine à en engager deux dans sa troupe, et ce fut pour lui l'élément d'un nouveau succès. Il put même faire venir pour ses acteurs quelques costumes qui n'étaient pas très brillants, ni même très frais, mais qui, à tout prendre, valaient mieux que les guenilles sous lesquelles avaient paru jusqu'alors les héros de l'antiquité et les marquis de Molière. Mais quoi qu'il fit, il ne put jamais avoir des armes, même ébrèchées et inoffensives, et force fut à ses guerriers de se contenter de poignards et de glaives de bois.

Mais ces amusements et cette industrie, n'étaient pour le brave sergent qu'un moyen de préparer et de dissimuler en même temps les projets d'évasion qu'il avait conçus dès son arrivée dans l'île, et qu'il finit par effectuer avec un bonheur qui n'a pas eu d'autre exemple, car la sortie de Cabréra était plus difficile encore, sinon plus périlleuse que celle d'Angleterre.

Il avait communiqué ses projets à trois prisonniers, jeunes comme lui, hardis comme lui, dont il avait pendant quelque temps étudié le caractère et sur la fermeté et la persistance desquels il put compter. Il fut convenu qu'ils logeraient ensemble, dans une barraque construite exprès, et que jour et nuit, leur constante, leur unique pensée serait tendue vers la désertion, vers tous les moyens qui pourraient la permettre, vers toutes les occasions qui se présenteraient pour la tenter. A cet effet, on arrêta qu'un des quatre associés, à tour de rôle, serait jour et nuit de ronde sur les côtes de l'île, pour épier l'arrivée des bateaux pêcheurs ou autres qui pourraient y aborder, et assez mal gardés pour qu'on put en enlever un.

On ne peut que réussir enfin, avec une persévérance aussi obstinée, avec un aussi vif désir d'atteindre un but, et c'est ce qui eut lieu pour nos quatre prisonniers, après qu'ils eurent toutefois subi plusieurs déconvenues sans en être découragés. Je terminerai ce que j'avais à dire de Cabréra, par quelques circonstances de la désertion de ces quatre individus, désertion dont la hardiesse et le bonheur n'ont pas été imités par d'autres prisonniers.

Un soir le sergent étant en scène, baissa les yeux vers le souffleur, pour lui demander du secours, et vit à la place de l'individu que sa mémoire interrogeait, un de ses trois associés qui, comme d'ordinaire, avait été de ronde autour de l'île. En quatre mots, à voix basse, il lui fit entendre que des choses intéressantes se passaient et appelaient sa présence au-dehors. Le sergent dépêcha son rôle aussi vite que possible, congédia son auditoire et rejoignit au haut de la citerne, son camarade qui l'attendait Celui-ci lui apprit qu'à l'entrée de la nuit, un bateau, monté par trois hommes, avait fait quelques bordées entre l'île des Lapins et Cabréra, et s'étant enfin approché de la côte de cette dernière, avait tiré à terre. Caché derrière un rocher, le camarade qui était de ronde, avait vu les trois hommes allumer du feu, prendre leur repas, et se coucher sous l'abri que formait le bateau, probablement pour y passer la nuit, et avec l'intention de partir au point du jour.

La résolution des quatre déserteurs fut bientôt prise. Ils arrêtèrent leur plan, qui fut exécuté avec autant de régularité et de bonheur que s'ils eussent disposé des évènements. Dès que tout bruit eut cessé dans le camp, ils partirent, chargés de provisions pour plus de quatre jours, d'un petit baril d'eau et de cordes de différentes grosseurs. Obligés de faire un détour pour ne pas traverser le camp, ils mirent, avant d'arriver à l'endroit où les conduisait leur camarade, trois quarts d'heure qui leur parurent bien longs. Il soufflait une brise très fraîche du sud-est, et si on leur avait donné à choisir sur les trente-deux vents de la boussole, ils n'en auraient pu trouver un qui leur convînt mieux. La nuit était froide et sombre. En approchant, ils distinguèrent le corps noirâtre du bateau qui se détachait sur l'horison ; ils rallentirent le pas, retenant leur respiration, et osant à peine fouler le sable qui criait sous leurs pieds.

Se dirigeant sous le vent du bateau, ils aperçurent les trois marins qui dormaient, enveloppés de leurs cabans : comme tout était prévu d'avance, ils n'eurent besoin que de se désigner du geste, celui dont chacun d'eux se chargeait. En moins d'une minute les marins furent baillonnés avec des mouchoirs, garrotés, et placés au fond du bateau remis à flot, et avec lequel on se rendit à l'île des Lapins. Là, les français expliquèrent à leurs prisonniers que, voulant absolument se sauver, ils allaient être forcés, bien malgré eux, de les laisser dans la position où ils les avaient mis, et dont ils seraient certainement tirés dans la matinée, soit par des français, soit par des espagnols qui ne pouvaient manquer de les apercevoir.

Cela dit, sans faire plus de réflexions, ils les prirent l'un après l'autre et leur enlevèrent leurs pantalons, leurs cabans et leurs bonnets de catalans. En échange, ils les revêtirent de leurs restes d'uniformes, leur laissèrent quelques vivres, soixante francs, somme bien supérieure à celle de la valeur du bateau, et leur souhaitant toutes sortes de prospérités, ils s'embarquèrent et poussèrent au large.

A l'aide d'une petite boussole, que depuis longtemps ils conservaient bien précieusement, ils reconnurent bientôt que les côtes du royaume de Valence, leur restant à quelques lieues dans leur nord-ouest, ils y couraient vent arrière, filant, d'après leur estime, environ six nœuds à l'heure, et que, par conséquent, ils pourraient rejoindre l'armée française dans le courant de la nuit suivante, si toutefois elle se trouvait sur ces parages. C'était là, pour eux une question fort douteuse, et qui amortissait un peu leur joie : mais ils étaient décidés à tout, plutôt que de se laisser ramener dans l'affreux désert de Cabréra.

Au jour ils étaient en pleine mer, apercevant à peine derrière eux les hauteurs de l'île, qui se confondaient avec les brouillards. Le vent soufflait toujours dans la même direction et avec la même force. Vers les quatre heures de l'après-midi, ils crurent découvrir les côtes d'Espagne. Le soleil, à son déclin, les dessina bientôt en effet à l'horison, et leur laissa distinguer les maisons, les arbres et les rochers du rivage. La nuit survint, et ils couraient toujours avec la même rapidité sur une terre qu'aucun deux ne connaissait. Ils savaient seulement que toute cette partie est hérissée de brisants qui en rendent l'atterrage extrêmement dangereux.

Il pouvait être onze heures du soir quand ils découvrirent, à environ un mille de l'avant de leur bateau, une file de maisons blanchâtres, quelques lumières et les mats de plusieurs bâtiments. Ils jugèrent que c'était quelque petit port, et dans l'incertitude où ils étaient, s'il était occupé par les français, ils résolurent de l'éviter. A cet effet, donnant un peu plus au nord, ils le laissèrent à babord. Ils amenèrent en même temps leur voile, et ne gardèrent qu'un foc, pour diminuer de vitesse et atterrer sans danger. En effet, ils s'échouèrent bientôt assez près de la côte, pour pouvoir s'y rendre, après avoir laissé leur bateau à l'abandon, avec de l'eau seulement jusqu'aux genoux. Le hasard les avait favorisés en tout ; l'armée française n'était pas loin, et le lendemain ils purent la rejoindre.

J'ai rapporté avec quelques détails cette évasion, parce que c'est, je crois, la seule qui ait été exécutée à Cabréra avec autant d'audace et surtout avec autant de bonheur. Ce n'était que par des circonstances inespérées qu'on pouvait sortir de cette thébaïde. Du côté du port, les canonnières espagnoles qui en gardaient l'entrée, interdisaient toutes tentatives ; sur les autres côtes de l'île, les bateaux abordaient rarement, et pour en capturer un seul, il avait fallu toute la persévérance de nos prisonniers, toutes les peines qu'ils s'étaient données, et de plus un concours de circonstances qui les avaient favorisés, et qui probablement ne pouvaient souvent se répéter.

Toutes les particularités qu'on vient de lire, nous ont été données en Angleterre, sur les pontons ou à Dartmoor, par des prisonniers venant de Cabréra, et qui avaient été témoins oculaires, et victimes des nombreuses calamités dont j'ai déroulé le tableau. Leur récit, tel que je l'ai reproduit, est loin de renfermer tous les détails de cette affreuse misère, mais tout ce qu'il contient est d'une exacte vérité. C'est un résumé succinct de ce qui s'est passé, de ce qui a été enduré à Cabréra, pendant six ans environ qu'a duré la déportation de nos compatriotes, résumé qui, sans entrer dans des redites et des répétitions qui n'ajouteraient rien à l'intérêt du récit, suffit du moins pour donner une idée de l'ensemble des évènements et de la situation des prisonniers.

Après cette excursion, nous allons revenir en Angleterre. Nous y retrouverons encore les mêmes persécutions de la part du gouvernement anglais, la même constance, le même patriotisme de la part des prisonniers. Mais j'ai conté assez de misères infimes pour pouvoir me reposer sur ce sujet, j'ai assez parlé des romains, de leur dégradation et de leur ignoble cynisme, pour qu'il me soit permis de passer à des infortunes plus dignement souffertes et plus courageusement surmontées. Ils ne me faut, pour cela, que revenir aux cautionnements et jeter un nouveau coup-d'œil sur l'existence des officiers sur parole et leurs tentatives d'évasion.

Peut-être dans le cours de ces récits, rencontrerons-nous quelques anglais dont la conduite généreuse et loyale, sans nous faire oublier les torts du gouvernement, nous prouvera qu'il y avait plus d'un noble cœur chez nos ennemis.

Si les détails que je vais donner sur une évasion offrent toutes les péripéties, tous les incidents d'un roman, la faute n'en est point à moi, je ne puis que répéter ce que j'ai dit déjà ; mes témoins sont là, les personnages que je mets en scène existent ; je puis les nommer aux incrédules, et les confronter avec eux.

Je dois ajouter encore que je ne suis pas le premier à avoir décrit les horreurs de Cabréra. En 1816, à cette époque où la mémoire de ce qu'avaient fait et souffert les prisonniers de guerre était encore fraîche et récente, un ouvrage spécial fut écrit et publié à Paris, par un des rares individus qui avaient eu le bonheur de survivre à tant de maux. Plus tard, et depuis la révolution de juillet, un ancien marin de la garde impériale, nous a aussi donné avec ses souvenirs quelques épisodes de la vie qu'on menait à Cabréra où, par une faveur spéciale du sort, il ne resta que peu de temps. Il n'en sortit que pour faire partie de la grande armée et de l'expédition de Russie. Là d'autres épreuves l'attendaient encore, et il ne fut pas le seul français appartenant à cette énergique génération, qui semblât réservé à éprouver dans un court espace de temps toutes les vicissitudes et tous les maux de la guerre.

Je n'ai eu connaissance de ces deux publications

qu'après avoir commencé mon ouvrage, et je n'ai voulu les lire qu'après avoir écrit tout ce qui précède sur Cabréra. J'y ai trouvé, à très peu de différence près, les mêmes détails sur les circonstances principales. Tout concourt donc à établir, que le séjour de Cabréra fut une des plus cruelles calamités dont une réunion d'individus ait jamais eu à souffrir ; tout démontre l'implacable vengeance exercée par les anglais sur des ennemis désarmés.

CHAPITRE V.

Désertion rendue indispensable par suite de relations trop intimes.— Elle aboutit à un voyage à Londres. — Séjour dans cette ville — Bonnes et mauvaises chances. — Arrestation. — Voyage de Londres à Chatham.

> Il y a de braves gens partout.
> *Proverbe normand.*

En 1810 se trouvait à Thames le jeune aspirant Audiguier, qui y passait assez paisiblement son temps, sans avoir à s'occuper des soins de ménage, de cuisine et de stricte économie auxquels la plupart de ses camarades étaient contraints. Il recevait régulièrement de sa famille, qui jouissait à Marseille d'une position au-dessus de l'aisance, une pension suffisante pour lui permettre, ajoutée à sa modique solde de prisonnier, la vie d'un oisif gentleman, et lui donner l'entrée de quelques maisons bourgeoises.

Mais cette aisance et les relations qui s'en suivirent lui portèrent malheur. Les anglais qui se piquaient de bien vivre et d'être au-dessus des préjugés nationaux, voulaient bien quelquefois recevoir les officiers français, communiquer avec eux, mais n'en conservaient pas moins leur sentiment iné de la supériorité de l'Angleterre sur la France, de l'inconvenance de toute liaison entre les familles des deux nations.

Il n'en était pas ainsi des anglaises ; malgré l'exaltation de leur patriotisme, elles ne pouvaient s'empêcher de reconnaître l'amabilité de nos compatriotes, et ce sentiment de justice conduisait souvent à un sentiment plus tendre. C'est ce qu'une foule d'exemples ont démontré, et ce qui a mis dans l'embarras plus d'un officier prisonnier.

Audiguier en était là, à l'époque dont je viens de parler. Il avait à opter entre la prison, le mariage, ou une prompte évasion. Le premier moyen lui répugnait extrêmement, le dernier était difficile et périlleux, et comme il était jeune, amoureux et imprévoyant en sa qualité d'aspirant, il s'arrêta au second, et écrivit à sa famille à Marseille, pour lui demander l'autorisation d'épouser la demoiselle Betsy N. de Thames, dont il exagéra, en amant épris, la fortune, et surtout les vertus et les charmes. Malheureusement la famille ne vit pas les choses avec les yeux de vingt ans de l'aspirant, et refusa son autorisation.

Il ne restait donc plus que la prison et la désertion, et le choix ne pouvait être long. L'aspirant écrivit de nouveau à sa famille pour lui peindre sa position, lui dire l'impérieuse nécessité où il était de quitter l'Angleterre, et lui demander douze ou quinze cents francs, en expliquant la ressource des smugglers.

Cette lettre ne pouvait partir que par des moyens détournés. Elle fut remise à deux officiers qui se disposant à lever le pied, se chargèrent de plusieurs missives du même genre, adressées en France par des cautionnés de Thames qui annonçaient aussi à leurs parents, des projets de désertion. Les deux fugitifs, arrêtés avant d'arriver à la côte, n'eurent pas le temps de déchirer ces lettres qui furent décachetées et envoyées au Transport-Office.

Deux jours après arriva à l'agent des prisonniers à Thames, l'ordre de faire conduire aux pontons les officiers français dont on lui transmettait les noms, et parmi lesquels n'avait pas été oublié notre aspirant. L'agent était un assez bon diable, ancien lieutenant de vaisseau, et manchot, par la circonstance d'un boulet français qui lui avait abattu un bras. Il fit appeler individuellement, sous prétexte d'avoir quelque chose à leur communiquer, les officiers dont on lui avait transmis les noms, et quand ils furent réunis dans son salon, au premier étage, il commença par s'appitoyer sur les fâcheuses nouvelles qu'il avait à leur donner, et finit par leur lire l'ordre du Transport-Office qui les envoyait aux pontons.

De grands cris se firent entendre, des réclamations bruyantes et animées s'élevèrent, mais au fait, le pauvre agent n'y pouvait rien et était contraint de suivre à la lettre les instructions qu'il avait reçues. Quand il vit que ses moyens de douceur avaient si peu de succès, il se rapprocha tout doucement de la porte, feignant de se promener dans le salon, continuant toujours ses exhortations à l'obéissance et à la soumission; il se glissa en dehors, et donnant un tour de clé, crut s'être bien assuré de ses administrés, car il avait, avant tout, placé aux environs un détachement de soldats qu'il alla prendre pour assurer l'exécution de ses ordres.

Pendant que cela se passait, Audiguier, qui savait bien à quoi s'en tenir sur ce qui allait arriver, s'approcha d'une fenêtre, et leste comme un écureuil, bien que la hauteur fut assez grande, sauta dans la rue et joua des jambes. Poursuivi par les soldats, il arpenta lestement, en faisant autant de détours que possible, quelques rues tortueuses de Thames, et, comme un lièvre chassé par les chiens, se refugia enfin dans un trou. Ce trou était le domicile d'un camarade prisonnier de guerre, marié avec une anglaise qu'il trouva en chemise, à qui il conta rapidement son embarras, et qui le fit cacher dans une écurie, où les soldats, arrivés bientôt après à sa piste, ne purent le découvrir.

Mais il ne pouvait longtemps rester là sans être découvert. Les officiers du cautionnement qui avaient appris sa fuite et connu sa retraite, s'étaient ingéniés pour lui procurer quelques guinées, soit par une souscription volontaire, soit en faisant vendre les effets et les livres qu'il avait abandonnés dans son logement. Ce n'est que dans la captivité, dans l'extrême malheur, qu'on trouve tant de sympathies et de pareils dévouements.

Après deux jours passés dans cet asile, où les soins et les attentions ne lui manquèrent pas, notre aspirant le quitta, muni d'un petit paquet, d'une petite somme, et disposé à aller où la Providence le conduirait. Il se dirigea vers Londres, où il arriva après une marche assez pénible, dont je supprime les détails.

Je passerai aussi rapidement, pour arriver au dénouement, sur les aventures que son existence mystérieuse lui fit subir pendant son séjour dans cette ville. Je dois cependant les résumer aussi succinctement que possible.

Au premier hôtel où se présenta notre déserteur, il fut reçu par une dame jeune et jolie, à qui il s'adressa en idiome anglais très correctement. Elle lui répondit en français, très pur aussi, et lui dit qu'au premier mot, à sa tournure et à son accent, elle l'avait reconnu pour un compatriote, car elle était Bordelaise, mais elle ajouta qu'elle ne pouvait le loger, et l'adressa à un hôtel voisin où il trouva un gîte.

Le lendemain matin, la première pensée de l'aspirant fut de demander un barbier dont l'office était rendu indispensable par un long et fatigant voyage. Le barbier qui se présenta, était encore un français, émigré depuis 1789, qui faisait fort bien ses affaires à Londres, mais qui n'en avait pas moins conservé pour son pays et ses compatriotes, ces sympathies qui ne peuvent s'éteindre que dans des cœurs entièrement dépravés. Après une courte conversation, les confidences s'établirent, tous les secrets furent avoués, et l'artiste en cheveux, fit comprendre à l'aspirant que sa sûreté était fort compromise dans un hôtel qui n'était fréquenté que par l'opulence, et où quelques individus d'une nombreuse domesticité, ne pouvaient manquer de pénétrer enfin un incognito, dont la dénonciation leur procurerait une récompense de dix guinées. Il lui conseilla, en conséquence, de se loger provisoirement dans une petite chambre garnie. C'est ce qu'il fit dans le jour même, heureux de trouver dans une rue écartée, un petit logement solitaire, à l'abri des curieux, et dont les propriétaires ne s'occupaient nullement de politique, de prisonniers de guerre, et trouvaient qu'un locataire réunissait toutes les conditions voulues, quand il payait exactement son terme. Audiguier fut là, dans une sécurité complète ; mais sa bonne fortune lui réservait, pour quelque temps du moins, des chances plus favorables encore.

Deux jours après son arrivée à Londres, Audiguier alla voir le négociant anglais qui correspondait avec sa famille, pour lui faire parvenir les sommes qu'on lui adressait périodiquement. Celui-ci le reçut cordialement, lui donna un dîner splendide, et au dessert, lui demanda, par manière d'acquit, comment il se trouvait à Londres, et si la permission qu'il avait obtenue sans doute pour s'y rendre, devait durer longtemps. Quand il apprit la vérité que le déserteur lui déclara toute entière, sans dissimuler les tentatives qu'il se proposait de faire pour passer en France, il poussa les hauts cris, se crut perdu, et déclara tout net, que non-seulement il ne voulait contribuer en rien à un pareil projet, mais qu'il entendait de plus, paraître l'ignorer complètement. Il offrit de l'argent à Audiguier, et l'invita, avec toutes les formes d'une exquise politesse, à rendre ses visites le moins fréquentes possible. Audiguier refusa l'offre et promit de se conformer à l'invitation. Du reste tout se passa de part et d'autre convenablement, et le bon négociant, qui fit preuve d'un excellent cœur, ne fut coupable que d'une peur exagérée, mais justifiée peut-être par les peines sévères prononcées alors en Angleterre contre ceux qui seraient convaincus d'avoir favorisé la désertion d'un prisonnier français, ou même de l'avoir connue sans la dénoncer.

Une compensation attendait notre aspirant au sortir de là ; il eut la bonne fortune de rencontrer un nommé Dumont, ancien prisonnier de guerre, mais excellent danseur, élève de Vestris, et qui, à la recommandation de son maître, avait obtenu sa libération, et était un des premiers sujets de l'opéra à Londres. Dumont menait une joyeuse vie, hantait tous les dandys, et gagnait assez d'argent pour ne savoir qu'en faire. Il fut heureux de trouver un ancien camarade et de lui offrir ses services. Il mit à sa disposition, sa garde-robe et sa bourse, dont le déserteur usa avec modération, bien que ses moyens d'existence fussent déjà considérablement écornés par son court séjour à Londres.

Dès ce moment, cependant, il put se livrer à une espèce de sécurité sur l'avenir, sans négliger toutefois les moyens de quitter l'Angleterre, et à cet effet, il fréquentait la bourse, les endroits populeux où toujours il espérait rencontrer quelqu'un de ces individus qui faisaient le métier lucratif, mais dangereux, de transporter des prisonniers de guerre en France. Pendant longtemps il hésita sur la mine peu promettante des hommes qui lui paraissaient adonnés à cette profession, mais auxquels il n'osait pas se confier.

Cette position incertaine et précaire ne pouvait se prolonger, car Audiguier avait trop de délicatesse pour vouloir être indéfiniment aux crochets de Dumont. Il poursuivait sa vie inoccupée, fréquentait tous les lieux publics, lisait tous les journaux, espérant toujours qu'une circonstance fortuite s'offrirait pour réaliser ses vœux et lui permettre le passage en France. Mais il était à bout de patience et de résignation, et voulait en finir d'une manière ou d'autre.

Un jour il lut dans un journal l'annonce qu'on demandait dans un pensionnat un sous-maître pour enseigner la langue française, la littérature, et faire les répétitions. C'était bien son affaire ; sans perdre un instant, il prit un fiacre, et se rendit à Chelsea où était l'établissement qui demandait un professeur. M. Félix, directeur du pensionnat, causa pendant quelques instants avec l'aspirant, fut enchanté de ses talents, de son amabilité, et l'admit comme son adjoint, avec de fort beaux émoluments.

On conçoit, du reste, que si Audiguier eut fait connaître sa véritable position, M. Félix se fut bien gardé d'entendre le premier mot, et l'eut éconduit poliment, si toutefois il ne se fut pas cru obligé de le dénoncer. Audiguier le savait, et s'y était pris de manière à ne pas craindre pareille mésaventure. Il s'était donné pour citoyen des États-Unis d'Amérique, pour avoir été élevé en France, et avait ajouté qu'étant venu en Angleterre pour un voyage d'agrément et de curiosité, il y avait été retenu par les difficultés du passage que la guerre rendait chaque jour plus pénible et plus dispendieux.

Tout cela était assez plausible pour être cru, et M. Félix n'en demanda pas davantage. Il installa son adjoint, et se reposa sur lui de la plus grande partie de ses fonctions.

En peu de temps Audiguier devint non plus l'adjoint, mais pour ainsi dire le chef du pensionnat. C'était lui qui recevait les parents, qui était leur intermédiaire entre eux et les élèves, et grâce à ces fonctions qui lui étaient dévolues, il ne tarda pas à faire de nombreuses connaissances parmi l'aristocratie industrielle et financière de Londres. Il n'eut tenu qu'à lui de jouir de cette aisance et de ce confortable; il voyait la bonne société, avait ses entrées à tous les spectacles, grâce à son ami le danseur de l'opéra, et pouvait patiemment attendre que les évènements lui permissent une autre existence.

Mais dans ces entrefaites, la campagne de 1812 s'ouvrit, et l'armée française partit pour la Russie, comptant sur des succès que tant de succès antérieurs semblaient garantir. A l'annonce de ces évènements, le sang d'un jeune officier français devait naturellement bouillir dans ses veines, et Audiguier, indifférent au bien-être dont il jouissait, ne pensa plus qu'à revoir la France, qu'à prendre sa part des périls, des travaux, de la gloire qui se préparaient.

Il employa tous les moments que lui laissaient ses fonctions, à parcourir les rues de Londres, à chercher la rencontre de quelque smuggler, de quelque capitaine danois qui lui parût disposé à favoriser ses desseins de fuite. Il ne pouvait toutefois, agir qu'avec la plus grande réserve, et par conséquent n'avançait guère et n'obtenait aucun résultat satisfaisant.

Un jour il fut acosté par un homme de fort mauvaise mine, à la dégaine d'un marin, à l'air étranger, et qui lui demanda un renseignement. Audiguier prit l'initiative, et jouant parfaitement le rôle d'un citoyen anglais, apostropha cet individu, lui dit qu'il avait tout l'air d'un prisonnier de guerre déserteur, et qu'il allait le faire arrêter. L'autre interdit d'abord, finit par expliquer sa position, qui n'avait rien d'équivoque, et bientôt des confidence mutuelles s'en suivirent.

Par l'entremise de cet individu, Audiguier s'aboucha avec le patron d'un lougre mouillé dans la Tamise, prêt à appareiller et où moyennant quinze cents francs on devait le transporter dans un port français. Il s'y rendit dans le jour même, abandonnant tous ses effets, et s'y trouva en compagnie d'un officier polonais, courant la même chance que lui.

Le patron du lougre était un misérable qui avait fait depuis longtemps le métier de smuggler, qui était soupçonné de le faire encore, et qui n'avait embauché ses deux déserteurs que pour les dénoncer, dire qu'ils étaient venus furtivement à son bord, prouver ainsi son innocence, et de plus, gagner la prime dévolue en pareille affaire.

Heureusement le second n'était pour rien dans cette sâle spéculation. Il en eut vergogne, et en l'absence du patron la dénonça aux deux prisonniers qui, sans perdre de temps, se jetèrent dans le petit canot du lougre, ramèrent vigoureusement et descendirent bientôt sur le quai.

Le Polonais ne savait pas un mot d'anglais, ne connaissait pas les rues de Londres, n'avait pas une relation, pas un ami dans la ville. Il prit en étourneau le premier chemin qui s'offrir à lui, suivit sa route sans se presser, n'éveilla aucun soupçon et réussit à s'échapper.

Quant à Audiguier, il se mit à fuir à toutes jambes dans une autre direction, et cette précipitation lui fut fatale. Poursuivi par la foule il fut saisi et conduit chez un constable. Là, longuement interrogé, il fut bien et dûment reconnu pour Français, malgré ses dénégations, sans qu'on put cependant obtenir l'aveu de sa véritable position. On le prit pour un espion envoyé à Londres par le gouvernement impérial, et en conséquence de cette idée, on l'envoya dans une prison civile pour y attendre son jugement qui, selon cette hypothèse, ne pouvait finir que par la corde.

Mais les preuves manquaient, et tandis qu'on cherchait à se les procurer, le pauvre Audiguier en était réduit à la froide paille et à la triste pitance de la prison. Il en eut assez au bout de quinze jours, et vit bien, d'ailleurs, qu'il n'y avait pas d'autre issue pour sortir de là, que de faire connaître ce qu'il était. Un jour donc, qu'un geôlier était venu lui apporter sa cruche d'eau et son pain noir, il demanda à parler au directeur de la prison et lui déclara qu'il était officier français, prisonnier de guerre et déserteur. La chose fut bientôt constatée par les registres du Transport-Office, et l'identité d'Audiguier parfaitement reconnue. Il ne s'agissait donc plus de le pendre, mais de l'envoyer sur un ponton.

Quelques points cependant restaient à éclaicir. On voulait savoir comment Audiguier avait vécu à Londres et surtout les personnes qu'il y avait fréquentées. On l'accabla de questions à cet égard, mais toujours il se borna à répondre qu'on le couperait en morceaux, plutôt que de le contraindre à compromettre ceux dont il avait reçu quelques bons offices ou quelques témoignages d'intérêt. On comprit l'impossibilité de vaincre une détermination aussi énergique, et on termina son interrogatoire qui devait être sans résultat.

On avait ramassé depuis peu de jours, cinq ou six autres français, absolument dans le même cas que notre aspirant, et comme lui destinés aux pontons. On les réunit, et on les fit partir ensemble pour Chatham.

Ce départ fut précédé par des circonstances qui ne doivent pas être oubliées. Les prisonniers étaient au nombre de six ; on les fit escorter par une compagnie de grenadiers de cent et quelques hommes. Le capitaine fit charger les armes devant eux, puis leur lut à haute et intelligible voix un ordre du Transport-Office, portant qu'ils seraient tous fusillés sur le champ si, pendant la route, un seul cherchait à s'évader. Audiguier qui, comme on l'a vu, parlait parfaitement l'anglais, fut chargé d'expliquer à ceux de ses camarades qui ne le comprenaient pas assez bien, la teneur de cette pièce philantropique. Était-ce une vaine menace pour les épouvanter, pour empêcher toute tentative d'évasion, pour rendre au capitaine et aux soldats, cependant assez nombreux, leur mission plus facile ? La chose est possible, comme il est possible aussi, que quelques prisonniers dont on n'a plus entendu parler, aient péri pendant le cours d'un voyage du même genre et aient été enterrés, sans plus de cérémonies, dans un des fossés de la route.

Quand ces petits préparatifs furent terminés on mit les menottes aux prisonniers, on les plaça au milieu des deux files de grenadiers qui emboîtaient le pas, et en avant marche. Il ne s'agissait de rien moins que de traverser la plus grande longueur de Londres, et ce commencement du voyage, en était peut-être la partie la plus pénible et la plus douloureuse.

La foule était grande déjà devant la prison, au moment des préparatifs dont je viens de parler. Elle s'accrut de rue en rue, par de nombreux individus accourus, sur le passage du cortège, de toutes les tavernes, de tous les taudis, de tous les mauvais lieux des environs, et bientôt ce fut une cohue immense, horrible, poursuivant les pauvres prisonniers de ses grossiers sarcasmes, de ses hurlements, de ses vociférations. Dans tout le parcours de Londres, et loin encore dans la campagne, ils furent poursuivis par ces cris, couverts de boue et d'immondices. Et les officiers et les soldats qui, sinon par un devoir qu'ils ne pouvait comprendre, du moins par un sentiment d'honneur national, auraient dû s'opposer à ces infamies, étaient non-seulement impassibles, mais loin de les réprimer, semblaient les voir avec plaisir.

Chez les nations civilisées, quand le plus atroce criminel, quand un paricide marche à l'échafaud, la foule qui l'entoure est muette, et si un cri inconvenant ajoutait une insulte inutile aux arrêts de la justice, non-seulement cette manifestation serait comprimée par l'escorte du criminel, mais couverte par les huées et les malédictions du peuple : Ce n'étaient cependant pas des criminels, ces malheureux que la canaille anglaise poursuivait de ses outrages ; c'étaient des jeunes gens à nobles sentiments, d'une éducation distinguée et dont le crime avait été de combattre avec bravoure et d'être vaincus par des ennemis presque toujours supérieurs en nombre.

Quand on fut hors d'atteinte de cette horde de misérables hurleurs, le capitaine voulut bien faire ôter les menottes à ses prisonniers et les laisser marcher ainsi entre les deux files. Mais dès qu'on allait entrer dans un village, on remettait les entraves, et alors aussi, recommençaient les outrages dont les honorables citoyens de Londres avaient donné l'exemple.

Avant d'arriver à la ville où on devait coucher, un sous-officier fut envoyé en avant pour préparer le logement qui fut arrêté dans le plus somptueux hôtel. Il est inutile de dire que ces prisonniers voyageaient à leurs frais, étaient assez heureux pour la plupart, pour pouvoir faire de la dépense, et que tout étant commun parmi eux, ceux qui n'étaient pas en fonds, pouvait compter en toute sécurité sur la bourse de leurs camarades.

A l'hôtel les prisonniers firent grande chère, et le maître en qualité de bon patriote les écorcha tant qu'il put et fit payer le triple de la valeur, le logement et la table. Nos camarades ne s'en inquitèrent pas, car ils avaient pris leur parti. Pendant tout le temps d'une route pénible, et souvent comme on l'a vu, accompagnée d'humiliations, ils avaient joyeusement chanté en chœur des couplets à la gloire de la France, à l'humiliation de l'Angleterre ; leur gaîté redoubla à table, et bientôt ils se virent entourés d'un cercle d'élégantes ladies, attirées par le désir de voir enfin quelques-uns de ces français qu'on leur avait peints si noirs, si hideux, si difformes. Elles ne pouvaient revenir de leur étonnement, en voyant au lieu de ces monstres dont elles ne s'étaient approchées qu'avec crainte, des jeunes gens à physionomies avenantes et fraîches, et dont l'hilarité décélait une insouciance, une philosophie toujours compagnes d'un heureux naturel, et presque toujours signes certains d'une éducation distinguée. Leur surprise s'accrut, quand, après beaucoup d'hésitation, adressant à ces prisonniers quelques mots dictés par la curiosité, elles reçurent en anglais très pur des réponses courtoises, des compliments délicats, inspirés par les positions respectives du moment.[1]

La conversation devint bientôt animée et intime. Les dames s'assirent et voulurent absolument prendre part au dessert et y faire ajouter quelques friandises, quelques bouteilles de Porto. Elles écoutaient avec un intérêt qu'elles ne cherchaient pas à dissimuler, les incidents de la désertion, de la capture de ces prisonniers, et allaient jusqu'à s'apitoyer sur leur sort.

Le capitaine de l'escorte mit fin à ces entretiens, en priant les dames de se retirer, avec une politesse toute anglaise, et qui ne faisait que mieux ressortir l'urbanité de nos compatriotes. Il avait pris, du reste, ses précautions et placé de nombreux factionnaires aux fenêtres, aux portes, aux cheminées et jusque sur les toits. Aussi, nos prisonniers, résignés à leur sort, et prenant leur mal en patience, ne songèrent pas un seul instant à déjouer une vigilance aussi active.[2]

La journée du lendemain se passa à peu près, comme celle dont je viens de rendre compte; les prisonniers toujours chantant de gais refrains entre les deux files de soldats, toujours tendant les poignets aux menottes, toujours nargant leurs gardiens par une bonne humeur que rien ne pouvait abattre. Le troisième jour de leur voyage, ils arrivèrent à Chatham, on les sépara, et Audiguier fut envoyé à bord du ponton le *Brunswick* où de nouvelles et tragiques aventures l'attendaient.

L'agent du dépôt de Chatham avait eu l'idée assez heureuse de réunir à bord de ce ponton, tous les officiers français déserteurs et repris, qui, dans le principe étaient disséminés sur les autres lieux de détention de la rade. Il en résulta pour eux un adoucissement de peine, par la fréquentation d'un plus grand nombre d'individus avec lesquels ils avaient des idées semblables, et dont la société devait naturellement alléger les privations et les peines de la captivité. Là se trouvait le général Pillet dont j'ai déjà parlé plusieurs fois et dont le nom reviendra bientôt sous ma plume. Là était aussi le colonel Vatable que j'ai cité et plusieurs officiers-généraux et supérieurs, distingués par leurs services, leurs talents et leur patriotisme.

Ces prisonniers d'élite, qui tous avaient des talents d'agrément, passaient leur temps avec le moins d'ennui possible, grâce aux arts, à la musique surtout, et à des réunions qui n'auraient pu avoir lieu, s'ils avaient été séparés, comme jadis, sur les différents pontons du dépôt. On conçoit sans peine que les vices, l'abrutissement, qui souillaient les autres lieux de détention, et que le découragement amenait, y étaient inconnus. Cependant le jeu y avait de nombreux partisans, malgré les peines que prirent pour l'extirper quelques-uns de ces officiers, remarquables parmi les autres, par un sentiment plus délicat des convenances et de la moralité. Ils firent un règlement par lequel chaque officier s'engageait à faire toutes les représentations possibles à ceux de ses camarades qu'il verrait engagés au jeu, pour les en détourner. Ces dispositions furent acceptées par toute la communauté, et cependant le désœuvrement auquel les prisonniers de guerre étaient livrés en général, le besoin qu'ils éprouvaient de se procurer des émotions, au milieu d'une existence aussi terne et aussi inactive, avaient fait faire de tels progrès à la passion du jeu, qu'il était impossible de la déraciner entièrement. Sur le *Brunswick*, quelques officiers, après avoir reconnu, comme les autres, les dangers de ce funeste penchant, après avoir comme les autres, promis d'y renoncer, trouvaient moyen de se réunir dans quelques coins écartés et d'y faire clandestinement la partie, se cachant avec plus de soin encore de leurs camarades que des Anglais. Mais il y avait loin de là, à l'ardeur effrénée avec laquelle on jouait sur tous les autres pontons et dans les prisons.

Je dois ajouter que tous les habitants du *Brunswick* n'étaient pas officiers. Le faux-pont était occupé par des marins, des soldats, ou des prisonniers de guerre appartenant aux classes les plus infimes de la société, car les Anglais y avaient réuni la plupart de leurs prisonniers qui n'appartenaient pas à l'armée et à la marine. J'ai dit que tout était de bonne prise, que j'ai vu, dans les cautionnements, des banquiers et des notaires; sur les pontons des hommes, appartenant à tous les métiers, et qui n'avaient jamais porté un bouton d'uniforme, jamais touché une arme. En voici un exemple :

Sur le *Brunswick* se trouvait un auvergnat, fondeur de cuillers d'étain. Il avait été pris par un brick anglais, dans une felouque qui faisait la traversée de Corse à Saint-Tropez, et transporté en Angleterre avec le patron et les trois hommes qui composaient l'équipage de la felouque. Il avait promené successivement, de ponton en ponton, son fourneau portatif, son soufflet et les autres ustensiles de son métier, qu'on avait bien voulu lui laisser, et qu'il avait encore sur le *Brunswick*, ne se lassant pas de faire, pour obtenir sa liberté, des réclamations que le vent emportait. Le malheureux, qui n'avait d'autre ressource que son métier, qui ne savait faire autre chose que fondre et couler des cuillers d'étain, et qui, faute de matière première, ne pouvait se livrer à cette industrie, était dans une misère affreuse, et fut enfin réduit à se faire domestique, à la solde de cinq centimes par jour. Il ne désespérait pas cependant de démontrer enfin qu'on ne pouvait pas raisonnablement le retenir dans une prison de guerre, lui qui n'avait jamais tiré un coup de fusil, et n'avait vu que le feu de ses fourneaux. Mais le Transport-Office, qui daignait rarement répondre aux demandes des officiers-généraux et supérieurs, ne jettait pas même un coup-d'œil sur les réclamations du pauvre Auvergnat.

La réunion de tous les officiers prisonniers sur le même ponton tendait à les moraliser, à les rendre moins malheureux, et un pareil résultat n'était pas dans les vues du gouvernement anglais. Aussi l'agent qui avait pris l'initiative de cette mesure fut sévèrement blâmé, et quelque temps après, les choses furent remises sur le même pied que par le passé, et les officiers retournèrent par petits groupes séparés, sur les divers pontons de la rade. En quittant le *Brunswick*, outre le regret de leur séparation, ils emportèrent le douloureux souvenir d'un camarade qui y avait terminé ses jours par le suicide à la suite d'une longue captivité et d'une misantropie qui avait abouti à la monomanie la plus étrange. Cette aventure peut donner une idée de l'aberration d'esprit à laquelle conduisaient quelquefois une étroite réclusion et le peu d'espoir qu'on avait d'en voir le terme. Je vais en rapporter les principales circonstances.

CHAPITRE VI.

Un métaphysicien au ponton. — Amour platonique et idéal. — Ambassade à Londres. — Ses résultats négatifs. — Désespoir. — Duel. — Suicide.

> Beaucoup de personnes n'auraient aucune idée de l'amour si on ne leur en avait jamais parlé, si on ne leur avait pas persuadé qu'elles aimaient à force de de la leur dire.
>
> Mme DE GENLIS.

Quand Audiguier arriva sur le *Brunswick*, il y avait depuis longtemps sur ce ponton, un prisonnier qui, convaincu que sa vie entière devait s'écouler dans la captivité, qu'il ne devait plus avoir d'autre demeure qu'une prison, s'était arrangé en conséquence. Audemar, aspirant de seconde classe, avait été pris, sur un petit bâtiment, longtemps avant la rupture du traité d'Amiens, et était par conséquence, un des plus anciens, sinon le doyen des prisonniers. Mais il n'y pensait plus, et s'était donné pour distractions des travaux et des études qui auraient été une rude corvée pour des individus autrement organisés.

Porté à la méditation et aux sciences abstraites, il s'adonna d'abord aux mathématiques, les étudia seul, et parvint à posséder tout ce qu'elles ont de plus abstrait, de plus transcendant. Quand il en fut là, quand il eut parcouru dans leurs recoins les plus caché les sciences exactes, il chercha de nouvelles distractions dans la métaphysique. Ici il pouvait s'en donner à cœur joie, et sans crainte d'être arrêté de sitôt, car la voie est immense et sans limites, comme les domaines de l'imagination, comme ceux de la rêverie.

Audemar n'était pas déjà très communicatif et très gai avant que ce dernier goût lui fut venu. Avec sa métaphysique il devint réservé, grave et taciturne comme un Père du désert. Si, par hazard il accostait un camarade, c'était pour l'entretenir de théories nébuleuses, expliquer, développer et critiquer les systèmes de tous les songes creux anciens et modernes. Ces sujets et ces conversations ne pouvaient guère être du goût d'officiers, jeunes pour la plupart, peu enclins aux idées abstraites et qui avaient besoin de distractions plus agréables. Aussi Audemar trouvait fort peu d'auditeurs, et ceux auxquels il s'accrochait par hazard ne tardaient pas à chercher le premier prétexte pour le laisser là, lui et sa métaphysique. Sa misanthropie et sa taciturnité s'accrurent en raison de cet éloignement, et déjà le pauvre aspirant, devenu idéologue, était complètement isolé à bord du *Brunswick*, lorsqu'un événement auquel il était loin de s'attendre, vint donner un autre cours à ses idées et bouleverser son existence, en la faisant passer pendant quelques instants par une situation extatique.

Une de ses sœurs avait été élevée, avant la guerre, à Saint-Omer, dans un pensionnat où se trouvaient aussi deux jeunes Anglaises, miss Emma et Grace Wind, filles d'un riche propriétaire de Londres. Elles étaient jumelles, jolies toutes les deux, toutes les deux d'un caractère doux et liant. Une étroite amitié se forma entre la jeune Française et les deux Anglaises, qui se promirent bien de s'aimer toujours, de se donner souvent de leurs nouvelles, et de se revoir un jour, quand les premières hostilités entre la France et l'Angleterre vinrent les séparer.

Les trois jeunes personnes avaient projeté, dans leur enthousiasme d'amitié, plus qu'elles ne pouvaient faire. Bientôt les entraves créées par la guerre entre les communications des deux pays, rendirent toute correspondance, sinon impossible, du moins très-difficile, et les relations entre les amies de pension en restèrent là.

Mais, quand Audemar eût fait connaître à sa sœur la triste position où il se trouvait après avoir déserté d'un cautionnement, quand il lui eut décrit le ponton et ses horreurs, celle-ci se rappela qu'elle avait à Londres deux amies qui pourraient peut-être, par l'influence de leur famille, alléger les peines du prisonnier, et leur écrivit à cet égard.

Cette lettre n'était pas du nombre de celles qui restent sans résultat ; elle rappela aux jeunes miss Wind les plus heureuses années de leur existence et les disposa bien naturellement à répondre à la confiance de leur amie, en faisant pour le frère tout ce qui serait en leur pouvoir ; mais malheureusement elles pouvaient bien peu. Cependant elles parvinrent à intéresser leurs parents au sort du prisonnier, et Emma lui écrivit pour lui offrir, au nom de sa famille, de l'argent, et pour lui promettre qu'on allait faire des démarches actives, à l'effet d'obtenir son renvoi dans un cautionnement. Les promesses et les offres étaient exprimées avec cette délicatesse si naturelle aux femmes, et dont elles semblent presque avoir le partage exclusif. La lettre de miss Emma, empreinte d'abandon et de sensibilité, émut puissamment le pauvre reclus, étranger depuis si longtemps aux élans d'une douce sympathie, aux communications affectueuses. C'était une délicieuse clarté perçant les ténèbres des pensées sérieuses qui l'enveloppaient, une voix céleste rompant le silence de réflexions et de vague dans lequel son âme était plongée.

Le métaphysicien en extase oublia pendant quelques jours toutes les subtilités, tous les arguments qui avaient jusqu'alors rempli son existence, pour ne penser qu'à miss Emma Wind, qu'il se plaisait à parer de tous les charmes, de toutes les qualités de son sexe, et il est juste d'ajouter que ce portrait idéal ne s'écartait pas excessivement de la réalité, miss Emma Wind étant à tous égards une personne charmante.

Tout cela s'était passé bien longtemps après l'entrée d'Audemar au ponton le *Brunswick*, où Audiguier arriva bientôt, et au moment où le charme produit par la lettre de la jeune Anglaise exerçait encore toute son influence sur une existence qu'on n'aurait jamais crue susceptible de pareille exaltation. En apprenant qu'un prisonnier français arrivait de Londres, Audemar n'eut rien de plus pressé que de le voir et de lui demander si par hasard il n'aurait pas connu la famille Wind, et le hazard, cette fois, se trouva d'accord avec les vœux de l'aspirant.

En effet, Audiguier, pendant son séjour au pensionnat de M. Felix, avait eu occasion de lier connaissance avec la famille Wind, et cette connaissance devint bientôt tellement intime, qu'on se fâchait dans la maison quand le nouvel ami laissait passer quelques jours sans aller y dîner. Audiguier était jeune, d'un physique agréable, causait bien, et avait auprès des femmes cette galanterie que les Anglais ne connaissent guère et pratiquent moins encore. J'ai dit ce qu'étaient les deux sœurs Wind. Il était bien difficile qu'entre une d'elles et le prisonnier français il ne naquît pas un sentiment plus tendre que celui qui existait déjà. C'est ce qui eut lieu entre miss Emma et Audiguier ; mais celui-ci n'avait pas oublié sa mésaventure de Thames, qui avait failli l'envoyer sur un ponton et lui avait valu sa vie tant agitée à Londres. Il s'en tint donc à l'amour sentimental, et par conséquent sa tendresse pour miss Emma ne fit que s'accroître de jour en jour. Les parents n'avaient pas été longtemps à s'apercevoir de cette affection mutuelle, ils étaient loin de s'y opposer, et il n'eût tenu qu'à notre compatriote de devenir un membre de la famille Wind, à laquelle il avait fait le même conte qu'à M. Felix, se disant citoyen des États-Unis d'Amérique.

Mais quel que fût son amour, sa position incertaine et précaire, son désir et son espoir de revoir la France, ne lui permettaient pas de songer à une pareille union, qui devait indéfiniment le fixer en Angleterre et arrêter sa carrière. Il en était là quand il fut arrêté, comme on l'a vu, à la suite d'une tentative de désertion.

Ainsi, Audemar ne pouvait mieux s'adresser pour avoir des renseignements sur miss Emma Wind. Audiguier en parla en amant épris, et un portrait qui n'avait pas besoin d'être flatté pour être ressemblant, devint dans sa bouche le modèle et le type de la perfection, du beau idéal. Il n'en fallut pas plus au pauvre visionnaire qui, après avoir promené pendant si longtemps ses pensées au milieu des froids brouillards d'une science stérile et sèche, se trouva tout-à-coup transporté dans le domaine des illusions, dans le monde des plus douces chimères, des plus séduisantes espérances. Ce fut pour miss Emma, qu'il n'avait jamais vue, que selon toutes les probabilités il ne devait jamais voir, un amour comme il n'en a jamais existé peut-être. Rien de plus exalté que les natures froides et réfléchies quand elles se passionnent une bonne fois. Audemar en donna la preuve.

Il voyait la jeune Anglaise, faisait avec elle de longues et sentimentales conversations, lui promettait une fidélité inviolable, et pour donner une ombre de réalité à ses rêves, s'attachait à Audiguier, se pendait à son bras et l'entretenait sans relâche, sans miséricorde, de l'unique sujet de ses préoccupations. Audiguier, d'abord émerveillé d'une flamme aussi soudaine et aussi ardente, trouva la chose assez insolite pour s'en amuser pendant quelques jours, sans témoigner en rien son étonnement. Mais bientôt la persistance et l'obsession d'Audemar le fatiguèrent, et il prit le sage parti de l'éviter, quand il pouvait le faire, ce qui ne lui était pas toujours facile.

Audemar, dans ses moments de solitude et d'abandon de son confident, se mit à faire des vers, des élégies, et à célébrer sur tous les tons les perfections de l'être que son imagination avait créé. Le métaphysicien Mallebranche fit pendant sa vie deux vers, que tout le monde connaît ; le métaphysicien Audemar en fit peut-être deux mille qui, malheureusement, sont restés ignorés, mais aussi Audemar était amoureux, et Mallebranche ne l'a jamais été.

Quand il eut assez rimé et rêvé, quand Audiguier lui eut répété à cent reprises différentes, pendant un mois, ce qu'il lui avait dit les premiers jours, Audemar voulut essayer quelque chose de plus positif, mais ses moyens pécuniaires, sa position de prisonnier sur un ponton ne lui laissaient guère de latitude à cet égard. Heureusement l'amour est inventif et sait trouver des moyens pour surmonter tous les obstacles. Audemar était trop amoureux pour ne pas en trouver.

Il y avait sur le *Brunswick* une certaine mistriss Wilson, épouse d'un sergent de la garnison, femme entre deux âges, et assez bonne personne. Comment Audemar parvint-il à la décider à faire le voyage de Londres? Comment en obtint-elle l'autorisation de son mari, c'est ce que j'ignore, mais toujours est-il qu'elle partit avec la mission d'aller chez la famille Wind, de porter une lettre au père, une lettre à Emma, et d'exprimer verbalement toute l'ardeur du prisonnier, tout son désir d'être uni à la jeune miss. Elle portait d'ailleurs quelques cadeaux, choisis parmi ce qu'il y avait de plus élégant, de plus délicat, dans les bagatelles que confectionnait l'industrie des prisonniers. C'était une folie, direz-vous, sans doute, mais ce n'était que la suite d'un chapelet de folies, dont la métaphysique avait été le premier grain, et dont vous verrez plus tard le dernier, qui eut des conséquences bien autrement graves.

Audemar avait fait part de cette expédition à Audiguier, et celui-ci, avec son consentement, avait ajouté au bas de la lettre adressée à Emma quelques mots pour se rappeler au souvenir de la famille Wind et la remercier de la bienveillance qu'elle lui avait témoignée pendant son séjour à Londres.

La Wilson fut reçue avec joie et fêtée. Mais, hélas!

dans les entretiens qu'elle eut avec les demoiselles, et surtout avec Emma, dans les questions nombreuses qu'on lui fit sur le ponton et ses hôtes, on ne parla, on ne s'occupa que d'Audiguier, et le nom d'Audemar fut à peine prononcé. Quand elle revint quelques jours après, elle apporta une réponse, et cette réponse, adressée pour la forme à Audemar, ne parlait aussi que d'Audiguier, et ne disait pas un mot de l'amour, des prétentions, des demandes du premier.

Dès lors il n'y eut plus de confidences, plus d'épanchements entre les deux rivaux, dont l'un l'était sans le savoir ou plutôt sans le vouloir. Audemar se mit plus que jamais à fuir toute société, et, dès ce moment, on ne le vit que se promener, ou tristement assis dans le coin le plus solitaire du ponton.

Il ne fallait plus pour l'achever qu'une nouvelle déconvenue, et elle ne lui manqua pas. Après l'ambassade envoyée par Audemar et dont Audiguier avait eu tous les honneurs et tous les profits, les demoiselles Wind, et surtout miss Emma, grillaient du désir de voir celui qu'elles connaissaient, et pour y parvenir, elles se servirent du prétexte d'aller consoler et secourir celui qu'elles n'avaient jamais vu, et, à dire vrai, dont elles ne se souciaient guère. Le père Wind fut longtemps inaccessible aux sollicitations de ses filles pour faire le voyage de Chatham ; il n'était pas amoureux. Cependant il se laissa persuader enfin, et le voyage fut résolu.

Il n'y a pas bien loin de Londres à Chatham, mais M. Wind, par une exception assez rare, ne partageant pas la manie de touriste de ses compatriotes, avait des habitudes sédentaires, des goûts casaniers, et n'était jamais sorti de l'enceinte de la métropole ; ses plus longues pérégrinations n'avaient pas dépassé l'embouchure de la Tamise. Qu'on juge donc de sa complaisance, de son amour pour ses filles, et même de son amitié pour Audiguier, qui avaient enfin obtenu de le faire renoncer à la douce incurie dans laquelle il passait sa vie insoucieuse.

Un beau jour cependant, la famille arriva à Thames, et le lendemain se rendit à bord du *Brunswick*. Les deux aspirants furent appelés à la fois dans la chambre du capitaine, où s'étaient réunis le père, la mère et les miss Wind. Les deux sœurs jumelles avaient une ressemblance parfaite, et cependant Audemar, par une de ces sympathies qui existent, mais qu'on ne saurait expliquer, attacha d'abord exclusivement ses regards sur celle qu'il avait rêvée, sur Emma, dont l'image qu'il s'en était faite, d'après les récits de son camarade, remplissait depuis quelque temps toutes ses pensées. Il aimait trop et était trop métaphysicien pour exprimer ses sentiments autrement que par une extase muette et contemplative. Audiguier, moins amoureux sans doute, était aussi plus communicatif et plus parleur, et miss Emma de son côté, toute disposée à l'entendre et à lui répondre, fit fort peu d'attention au culte silencieux de son autre adorateur. Le bon homme Wind, de son côté, s'empara d'Audiguier et s'épuisa en questions sur ce qui lui était arrivé depuis son départ de Londres, sur la manière dont il vivait au ponton, sur ce qu'on pouvait entreprendre pour l'en faire sortir. Audiguier avait à répondre en même temps aux questions empressées du père, de la mère, aux demandes naïves et réservées des deux miss. Il répondit à tout, fut aimable pour tous, et gagna encore dans l'affection de tous. On témoigna cependant des égards et de la bienveillance à son camarade, mais c'était de la politesse froide, de la commisération peut-être ; le cœur n'y était pour rien.

Audemar sortit de cette entrevue, où on avait fait si peu d'attention à lui, où l'on ne s'était pas même aperçu du feu qui le dévorait, le cœur navré, et dans un état d'abattement qui lui donna la fièvre. Il n'adressa pas un mot à Audiguier, se retira à son poste, se coucha, et le lendemain il fut plus sombre et plus taciturne que jamais. Les prisonniers, accoutumés à cette humeur, n'y prirent pas garde et ne s'en occupèrent pas.

Peu de jours après, nouvelle visite de la famille Wind, et nouvelle répétition de ce qui avait eu lieu à la première. Ces visites se renouvelèrent plusieurs fois encore pendant les huit à dix jours que la famille passa à Chatham, et ne présentèrent aucune variation ni dans le degré d'affection des différents membres envers les deux prisonniers, ni dans la position respective de ceux-ci. Une préférence aussi clairement marquée pour Audiguier, une indifférence aussi mal dissimulée pour son pauvre camarade étaient sans doute une injustice, mais c'est ainsi que se déterminent en général les affections et les penchants. Audemar pouvait avoir de bonnes et solides qualités, il était dévoré pour Emma d'une passion qui tenait du délire, mais il était dépourvu de ces dehors qui d'abord séduisent, finissent par captiver, et auxquels les femmes surtout se laissent si aisément prendre.

Enfin, les adieux se firent et Emma qui avait sanglotté en embrassant Audiguier, tendit la main à Audemar, sans le voir seulement, occupée qu'elle était à essuyer ses larmes. En partant, on n'oublia pas de faire au premier des promesses de démarches actives pour lui faire obtenir le cautionnement. On dit à peu près la même chose au second. On laissa à l'un et à l'autre quelques souvenirs de ces visites, mais le témoin le moins prévenu, le plus indifférent, se serait bien vite aperçu que d'un côté était une affection réelle, de l'autre une politesse indispensable et presque contrainte. Celui qui aimait avec tant d'ardeur, qui avait tout fait pour se procurer cette entrevue où il trouvait de si cruels mécomptes, pouvait-il ne pas remarquer cette différence de conduite, ne pas en être navré?

Aussi, Audemar sortit de là en lançant à son camarade, qui cependant n'y pouvait rien, un regard de menace. Il gagna son poste, et pendant deux jours ne se leva pas, ne parla à personne, et ne prit aucune nourriture, malgré les remontrances de quelques-uns de ses voisins, auxquels il ne daigna pas même répondre.

Le troisième jour au matin, Audiguier qui avait su obtenir la bienveillance du commandant du ponton, était occupé à quelques travaux d'étude, dans un coin de l'hôpital. Sans être malade, il avait obtenu la permission d'aller là passer quelques heures de la journée, pour y être plus tranquille et moins distrait par le bruit étourdissant de la batterie. Un prisonnier vint, avec un certain air de mystère, lui apporter une lettre dont on va voir le contenu. Audiguier crut d'abord qu'Emma avait voulu, en s'éloignant de Chatham, ajouter quelque chose de plus tendre et de plus expressif aux adieux qu'elle lui avait faits verbalement, mais un peu contraints peut-être en présence de ses parents. Sa joie fut de courte durée, et cessa quand il lut ce qui suit :

« Monsieur,

« Votre conduite envers moi est indigne. Vous connaissiez mes sentiments pour la divine miss Emma, et vous avez fait tout ce qui était en votre pouvoir pour m'empêcher de lui dire tout ce que j'éprouve de tendresse pour elle, pour arrêter de sa part l'aveu que bien certainement elle désirait me faire de ses sentiments. Vous m'avez rendu malheureux pour la vie, et votre conduite ne mérite ni pardon ni ménagements. J'ai encore assez bonne opinion de vous pour croire que vous me donnerez la seule satisfaction qu'il soit en votre pouvoir de me donner, celle de me mettre à même de vous punir de votre déloyauté.

« En conséquence, veuillez vous trouver, avec les témoins qu'il vous conviendra de choisir, à dix heures précises, de l'avant de la batterie. Vous m'y trouverez, muni de tout ce qui est nécessaire pour terminer cette affaire. »

C'était de la folie ; Audiguier, comme on l'a vu, n'avait rien fait ni rien dit pour contrarier les vues amoureuses de son camarade, ce n'était pas sa faute si on le trouvait plus aimable que lui. Mais c'était précisement parce qu'il y avait de l'insanité dans la démarche et dans la tête d'Audemar, qu'il était plus difficile de l'en faire revenir et d'arranger la chose. Audiguier n'y pensa pas, bien qu'il fût vivement contrarié. En effet, au moment où il pouvait espérer, grâces aux démarches de la famille Wind, d'être envoyé à un cautionnement, un duel, quel qu'en fût le résultat, devait non-seulement tout arrêter, mais avoir pour lui les plus fâcheuses conséquences, car, il le savait très-bien, les Anglais ne badinaient pas sur ce point.

Comme il réfléchissait sur ces contrariétés, tout en se disposant à se rendre où on l'attendait, son ami, le général Pillet, entra, et ne fut pas longtemps à s'apercevoir de sa préoccupation et à lui en demander la cause. Vainement Audiguier voulut nier ce qui n'était que trop évident, et fit des réponses évasives. Il avait à faire à un homme qui lui était trop attaché et qui, d'ailleurs, avait trop d'habitude du monde et des caractères, pour s'en tenir là. Il insista et fit si bien qu'enfin, pour dernière réponse, Audiguier lui tendit la lettre d'Audemar, et, sans ajouter un mot, sortit pour se rendre à l'appel de ce dernier.

Il le trouva au lieu indiqué, entouré de quelques prisonniers, et muni, comme il l'avait annoncé, de deux longues baguettes, au bout desquelles avaient été fixées deux moitiés de ciseaux. On sait que c'était là une des armes dont se servaient les prisonniers pour vider les affaires d'honneur. Elles faisaient parfaitement leurs fonctions, et n'étaient pas moins meurtrières qu'une bonne et longue épée.

Audiguier voulut demander quelques explications, mais son antagoniste ne lui permit pas de dire un mot, et se mit en garde. Déjà les baguettes étaient croisées et on poussait les premières bottes, quand Pillet vint se mettre au milieu, et demanda qu'on l'entendît un instant avant de passer outre. J'ignore ce qu'il put dire, mais il dut être éloquent et pathétique, car Audemar, après l'avoir entendu, recula de quelques pas, lança son arme loin de lui, et se précipita dans les bras d'Audiguier en sanglottant, en pleurant à chaudes larmes. « Je suis un insensé, dit-il, je le reconnais, mais ma vie est si malheureuse que je ne sais à qui m'en prendre. J'avoue mes torts, c'est ma tête, c'est mon cœur qui sont seuls coupables, et c'est moi qui dois et veux en porter la peine. Soyez tranquilles, justice sera bientôt faite. »

Il était dans un état d'exaspération délirante, lui ordinairement si calme et si froid. On l'entoura, on essaya de l'amener par la persuasion à prendre quelques aliments, car il était évident que la longue abstinence à laquelle il s'était volontairement condamné était pour beaucoup dans son exaltation. Audiguier se montra des plus empressés, mais il dut se retirer bientôt, s'apercevant que sa présence et ses paroles ne faisaient qu'accroître l'irritation de son malheureux camarade, qui, tombant enfin d'épuisement, ainsi qu'il arrive toujours à la suite des crises violentes, fut porté, presque sans connaissance, dans son hamac, où il dormit pendant quelques heures d'un sommeil léthargique.

Cette scène n'était que l'avant-coureur d'une autre beaucoup plus sérieuse. En s'éveillant, Audemar se promena pendant quelque temps, silencieux et sombre comme à son ordinaire. Ceux qui l'approchaient craignaient de sa part quelque projet sinistre, et on essaya de lui faire quelques observations, de le distraire, et de l'engager à aller prendre l'air sur le pont. Il fut sourd à tout, se détourna avec humeur de ceux qui l'approchaient, et n'ouvrit la bouche que pour dire qu'on le laissât seul.

Il y avait à bord du *Brunswick* un maître canonnier anglais, master Broom, qui était peut-être le seul habitant du ponton avec qui Audemar eût lié une espèce d'intimité. Broom était un vieux serviteur, qui avait fait contre nous plusieurs campagnes, nous avait tiré quelques centaines de coups de canon, et qui maintenant jouissait d'une espèce de retraite en faisant un service qui exigeait peu de fatigue et peu d'activité. N'ayant rien à démêler avec les prisonniers, leur témoignant, quand l'occasion s'en présentait, de la bienveillance et des égards, il en était bien venu, et par une distinction qui aurait pu passer pour une bizarrerie, avait conçu une affection particulière pour Audemar.

Comme il occupait à bord du ponton, avec sa femme, jeune encore, et un enfant de cinq à six ans, une cabine dans la batterie, qui lui servait en même temps de salon, de cuisine, de dépense et de chambre à coucher. Audemar avait depuis longtemps profité de cette circonstance et du bon vouloir du canonnier, pour se procurer une retraite où il pût être seul et réfléchir à son aise. Comme Broom et sa famille passaient fréquemment à terre des journées entières, ils laissaient leur domicile à la disposition d'Audemar, et c'est là que pendant de nombreuses années il avait résolu des problèmes de mathématiques, puis bâti des théories métaphysiques, puis enfin composé des vers pour miss Emma Wind.

Le lendemain du jour où s'étaient passés les évènements que je viens de raconter, Audemar, dont la physionomie et la démarche s'assombrissaient de plus en plus, se dirigea vers la cabine de Broom, qui le reçut avec sa cordialité ordinaire, et qui bientôt partant avec sa femme pour se rendre à terre, le laissa seul avec le jeune enfant.

Aussitôt qu'il les eût vus disparaître, Audemar s'enferma ; les prisonniers n'en entendirent plus parler et ne s'en inquiétèrent pas, trop accoutumés qu'ils étaient à ses bizarreries. Vers le milieu de la journée, cependant, quelques officiers prisonniers qui passaient par là, entendirent l'enfant pousser des cris de frayeur, voulurent ouvrir la porte, mais ne pouvant y parvenir, la trouvant fermée en dedans, ils n'y firent pas autrement attention, et ne songèrent pas même à en parler à leurs camarades.

Broom et sa femme ne revinrent que fort tard et furent tout étonnés de trouver leur porte fermée. Ils heurtèrent, et des cris étouffés qu'ils reconnurent pour ceux de leur enfant, répondirent à cet appel. En un instant le capitaine du ponton fut appelé ; plusieurs soldats, et malgré l'heure avancée, plusieurs prisonniers qu'on fit sortir de la batterie, se groupèrent devant cette porte, dont la résistance ne faisait que trop présager quelque chose de sinistre. Par ordre du capitaine elle fut enfoncée, et aussitôt que les regards purent pénétrer dans l'intérieur de la cabine, un spectacle auquel on était en quelque sorte préparé, sans pouvoir en préciser le genre, vint frapper également d'horreur, les Français et les Anglais.

Audemar était pendu à une des parois de la pièce. Son cadavre, froid et raide, témoignait que cet acte d'un désespoir insensé, s'était accompli depuis longtemps déjà, et sans doute peu d'instants après le départ de Broom et de sa femme. Ceux-ci, de tous les habitants du *Brunswick*, de tous les témoins de cette funeste catastrophe, furent peut-être ceux qui en ressentirent la plus vive et la plus pénible sensation. Une longue habitude les avait attachés au sort d'Audemar, dont l'excentricité et la taciturnité n'avaient rien d'extraordinaire ni de déplaisant pour des Anglais. Il faut ajouter qu'Audemar, qui était devenu pour ainsi dire membre de la famille, était si peu exigeant, faisait si peu de bruit, que son amitié ne demandait rien et causait peu d'embarras. Heureux de trouver dans le domicile de ces bonnes gens, un coin où il pût, sans attirer leur attention quand par hasard ils y étaient, se livrer à ses études ou à ses rêveries d'amour, il ne lui en fallait pas davantage, et rarement il avait répondu quelques mots aux témoignages de bienveillance du canonnier, aux offres affectueuses de la femme, aux questions du jeune enfant qui, accoutumé à ce silence habituel, n'en était ni surpris ni effrayé.

Mais qu'on se figure l'épouvante du pauvre petit malheureux, quand il vit les préparatifs de la funeste scène qui allait avoir lieu, et dont, malgré sa faible intelligence la physionomie d'Audemar, plus sévère, plus sinistre qu'à l'ordinaire, dut lui donner un pressentiment instinctif. Qu'on se fasse surtout une idée, s'il est possible, de ce que dut éprouver cet enfant, quand il put voir, à travers ses cris et ses larmes, les convulsions de l'agonisant, quand il entendit ses râlements et ses derniers soupirs. Sans doute l'excès de la frayeur le paralysa à tel point, qu'il n'eut que la force de gémir, de pousser quelques cris faibles et inarticulés, sans avoir l'idée de frapper à cette porte, qui eut été brisée probablement si on avait pu soupçonner le drame émouvant qu'elle cachait. Ce fut à ce moment, sans doute, que quelques officiers passèrent sans s'arrêter, n'entendant que de légères plaintes, auxquelles ils ne firent aucune attention.

Audemar, avant d'accomplir son funeste dessein, avait cru devoir prendre une précaution dont il aurait fort bien pu se dispenser. Il avait tracé et déposé sur la petite table de la cabine un écrit, par lequel il déclarait qu'il s'était lui-même donné la mort, et qu'on ne devait en accuser personne. Certainement c'était bien là une précaution inutile, et il ne fut jamais venu à l'esprit d'aucun des habitants du *Brunswick*, d'attribuer cette mort à toute autre cause qu'à un suicide. Quand même les habitudes du défunt et tout ce qui s'était passé depuis quelques jours, n'eussent pas été des présomptions des plus fortes, les circonstances qui avaient accompagné cette mort, étaient des preuves surabondantes.

Voici, au surplus, textuellement, les derniers adieux d'Audemar à ses camarades, dont presque tous les officiers prisonniers voulurent conserver une copie :

« *Aux prisonniers français du ponton le* Brunswick.

« Mes amis, mes chers camarades,

« Dès les premiers jours de ma captivité j'avais formé la résolution extrême que je vais accomplir dans un instant. Peu à peu, cependant, je m'accoutumai à ma position. Je cherchai des distractions dans la science, sans espoir cependant qu'elle pût jamais me servir à autre chose qu'à tuer les longues heures, qu'à endormir le mortel ennui du ponton. Un secret pressentiment me disait que jamais je ne reverrais la France, que j'avais pour la dernière fois embrassé ma mère et ma sœur, et je dois vous le dire maintenant, c'est cette pensée qui me poursuivait sans cesse et que je vais réaliser, qui m'éloignait de vos réunions où ma présence eût porté la tristesse. Cependant je vivais et j'aurais peut-être continué à vivre encore, ou plutôt à végéter comme la plante, quand une existence nouvelle m'a été révélée, sans qu'il m'ait été permis d'en jouir, quand un avenir de bonheur ineffable m'est apparu, sans espoir de l'atteindre jamais. Longtemps je l'ai rêvé, et ces rêves ont fait toute la félicité dont j'ai joui pendant ma vie. Mais un instant les a fait évanouir, et je suis retombé dans un néant plus sombre, plus désert, plus affreux que celui où j'étais plongé auparavant.

« Vous savez pour qui je meurs ; je ne profanerai pas le nom de cet ange en le mêlant à ces dernières lignes que trace mon agonie.

« Adieu, mes chers camarades, adieu ! Si vous revoyez la France, si quelqu'un de vous voit ma mère et ma sœur, je vous le demande en grâce, qu'il leur cache bien ma destinée, qu'il ne leur apprenne pas le genre de ma mort ; c'est la dernière prière d'un mourant.

« Paul AUDEMAR. »

A côté de cette lettre ouverte s'en trouvait une autre cachetée, pour le père Wind. Quelques officiers français étaient d'avis de la brûler, mais le capitaine ne le voulut pas et ordonna qu'elle fût envoyée à sa destination. On n'a pas su ce qu'elle contenait, mais il est à croire qu'au moment suprême Audemar, complètement revenu de ses excentricités, s'y montrait aussi raisonnable que dans la lettre qu'on vient de lire. Quel qu'en fût le contenu, toutefois il dut produire une bien triste impression dans l'âme de la jeune Emma.

Les officiers demandèrent et obtinrent que leur camarade fût enterré dans le cimetière de Chatham. Une chose plus difficile à obtenir, c'était que quelques-uns d'entr'eux l'accompagnassent à cette dernière demeure. Cependant le capitaine finit par y consentir et permit que quatre officiers de marine descendissent à terre à cet effet. Le brave général Pillet reçut l'autorisation de se joindre à eux. Mais pour mettre sa responsabilité à couvert et s'assurer de ses prisonniers, le capitaine les fit accompagner par un détachement de soldats que commandait un sergent. Ainsi, par la force des circonstances, les funérailles de l'aspirant eurent l'aspect des honneurs militaires qu'on aurait rendus en France à son grade.

Malgré les précautions que le capitaine avait cru devoir prendre, un des quatre officiers ne rentra pas au ponton. Il avait pris ses précautions avant le départ, et s'était muni d'une assez bonne somme, qu'il avait reçue quelques jours avant. Il connaissait le sergent pour homme à se laisser aisément séduire, et lui fit des propositions qui furent d'abord repoussées, mais d'un air trop peu positif pour ne pas laisser quelque espoir. En effet, le Français augmenta graduellement la somme qu'il promettait pour rémunérer un instant d'inattention de la part de son surveillant, et à mesure qu'il renchérissait, le rigorisme et l'inflexibilité du sous-officier allaient diminuant. Le taux s'éleva enfin à un point qui leva tout scrupule et toute hésitation, la somme fut remise, et un serrement de main scella le marché.

Il ne s'agissait plus que d'attendre une occasion favorable qui se présenta bientôt. Au moment où on descendit le cercueil dans la fosse préparée d'avance, et où un ministre protestant, appelé à défaut d'un prêtre catholique qu'on n'avait pu trouver, prononçait quelques prières, les assistants se groupèrent pêle-mêle autour de lui. L'officier profita de cet instant de confusion pour se glisser doucement derrière le groupe, et à côté du sergent, auprès de qui il avait toujours eu soin de se tenir. Cependant un soldat s'aperçut de ce mouvement, saisit le Français par le bras, et voulut le faire passer devant lui. Mais le sergent le réprimanda rudement et lui dit d'attendre ses ordres pour agir et exercer une surveillance dont lui seul avait la responsabilité.

Grâce à cette heureuse intervention et au soin qu'eut le sergent de diriger l'attention de ses subalternes vers ce qui se passait autour de la fosse, notre déserteur, en costume bourgeois, et muni encore d'une somme qui lui permettait de poursuivre son entreprise, gagna sans être vu, la porte du cimetière, pénétra dans la ville, et s'installa dans la plus somptueuse auberge, où il employa d'abord le meilleur moyen pour détourner les soupçons, celui de faire une grosse dépense.

Il ne pouvait se dissimuler cependant qu'au moment où ses camarades rentreraient au ponton, son évasion serait connue, et que des perquisitions actives seraient faites à Chatham et aux environs. C'était un avertissement suffisant pour hâter son départ de ce lieu. Aussi ne tarda-t-il pas à l'effectuer. Une voiture publique allant à Oxford s'arrêta devant l'auberge ; il y prit place, et un instant après il s'éloignait de Chatham de toute la vitesse d'une diligence qui allait trop lentement à son gré, bien qu'elle brûlât le pavé.

Ses camarades du *Brunswick* n'ont jamais su quel avait été son sort ultérieur. Mais comme son arrestation ne fut point annoncée, ainsi qu'on ne manquait jamais de le faire, tout porte à croire qu'il fut assez heureux pour passer en France, soit isolément, soit par le secours de quelques smugglers. Il usa d'un droit imprescriptible et sur lequel le rigorisme le plus absolu ne saurait jeter aucun blâme. En effet, le capitaine du ponton avait montré beaucoup de condescendance, en permettant à quatre de ses prisonniers de descendre à terre, mais il n'avait pas cru devoir se fier à leur parole et à leur loyauté, et avait pris toutes les précautions nécessaires pour prévenir une évasion. On pouvait donc opposer la ruse et l'audace à la méfiance et à la répression, et il eût été fort heureux que tous les prisonniers de guerre eussent pu en faire autant.

La colère et le désappointement du capitaine tombèrent sur le pauvre sergent qui paya seul et fort chèrement les frais de l'évasion, et porta la peine de sa cupidité. Mis en jugement, il fut condamné à vingt ans de déportation à Botany-Bay. Les soldats du détachement qu'il avait commandé furent appelés comme témoins, et celui qui avait cru s'apercevoir des projets de l'officier français, et qu'il avait si bien rudoyé, détermina la condamnation, en racontant ce qui s'était passé.

Avant d'être traduit dans la prison où il devait attendre le départ d'un navire pour Botany-Bay, le sergent fut dégradé à bord du *Brunswick*, en présence de la garnison et de détachements de celles de tous les pontons de la rade. Après la lecture du jugement, le capitaine ne manqua pas de faire une allocution sur le crime énorme de protéger la désertion d'un prisonnier de guerre, sur le châtiment sévère qu'il méritait et dont on voyait un exemple.

Ces exhortations et ces menaces étaient en pure perte adressées aux hommes qu'on voulait prémunir contre des délits semblables à celui dont le sergent subissait la peine. Les soldats de marine qui étaient affectés à la garde des pontons, étaient recrutés parmi ce que la population d'Angleterre avait de plus ignoble et de plus vicieux. Un grand nombre d'entr'eux ne sortaient des maisons de correction que pour entrer dans ce corps, où ils apportaient leurs habitudes crapuleuses, leur cupidité, et par conséquent leurs penchants au larcin.

Aussi ils ne manquaient pas de servir bassement les prisonniers qu'ils savaient être en état de bien payer, et de favoriser tous les projets de désertion. Ils s'en dédommageaient en tourmentant, en accablant d'injures et souvent de coups, les malheureux dépourvus de ressources pécuniaires, et de les dénoncer sur le moindre soupçon.

Ce fut peu de temps après ces évènements que la

réunion du *Brunswick* fut dissoute par la dispersion des officiers qui la composaient, sur les autres pontons, et sans doute ce qui venait de se passer contribua puissamment à accélérer l'exécution de cette mesure, prise depuis longtemps. Ce fut pour ceux qui en furent l'objet une calamité véritable, qui rouvrit la plaie douloureuse faite par leur première arrivée aux pontons et que leur séjour moins rigoureux sur le *Brunswick*, avait presque cicatrisée.

CHAPITRE VII.

Aventures d'un officier supérieur de la marine.—Sa haute extraction — Son éducation. — Ses succès. — Son long séjour en Angleterre. — Mariage. — Chagrins domestiques. — Dernier combat. — Amour. — Second mariage. — Catastrophe.

Le vrai peu quelquefois n'être pas vraisemblable.
BOILEAU.

L'histoire des prisonniers de guerre ne serait pas complette si je ne racontais pas l'influence qu'une longue captivité a exercée sur quelques-uns d'entr'eux. Pour éviter cette lacune, j'ai à dire quelques mots d'un homme illustre par sa naissance, par ses services, par les plus brillantes qualités, et qui, malgré tant d'avantages, n'en fut pas moins en butte aux plus cruelles infortunes, grâce, en grande partie du moins, à son long séjour en Angleterre.

Ce qu'on va lire est connu, ou pour me servir d'une expression plus exacte, soupçonné par quelques personnes, mais je crois pouvoir affirmer qu'il n'y a peut-être pas quatre individus en France qui possèdent à cet égard des confidences aussi exactes et aussi détaillées que celles dont je vais faire part à mes lecteurs. Il est inutile d'ajouter qu'au nom véritable du personnage que je vais mettre en scène, je substitue un nom supposé ; nous sommes trop près encore des évènements que je vais rapporter, il en existe encore trop de témoins, pour que je puisse me dispenser de ce qu'exigent à cet égard les convenances.

Aubaret devait le jour au comte d'Artois et à une dame de la suite de la reine Marie-Antoinette. Il passa sa première enfance dans un village des environs de Paris, entouré des soins les plus attentifs, et reçut ensuite une éducation toute princière, sous la surveillance d'un précepteur homme de mérite et dans une maison appartenant à la haute bourgeoisie, qui avait le secret de sa naissance, secret soigneusement gardé pour tous, et surtout pour celui qui en était l'objet.

Le jeune Aubaret décéla de bonne heure la plus heureuse aptitude pour les sciences exactes, de la détermination dans l'esprit, de l'audace, et, ce qui était mieux encore, les précieuses qualités du cœur. Ces dispositions et ces penchants déterminèrent son avenir. Dès l'âge de quinze ans, il entra dans la marine comme élève, et fit les campagnes d'Amérique, sous les ordres du comte d'Estaing. Il assista à plusieurs affaires sanglantes, y fit courageusement son devoir, et mérita d'être cité dans les rapports officiels, pour sa bonne conduite autant que pour sa bravoure.

A son retour en France, il s'empressa de retourner à Paris, auprès de la famille qu'il s'était habitué à regarder comme la sienne, et qui n'était que l'intermédiaire des libéralités du prince envers son fils, libéralités qui dépassaient de beaucoup et la fortune de cette famille, et les dépenses que supposaient le grade et la position du jeune-homme. Il dut peut-être à cette prodigalité les goûts de dépense et de faste qu'il conserva pendant toute sa vie et qui auraient peut-être obscurci ses brillantes qualités, s'il n'y eût joint une bienfaisance inépuisable, un penchant irrésistible à soulager toutes les infortunes.

Quoiqu'il en soit, son étonnement fut grand quand un individu, dont les manières décélaient l'habitude du grand monde, vint le chercher et l'inviter à le suivre. Un carosse armorié les reçut, et bientôt Aubaret se trouva en présence du comte d'Artois, qu'il reconnut à l'instant, bien qu'il ne l'eût vu qu'à la dérobée et en passant, dans quelques cérémonies publiques. L'affabilité avec laquelle le prince le reçut ne tarda pas à dissiper l'embarras qu'il dut naturellement éprouver. Le comte d'Artois s'informa avec bonté de ses travaux, de ses études, de ses combats, il l'écouta avec satisfaction, et lui promit sa protection, sa bienveillance et un avancement rapide s'il continuait à se conduire d'une manière aussi satisfaisante qu'il l'avait fait jusqu'alors. En le congédiant, il le fit accompagner par le même personnage qui l'avait amené et qui, en le quittant, lui fit accepter un superbe cheval, de la part du prince, et que conduisait un de ses palefreniers.

Peu de temps après cette entrevue, qui dut sans doute inspirer de sérieuses réflexions à Aubaret, et peut-être lui donner d'étranges soupçons, il fut nommé enseigne. Quelque brillante et régulière qu'eût été sa conduite, il ne devait pas s'attendre encore à cet avancement, qui ne pouvait être que le résultat d'une puissante protection. Cependant il s'était si bien concilié la bienveillance de tous, que ses camarades en furent surpris sans en être jaloux. Quant à lui, il n'y vit qu'une raison de plus pour chercher à mériter cette faveur, et une nouvelle campagne lui en fournit l'occasion. Il se fit de nouveau remarquer par son zèle, par son exactitude, par son courage, et de nouveau il fut cité avec les éloges les plus flatteurs.

Au retour de cette campagne, le prince voulut le voir encore, et, cette fois l'entrevue fut plus longue et d'un caractère plus grave. Aubaret avait atteint un âge et avait fait preuve d'un caractère qui permettaient de lui confier un secret, de quelque importance qu'il fût. Après un préambule long et sérieux, où perçaient cependant les sentiments les plus affectueux, le prince finit par avouer sa paternité; mais il ajouta en même temps que des raisons de la plus haute importance lui interdisaient de la reconnaître publiquement. Il assura Aubaret qu'il trouverait en lui un père aussi longtemps qu'il garderait un secret inviolable sur ce qu'il venait d'apprendre, mais que son avenir dépendait de son silence à cet égard, que la moindre indiscrétion le priverait irrévocablement d'une brillante fortune, et que peut-être un jour des circonstances pourraient se présenter qui permettraient de divulguer ce sceret et de reconnaître la naissance.

Aubaret demanda en hésitant s'il ne lui serait pas donné de connaître et d'embrasser sa mère. Le prince répondit que c'était impossible, et congédia son fils en lui donnant de nouvelles assurances de son attachement et de sa protection.

Dès ce moment, Aubaret, quand il était à terre, ne menait pas la vie d'un simple officier de marine, mais celle d'un grand seigneur. Il avait maison montée, équipage, et un nombreux domestique, et de tout cela il faisait un noble et généreux usage; bon ami, bon camarade, ouvrant sa bourse à tous les besoins, à tous les emprunts, et ne regardant pas à dépenser un argent dont la source lui paraissait intarissable.

En 1788, il commandait une corvette, et fit avec ce bâtiment quelques campagnes, qui confirmèrent et accrurent sa réputation d'habileté et de bravoure. Tous les hazards de la mer et de la guerre semblaient favoriser son désir de se distinguer, et il ne rentrait pas dans un port français, sans avoir efficacement protégé un convoi, sans avoir surmonté quelque obstacle, et mérité de nouvelles marques de faveur.

Ce fut à cette époque qu'il se maria, et dès-lors, la

chance tourna complètement. Un mauvais génie sembla s'attacher à ses pas pour rendre misérable cette existence, dont les commencements, déjà si heureux, promettaient un si bel avenir. Il avait épousé une jeune femme, appartenant à une famille noble, mais élevée à cette cour du comte d'Artois, dont la galanterie, sans égaler les mœurs dissolues de la régence, s'en approchaient assez.

Aubaret s'en aperçut bientôt. Au retour de ses voyages il apprenait des écarts de conduite, qui, d'après les idées reçues, imprimaient une flétrissure à son nom ; il trouvait sa maison délabrée, ses meubles, ses chevaux, ses équipages vendus, pour faire face à des dépenses extravagantes, pour satisfaire aux exigences de nombreux amants, dont la plupart n'étaient que des escrocs du bon ton. Quelles que fussent sa mansuétude et son respect pour les convenances, il ne pouvait s'empêcher de faire de violents reproches, toujours repoussés avec acrimonie, et le tout se terminait par les scènes les plus scandaleuses, et Aubaret en était quitte pour remonter sa maison de la cave au grenier, et de l'écurie à l'office, sans que madame s'en émût.

Un jour cependant, au retour d'un voyage, il fut plus heureux ; la maison était bien vide comme à l'ordinaire, mais madame avait suivi les meubles et était disparue. C'eût été un grand bonheur pour Aubaret si cette fugue ne fût pas devenue plus tard, comme on le verra, la plus affreuse des calamités. Cependant il fit des démarches actives pour retrouver les traces de sa femme, s'informa à toutes les personnes de leur connaissance respective, écrivit partout, tout fut muet, personne n'avait été mis dans la confidence du départ, personne ne connaissait le lieu de la retraite, et de nombreuses années s'écoulèrent sans que des démarches semblables, faites par Aubaret et ses amis, eussent plus de résultat.

Mais ces années furent fécondes en évènements politiques. Tandis que notre marin était retourné à une nouvelle expédition, la France, après de nombreuses secousses qui devaient être suivies de bien d'autres, avait changé son gouvernement, et s'apprêtait à donner un terrible exemple du pouvoir de la souveraineté populaire. Quand Aubaret revint à Lorient, avec le pavillon blanc qu'il avait en partant, ignorant tout ce qui s'était passé, il fut reçu cette fois, non par une femme acariâtre, mais à coups de canons. Il tira au large, puis revint ; puis voyant encore qu'on ne pouvait raisonner qu'avec des boulets, il envoya un officier dans sa chaloupe, pour savoir de quoi il s'agissait. On le lui expliqua, et pour le lui faire mieux comprendre, on le mit en prison aussitôt après son débarquement.

Cependant, quand il eut fait connaître l'époque de son départ ; quand il eut prouvé que depuis cette époque il n'avait raisonné avec aucun navire, et que par conséquent il n'avait pû connaître le changement de gouvernement, on le mit en liberté ; mais il fut démonté de son commandement, soumis à une stricte surveillance et dénoncé à la Convention.

Comment put-il se tirer sain et sauf des périls qu'il dut naturellement courir à cette époque ? Comment, surtout, obtint-il encore du service, et ne songea-t-il pas à quitter la France, comme l'avaient fait presque en masse, les officiers de la marine royale ? C'est que d'abord, son origine connue de très-peu de personnes était complètement ignorée des hommes alors au pouvoir. En second lieu, il s'était fait des principes qui lui disaient que la patrie c'est le sol, contrairement aux idées de l'émigration, qui transporta la patrie tour-à-tour en Prusse, en Allemagne et en Angleterre.

Renonçant dès-lors au brillant avenir qui, un instant avait lui à ses yeux, il ne fonda plus ses espérances de succès et de fortune que sur sa bravoure, ses talents et son patriotisme. C'était un riche fond, dont le produit ne devait pas être stérile.

A partir de cette époque jusqu'en 1814 sa carrière maritime ne fut qu'une série non interrompue d'actions glorieuses, de services honorables et de voyages de toutes les mers en Angleterre, et d'Angleterre en France, car il eut la fatale chance d'avoir à combattre plusieurs fois des forces triples et quadruples de celles qu'il commandait, et par conséquent la douleur d'abaisser, après des combats sanglants, le noble pavillon tricolore devant le yacht anglais, mais toujours il fut échangé par le gouvernement, qui connaissait son mérite et tenait à ses services.

Napoléon avait été à même de l'apprécier à la campagne d'Egypte, où seul des commandants de l'escadre, il fut d'un avis qui, s'il eût été suivi, eût sauvé nos vaisseaux de la funeste journée d'Aboukir, et ouvert d'autres destinées à la France. L'empereur n'avait point oublié cette circonstance, et plus d'une fois l'a mentionnée avec les plus grands éloges. Quelques mémoires récents en font foi, et si je ne les cite pas, c'est pour ne pas soulever une partie du voile sous lequel j'ai cru devoir cacher le nom de celui qui fait le sujet de ce récit.

Ce fut pendant l'année 1812 qu'eut lieu le dernier fait d'armes d'Aubaret. Nos annales maritimes l'ont rapporté avec des détails dont je dois m'abstenir par le même motif que je viens d'énoncer. Il me suffira de dire que pendant l'action contre deux bâtiments, dont chacun était plus fort que le sien, Aubaret, montrant le sang-froid, la présence d'esprit dont il avait donné tant de preuves depuis vingt-cinq ans, ne prévoyait que trop cependant un résultat aussi cruel qu'inévitable. Son gouvernail ne fonctionnait plus, sa mâture couvrait le pont, les batteries étaient encombrées de cadavres, le faux-pont de blessés, et deux canons de gros calibre, qui avaient crevé avec fracas et exterminé ceux qui les servaient, avaient frappé d'épouvante le peu de marins et d'artilleurs survivants, qui n'osaient plus approcher leurs pièces.

Un instant Aubaret eut l'idée de laisser abîmer son bâtiment dans les flots, sous l'artillerie anglaise, avec le pavillon tricolore. Mais son humanité l'emporta sur le soin de sa gloire ; il voulut sauver ses malheureux blessés, ordonna en frémissant d'amener, et parcourant les batteries, on le vit verser des larmes de douleur et de rage, à l'aspect des vestiges de tant de sang versé, de tant d'intrépidité déployée, pour arriver à un aussi funeste résultat ; c'était, selon l'expression dont il se servit, une boucherie et non un combat.

Il revit donc l'Angleterre, et cette fois ce fut pour y rester jusqu'à la paix. Napoléon, alors à la tête de son aarmée de Russie qui commençait ses opérations, n'avait d'autres pensées, d'autres préoccupations que celles que lui donnait cette guerre, dont le succès devait à jamais consolider sa puissance et confirmer le titre de grande nation dont il avait baptisé la France. Le ministre de la marine, de son côté, ne s'occupait guère d'un prisonnier de guerre de son département, quels que fussent son mérite et son rang.

Au cautionnement de....., Aubaret jouissait des respects de tous les Français prisonniers avec lui, et dont la plupart étaient officiers supérieurs, de la considération et de l'estime de tous les habitants. Il était non-seulement reçu avec les plus bienveillantes marques d'égards, mais recherché par les sociétés de la haute aristocratie, assez nombreuse dans le pays, bien que ce ne fut qu'une petite ville.

Là, il forma de nombreuses connaissances, et sans doute il ne lui eût pas été difficile avec les moyens pécuniaires qui étaient à sa disposition, avec la facilité qu'il avait à s'exprimer en anglais, de passer en France. Mais il était du très-petit nombre de prisonniers qui prétendaient qu'une parole donnée ne peut être violée sous aucun prétexte, et que les mauvais traitements exercés par les Anglais n'étaient point un motif suffisant pour justifier l'infraction d'un serment. D'ailleurs, comme on vient de le voir, pour ce qui le regardait personnellement, il n'aurait pu s'appuyer sur une pareille excuse.

Parmi les nombreuses sociétés qu'il fréquentait, il avait surtout contracté une intimité particulière avec la famille d'un ancien commodore en retraite, qui, lui aussi, avait de beaux faits d'armes et de glorieux services. Il y avait trop de points de rapprochement, pour qu'une amitié véritable ne surmontât pas bientôt les haines nationales. Aubaret n'avait pas habité pendant six mois le cautionnement, que la maison du commodore était devenue la sienne, et qu'il y était reçu comme un fils. Il devait le devenir en effet.

L'officier anglais avait deux filles, dont l'aînée, âgée de quinze ans à peine, réunissait au plus séduisant physique, une éducation distinguée, tous les talents qui en sont la conséquence, et tous les charmes d'un heureux caractère. D'abord, Aubaret, d'un âge mur, la traita en enfant, et se plut à perfectionner les connaissances qu'elle avait déjà de notre langue et de notre littérature. Il ne soupçonnait pas qu'un autre sentiment pût remplacer l'affection presque paternelle qu'il éprouvait pour cette jeune personne. Celle-ci, de son côté, s'abandonnait sans s'en apercevoir à un penchant qui avait commencé par l'admiration pour les brillantes qualités du prisonnier, par une douce sympathie, et qui devint bientôt l'amour le plus tendre, amour partagé, bien qu'Aubaret se gardât bien d'en faire l'aveu.

Ce fut alors que le malheur vint l'atteindre et ne lui laissa que de rares intervalles de repos. Il ne pouvait songer sans frémir au démon auquel la fatalité l'avait lié, et qu'avaient pendant longtemps banni de sa pensée les évènements d'une vie agitée, et pour ainsi dire sans repos. Depuis l'instant de leur séparation, il n'en avait pas eu de nouvelles, avait cessé de s'en occuper, et ne s'en inquiétait guère. Mais en présence du bonheur qu'il commençait à rêver, cet obstacle vint se présenter à lui comme un épouvantail. Il recommença les démarches qu'il avait faites plus de vingt ans auparavant ; il écrivit en France, dans tous les ports, dans toutes les villes où il avait des amis, et de partout on lui répondit qu'on n'avait aucune nouvelle de sa femme. Deux personnes, et de deux endroits différents, lui écrivirent cependant qu'elle était morte, mais sans indiquer ni les circonstances, ni le lieu, ni la date de cette mort.

Des assurances aussi peu positives et qui n'avaient rien d'officiel, n'étaient point une garantie suffisante pour mettre en repos la conscience de cet officier, et l'autoriser à convoler à de secondes noces. Mais il se laissa aller avec plus d'abandon et de sécurité à un amour qui prenait chaque jour plus de force, et qu'il lui était désormais impossible de vaincre. La jeune miss, de son côté, qui n'avait jamais aimé, qui avait peu vu le monde, aimait avec d'autant plus d'entraînement et de passion, que c'était pour la première fois que son âme s'ouvrait à ces impressions et qu'elle était séduite à la fois, par l'éclat d'une gloire justement acquise, par beaucoup d'amabilité et par un physique agréable encore, malgré les années qui commençaient à jeter quelques teintes blanches sur les cheveux de son amant.

Le commodore anglais n'avait pas été longtemps à s'apercevoir de cet entraînement mutuel, mais il s'en applaudissait, loin de songer à y mettre obstacle. Sans doute il eût préféré voir l'affection de sa fille se porter vers un de ses compatriotes possédant les mêmes titres, les mêmes qualités que celui que son cœur avait choisi ; mais il avait conçu lui-même une si haute estime, une affection si profonde pour l'officier français que toutes les circonstances, toutes les inimitiés qui séparaient alors les deux nations, disparaissaient à ses yeux, et qu'il attendait avec quelque impatience l'instant où la demande de la main de sa fille lui serait faite, ne doutant pas que cette démarche ne dût être faite, car il avait une trop haute opininion de la délicatesse et de l'honneur de son hôte pour le croire capable de songer à une séduction.

Il attendait un aveu avec toute la longue patience dont un Anglais est capable. Mais déjà les dernières opérations de la campagne de France, en 1814, faisaient présager la fin prochaine de la guerre et le départ des prisonniers pour leur patrie, et cet aveu n'était pas sorti encore des lèvres d'Aubaret. C'était inexplicable pour le commodore qui croyait son ami entièrement libre, qui ne doutait pas de son amour, et qui, aimant éperduement sa fille, croyait assurer son bonheur en l'unissant à un brave tel qu'Aubaret. Dans son impatience il résolut de prendre enfin l'initiative.

Un jour donc, après un dîner fait en famille, et quand selon l'usage suivi en Angleterre, la jeune miss eut quitté la table, le commodore, sans autre préambule, aborda le sujet par ces mots.

« N'avez-vous jamais songé au mariage, mon ami ? »

Il n'y avait dans cette question rien que de bien simple et de bien naturel, et cependant elle sembla pétrifier Aubaret. Que répondre, en effet ? que pouvait dire Aubaret ? Qu'il s'était marié il y avait plus de vingt-cinq ans, que ce mariage avait fait le malheur de sa vie ; que sa femme était morte ? Mais s'il avait la certitude des deux premières circonstances, ne lui restait-il pas au moins quelques légers doutes sur la dernière, et pouvait-il bien, en homme d'honneur, en assurer la réalité ? pouvait-il dire aussi qu'il n'avait jamais été marié ? Il était également incapable de l'un et de l'autre, et dans une position difficile dont un sot éhonté se fût aisément tiré, l'homme d'esprit et de cœur resta atterré, immobile et muet pendant un quart-d'heure, sans que l'Anglais songeât à rompre le silence en renouvelant sa demande.

Il la renouvela cependant, car, trop loin de la vérité, il attribuait l'embarras d'Aubaret à son émotion. Il a sans doute, se disait-il, deviné mes intentions et, l'idée du bonheur qu'il espère et entrevoit le trouble au point de lui enlever toute autre pensée et le pouvoir de s'exprimer comme il le désirait, lui qui, cependant, dans les occasions ordinaires, rend ses pensées avec tant de facilité.

Aubaret répondit enfin, mais non pas directement, car la chose était impossible. Il dit qu'en général un officier de marine, exposé à tant de chances, à tant de périls, surtout pendant la guerre, ne devrait jamais songer au mariage. Il ajouta cependant que quant à lui, depuis quelque temps, il avait conçu une affection assez forte pour l'emporter sur toutes ces considérations, et lui faire croire qu'il ne pourrait désormais trouver le bonheur que dans son union avec une jeune personne dont les heureuses qualités avaient complètement changé les résolutions qu'il s'était faites à cet égard. Mais il n'osait déclarer ses sentiments, dit-il, craignant que la disproportion d'âge ne fût un obstacle à cette union. Pouvait-il faire davantage? et devait-il tout d'un coup, par quelques mots, détruire ou du moins retarder indéfiniment un lien qui devait le consoler de tous les tourments d'un premier mariage, qui devait embellir le reste de sa carrière? Sa conduite ne peut être blâmée que par ceux qui ne se font pas une idée bien exacte de sa position.

La réponse qu'il venait de faire, tout évasive qu'elle était, suffit pour calmer l'impatience et terminer les doutes du commodore. Il rassura son ami sur ses craintes relativement à son âge, et lui dit que d'ailleurs, si c'était là un obstacle, il avait du moins cela de bon, de détruire complètement le premier qui avait été présenté, et qu'après une carrière de travaux et de services honorables, le marin devait en trouver la récompense, non-seulement dans les faveurs de son gouvernement, mais surtout dans l'affection et les soins d'une femme aimée.

Les Anglais parlent peu ; cependant le commodore parla longtemps en cette occasion et termina son discours par cette péroraison, qui demandait une réponse prompte et positive.

A quand le mariage ?

— Quand vous voudrez, et le plutôt possible, répondit Aubaret, poussé dans ses derniers retranchements, ne pouvant plus reculer, et déterminé d'ailleurs par un sentiment contre lequel il se raidissait depuis longtemps et inutilement.

Le mariage fut célébré deux mois après selon les rites de l'église anglicane, et eut pour témoins les personnages les plus honorables et les plus haut placés de la petite ville où Aubaret était prisonnier sur parole.

Cette union fut d'abord aussi heureuse qu'elle promettait de l'être. Aubaret quitta son domicile pour prendre celui de sa nouvelle famille, et pendant quelques mois rien ne troubla la satisfaction du commodore, le bonheur dont jouissaient les deux époux.

Les évènements politiques devaient étendre un premier nuage sur cette existence si paisible et si heureuse. La prise de Paris, l'avènement d'un nouveau pouvoir, et la paix qui rappelait tous les Français dans leur patrie, émurent fortement le cœur d'Aubaret, et ne le laissèrent pas longtemps indécis sur le parti qu'il avait à prendre. Il ne se dissimulait pas, cependant, que de grandes réductions allaient être faites dans le cadre de la marine, qu'il n'était pas du nombre de ceux sur qui le nouveau gouvernement était disposé à verser ses faveurs ; il prévoyait sa mise à la retraite, bien que son âge et son activité lui permissent encore un service actif. Mais ces considérations furent de peu de poids contre son ardent désir de revoir la France, désir qu'il manifesta au commodore au départ des premiers prisonniers qui reçurent leurs passeports. L'Anglais s'était toujours flatté que son gendre passerait sa vie auprès de lui, sans avoir songé toutefois à en faire une condition du mariage, tant il croyait pouvoir y compter. Il était veuf et n'avait eu d'autre enfant que les deux filles dont une venait d'être unie à Aubaret. Ses campagnes, son long séjour à la mer, presque depuis son enfance, ne lui avaient pas permis de former aucune de ces liaisons d'amitié qui remplacent pour le célibataire ou pour celui qui a le malheur de survivre à tous les siens, les douceurs du foyer domestique.

Il allait donc se trouver entièrement isolé. Aussi employa-t-il auprès d'Aubaret les plus pressantes sollicitations pour le retenir en Angleterre, pour y prolonger du moins son séjour pendant quelques années encore, espérant que l'habitude et le bien-être d'une vie tranquille et confortable vaincraient enfin ce désir si ardent de rentrer en France.

Il n'obtint rien, et malgré tous les ménagements dont Aubaret accompagna ses refus, malgré les raisons dont il les appuya, ils n'en étaient pas moins positifs et irrévocables. Tous ceux qui ont eu le malheur d'être prisonniers de guerre le comprendront. Le besoin de revoir la patrie l'emporte sur toutes les considérations, sur tous les avantages, sur les offres les plus brillantes, et c'est peut-être le seul sentiment que l'amour et les supplications d'une femme ne puissent surmonter.

Aubaret rentra donc en France avec sa jeune épouse, et, comme il s'y était attendu, fut mis à la retraite. Ses services n'étaient pas de ceux qu'on récompensait à cette époque. J'ignore si le noble auteur de ses jours, alors tout-puissant, eut connaissance de tout ce qui s'était passé, et si pendant les années qui venaient de s'écouler quelques relations avaient eu lieu entre le père et le fils. Je suis porté à croire toutefois qu'il n'en fut rien, et que le comte d'Artois avait, depuis l'émigration, perdu de vue Aubaret, et ne s'en occupait plus depuis qu'il avait appris de sa part une conduite si contraire aux principes de l'émigration. D'ailleurs, à l'époque où il avait cru devoir embrasser la cause qui lui paraissait être celle de l'honneur et de la patrie, le jeune officier avait cru devoir substituer, par acte civil, au nom et au titre nobiliaires qu'il portait un nom bourgeois, auquel il devait donner une illustration plus réelle. Le lecteur n'a pas oublié que les convenances m'ont fait un devoir de cacher ce nom sous le pseudonyme d'Aubaret. Il est à présumer qu'une nouvelle appellation trompant le comte d'Artois, lui fit croire à la mort de son fils, qui, de son côté, suivait une ligne trop opposée aux principes et aux vues du prince, pour chercher à se rappeler à son souvenir.

A son retour en France des obstacles plus puissants s'opposèrent encore à tout rapprochement, à ce que Aubaret pût demander une audience. Le prince, en effet, aurait-il bien pu comprendre et admettre toutes les circonstances qui avaient poussé, contraint, pour ainsi dire, Aubaret à contracter un second mariage sans avoir la preuve légale de la dissolution du premier ? Aurait-il, d'ailleurs, pardonné à son fils la gloire qu'il s'était acquise en combattant pour la république et pour l'empire, lui, fermement convaincu que la gloire et l'honneur ne pouvaient exister que sous le drapeau blanc? Il est, à coup sûr, bien permis d'en douter, et certainement Aubaret le pensait ainsi.

En effet, sans faire aucune démarche, devenu tant soit peu misanthrope, fatigué du monde et voulant cacher sa vie, il se retira dans une petite ville du midi, où pendant quelques années il jouit de l'existence la plus heureuse et la plus tranquille qu'il eût jamais connue, et dont la seule distraction fut une visite que lui fit le commodore, son beau père, qui avait toujours ignoré, j'aurais dû le dire plutôt, la noble origine d'Aubaret. Le commodore ne passa que peu de temps avec sa fille et son gendre, et ce dernier ne devait plus le revoir.

Le calme et l'incurie dont il jouissait après une vie bruyante et animée, ne devaient pas être de longue durée. Un jour, Aubaret était seul, il revenait par la pensée sur les nombreux évènements de sa carrière, il se retraçait le brillant avenir que ses premiers succès semblaient lui promettre et que le vent des révolutions avait fait évanouir ; ces souvenirs n'étaient mêlés d'aucun regret cependant, car sa vie, pour être accompagnée de moins de luxe et de somptuosité, n'en avait pas été moins glorieuse.

Au milieu des réflexions auxquelles il s'abandonnait on lui annonce une personne qui veut lui parler, et une femme se présente, dont les traits, réguliers encore, mais livides, accusent une vieillesse précoce et amenée par des habitudes vicieuses. Elle attache sur Aubaret un long regard de haine et de défi, et puis lui dit : « Me reconnaissez-vous ? »

Oui, il le reconnut, l'horrible fantôme qui semblait sortir de la terre pour venir détruire la douce quiétude dont il jouissait, pour le plonger dans un enfer de craintes, d'agitations, de tourments, dont il ne devait sortir que par la mort. Frappé de stupeur, immobile, il ouvrit la bouche, ne put répondre, et la funeste apparition était toujours là, devant lui, le couvrant, l'écrasant du regard, savourant son trouble et son anxiété.

Après cinq minutes de ce silence, la voix sinistre répète, d'un ton plus haut, plus impératif : Me reconnaissez-vous ?

Le malheureux eut enfin la force de balbutier : « Oui, je vous reconnais ; mais, que voulez-vous de moi ?

— Ce que je veux ! Le nom que j'ai le droit de porter, et le domicile qui m'appartient.

DELMAS.

— Oubliez-vous que vous avez fait tout ce qu'il fallait faire pour déshonorer le nom et qu'à mon insu vous avez abandonné le domicile conjugal? Ignorez-vous mes démarches pour vous y faire rentrer, et l'inutilité de mes recherches?

— Je n'oublie rien ; je n'ignore rien ; pas même votre second mariage.

— Qu'espérez-vous donc?

— Obtenir ce que les lois m'accordent. Je ne viens ici ni pour dissimuler, ni pour excuser mes torts. Je les reconnais et j'en subis la conséquence : un cruel abandon, une misère affreuse... Mais j'ai vécu trop longtemps dans l'opulence et le luxe pour me résigner à cette position, et je viens réclamer auprès de vous, contre mon indigence et mon dénuement, un abri que vous me devez et que vous m'accorderez, si vous ne préférez toutefois que je vous fasse présenter ma demande par l'intermédiaire du procureur du roi ; et vous n'ignorez pas quel pourrait être le résultat de cette démarche. Rappelez-vous le général Sarrazin. »

Que pouvait faire l'infortuné Aubaret en présence de cette furie, devant une détermination aussi ferme, aussi obstinée? Essayer de toucher sa pitié, si toutefois il lui restait la moindre étincelle de ce sentiment. C'est ce qu'il fit. Il lui peignit le calme dont il jouissait, la gloire qu'il s'était acquise, calme qui allait être détruit à jamais, gloire qui allait être flétrie par l'éclat dont elle le menaçait. Elle écoutait tout cela, froide comme une statue de marbre, et s'y montrait impassible, sans qu'un trait de son visage décélât la moindre émotion. Elle prononça enfin l'arrêt d'Aubaret.

« Je consens, dit-elle, à vous laisser tranquille avec celle que vous appelez votre épouse, à la seule condition que je jouirai d'une partie de votre retraite, c'est-à-dire d'une pension de trois mille francs. Chaque trimestre vous déposerez le quart de cette somme au lieu que je vais vous désigner. Je vous promets formellement qu'au moindre retard vous me verrez reparaître, et cette fois je ne sortirai pas aussi facilement. Je ne dis plus qu'un mot : N'oubliez pas le général Sarrazin. »[5]

Elle se retira, laissant une carte sur laquelle était indiqué le lieu où devait être déposée la pension.

Il est inutile de dire quelle fut la vie d'Aubaret, à partir de cette époque ; on se le figure aisément. La mégère qui venait ainsi de détruire son bonheur, avait basé ses exigences sur ses propres besoins, sur ses prodigalités, et non sur les ressources de cet infortuné. Il avait trop d'intérêt à se conformer à ces odieuses prescriptions pour oser y manquer. Bientôt se fit sentir chez lui une gêne d'autant plus affreuse, qu'il était contraint d'en cacher très-soigneusement l'origine à sa jeune épouse. Jusqu'alors ils n'avaient eu qu'un même intérêt, qu'une même pensée ; elle ne tarda pas à s'apercevoir des noires préoccupations de son mari et d'une diminution d'aisance dont elle ne pouvait s'expliquer la cause.

D'un autre côté, les craintes qu'Aubaret éprouvait

perpétuellement, les sombres pensées qu'elles lui donnaient, la réserve qu'il était forcé de garder auprès de sa femme, diminuèrent insensiblement leur confiance l'un pour l'autre, et partant, leur intimité. La jeune femme conçut sur la conduite de son mari des doutes bien naturels et bien excusables, et dès-lors l'abandon et la paix furent bannis de ce ménage, naguère si tendrement uni.

Aubaret, cependant, n'eut pas longtemps à souffrir. Deux ans après la funeste entrevue dont j'ai donné les détails, il s'éteignit lentement, à la suite d'une maladie que l'art aurait pu guérir, mais que le chagrin rendit mortelle. Le hasard avait réuni dans la même ville quatre marins parmi lesquels se trouvait un officier, et qui avaient servi sous ses ordres, sur le dernier bâtiment qu'il avait commandé et rendu aux Anglais, après un combat sanglant. Ils se plaisaient à le voir souvent, et rendaient à ses heureuses qualités, au souvenir de ses services et de sa gloire, les mêmes respects qu'ils devaient jadis à son rang.

Ils assistèrent tous les quatre à ses derniers moments, et il leur recommanda expressément d'obtenir qu'aucun honneur militaire ne fût rendu à ses restes. Son adieu à la vie, en expirant, fut le nom du bâtiment qui avait été le dernier théâtre de sa bravoure.

Ses intentions furent fidèlement remplies, et à ces obsèques, qui auraient dû être entourées d'un imposant appareil de pompe militaire, on ne vit que quelques amis, parmi lesquels se faisaient remarquer les quatre marins, par les signes d'une profonde douleur.

Peu de temps après, la jeune veuve quitta le pays pour aller rejoindre en Angleterre le commodore son père. Tout me porte à croire qu'elle n'a jamais connu les détails qu'on vient de lire.

Il paraît, toutefois, que quelques doutes la poursuivirent, et qu'elle chercha vainement à s'expliquer les chagrins que son mari n'avait pu lui dissimuler pendant les dernières années de sa vie. Elle en conçut elle-même une profonde mélancolie, refusa quelques partis honorables qui se présentèrent, et mourut peu de temps après notre révolution de juillet.

CHAPITRE VIII.

Massacre des Français domiciliés à Valence (Espagne). — Le moine Calvo. — Indifférence et incurie des fonctionnaires publics. — Mouvement de compassion des assassins. — Nouveaux meurtres. — Calvo menace la junte. — Il est arrêté et mis à mort. — Douze prisonniers français conduits successivement à Cadix, à Lisbonne et en Angleterre. — Traitement affreux qui leur est infligé à bord d'une goëlette espagnole.

<blockquote>Quis talia fando temperet a lacrimis.
VIRGILE.</blockquote>

La guerre de la Péninsule, si féconde en résultats désastreux pour notre patrie, fournit à l'Angleterre de nombreux prisonniers, tant français qu'espagnols. Le personnel de ces derniers n'a pas toujours été le même. Depuis Trafalgar jusqu'en 1808 les pontons et les prisons recelaient les Espagnols qui avaient été pris combattant avec nous. Quand, par suite de notre invasion, l'Espagne nous eut déclaré la guerre, ces prisonniers furent renvoyés, et peu de temps après, les *Josephinos*, c'est-à-dire ceux qui avaient épousé notre cause, vinrent les remplacer.

L'Angleterre, comme je l'ai dit, avait grand soin de s'emparer de tous les prisonniers faits en Espagne, soit par les guerillas, soit par les troupes régulières, sous prétexte de les soustraire aux mauvais traitements auxquels ils étaient en butte, et qui souvent, il faut le reconnaître, dépassaient de beaucoup ce qui les attendait sur les pontons ; on pourra s'en faire une idée par ce qui suit :

Pendant mon séjour à Dartmoor, quelques prisonniers français venant d'Espagne, et presque tous bourgeois, y arrivèrent. C'est à eux que je dois les renseignements qu'on va lire, et sur la manière dont ils tombèrent aux mains de nos ennemis et sur les dangers qu'ils courent, les tortures qu'ils eurent à subir avant que leur existence n'eût d'autre chance à redouter que le traitement homicide mais lent des Anglais. Voici dans quelles circonstances perdirent la liberté les prisonniers qui vinrent nous joindre à Dartmoor.

On sait qu'à l'époque où notre armée, commandée par Murat, occupa Madrid, et que la volonté de Napoléon investit son frère Joseph du trône d'Espagne, des juntes se formèrent dans la plupart des provinces, pour organiser l'insurrection et s'opposer à l'exécution de ces mesures. Dans presque toutes les villes où se trouvaient isolément des Français, soit comme voyageurs, soit pour y exercer une industrie quelconque, soit pour des affaires commerciales, ils furent impitoyablement égorgés, quelque inoffensive que fût leur présence, quelque étrangers qu'ils fussent aux évènements politiques et aux causes de la guerre.

Mais ce fut à Valence surtout qu'eut lieu une scène horrible et qui n'est surpassée par rien de ce qui s'est fait dans la Péninsule à cette époque. Les prisonniers dont je viens de parler en furent témoins et victimes ; c'est leur récit que je reproduis :

La populace, altérée de sang et de carnage, préludait ordinairement au massacre des Français par l'assassinat de ses chefs, et souvent des hommes qui avaient le mieux mérité de leur patrie. A Cadix, le général Solano avait succombé sous les coups d'une horde de cannibales. A Valence, le gouverneur, Miguel de Saavedra, prévoyant un sort pareil, s'était réfugié dans un village voisin. La populace alla l'arracher de cet asile et le massacra en entrant dans la ville. Sa tête tranchée et promenée sur une pique par toute la ville, fut placée sur un pilier de la place où était situé son hôtel.

Une junte avait été organisée ; elle fut impuissante à prévenir ce meurtre et à plus forte raison ceux qui devaient bientôt le suivre, et dont l'agent et l'acteur principal fut un moine nommé Calvo, arrivé de Madrid tout exprès pour cette horrible expédition.

Il y avait à Valence un grand nombre de Français qui, se voyant chaque jour en butte aux outrages et aux menaces du peuple, cherchèrent un refuge à la citadelle, s'y croyant en sureté, sous la protection des fonctionnaires publics. Mais on a vu comment les fonctionnaires publics étaient traités à cette époque, et, d'ailleurs, ces malheureux avaient compté sans Calvo. Celui-ci prétendit avoir la preuve qu'ils ne s'étaient réunis que pour correspondre plus facilement avec Murat et les troupes françaises et leur livrer la ville. L'assertion suffisait à des gens tout disposés à croire aveuglement tout ce qu'on leur dirait contre les Français ; la preuve que Calvo eût été fort en peine de fournir était surabondante. Le moine, contre qui la junte eut l'incurie et la lâcheté de ne prendre aucune mesure, rassembla la foule et pour la grossir, fit sortir des prisons tous ceux que des crimes quelconques y retenaient. Il procéda ensuite à l'exécution de son dessein.

Ce fut le 5 juin qu'à la tête de sa horde et accompagné par quelques moines, il pénétra à la citadelle, dont la garde ne fit aucune résistance. Les Français, conduits l'un après l'autre, dans une chambre, y furent confessés par les moines, et de là, livrés à une populace frénétique, qui se ruant sur eux, les immolait à coups de couteaux.

La junte crut enfin devoir faire acte d'existence. Elle convoqua une partie du clergé, les moines et les prêtres des différents couvents, et les envoya processionnellement, le saint-sacrement en tête, les cierges allumés, et chantant les prières des agonisants, sur le lieu du carnage, déjà fort avancé. Mais est-il bien certain que parmi tous ces ecclésiastiques il n'y en eut pas un assez grand nombre partageant la haine de Calvo contre les Français et sa soif de sang. Il est permis de se décider pour l'affirmative, si l'on en juge par le résultat.

Cependant, à l'aspect du lugubre cortège la horde sanglante suspendit ses exécutions et s'agenouilla au milieu des cadavres de ses victimes. Quelques mots auraient suffi pour faire cesser le carnage, mais ceux qui auraient dû les prononcer, n'en eurent ni la force ni la volonté, et Calvo seul se fit entendre. Elevant la voix, il menaça les ecclésiastiques, s'ils ne se retiraient, de les considérer comme complices des Français, et de leur faire subir le même sort. Cette menace leur suffit ; ils crurent avoir assez fait, se retirèrent, et Calvo continua son œuvre.

Le massacre se prolongea pendant toute la nuit. Cent soixante et onze personnes, parmi lesquelles étaient plusieurs femmes, furent égorgées. Au jour, on s'aperçut que dix ou douze de ces malheureux respiraient encore. L'effet que cette vue produisit sur les meurtriers est un sûr garant de la facilité qu'auraient eue les religieux à arrêter ces horreurs, s'ils en avaient eu la volonté. Frappés de compassion, et sans faire connaître leur dessein au féroce Calvo, les assassins tirèrent ces infortunés du milieu des cadavres, les portèrent à l'hôpital, et pansèrent eux-mêmes les blessures qu'ils avaient faites. Il existait encore à la citadelle environ cent cinquante Français. La multitude, toujours entraînée par le même sentiment de pitié, déclara qu'elle voulait leur faire grâce et demanda qu'ils fussent faits prisonniers et enfermés dans un lieu où on put les surveiller. Il eût été dangereux de s'opposer à ces humaines dispositions; Calvo le savait et y consentit, mais la soif du sang qui le dévorait n'était pas assouvie encore, et il prit des moyens certains pour la satisfaire.

Il fit confesser les Français avant de quitter la citadelle, et les ayant fait ensuite attacher deux à deux avec des cordes, il les dirigea vers le lieu désigné. Etant demeuré lui-même quelques instants après le départ du cortège, il le rejoignit bientôt, fit arrêter le peuple et lui montra un papier qu'il prétendit avoir trouvé dans la poche d'un Français et qu'il avait évidemment fabriqué. Cette pièce portait l'engagement de livrer la ville à l'armée française. Il n'en fallait pas davantage; les malheureux qu'on avait résolu d'épargner furent massacrés sur-le-champ.

Calvo, suivi de ses satellites, parcourut ensuite les maisons pour chercher le peu de Français qui restaient et qui n'avaient pas cru devoir se rendre avec les autres à la citadelle. Tous ceux qu'on trouva furent confessés et mis à mort.

Cependant un fait, pendant l'horreur de cette journée, repose l'imagination fatiguée par le récit de tant de sang et de carnage. Parmi les Français qui habitaient Valence se trouvait un individu nommé Pierre Bergier, qui se faisait remarquer et par son immense fortune et par le noble usage qu'il en faisait. Ce n'était point assez pour lui de faire remettre aux malades, aux pauvres et aux prisonniers d'abondants secours, il allait les visiter, les panser, les consoler lui-même. Tant de vertus et de bienfaisance n'avaient pu le soustraire à la proscription générale. Il fut livré comme les autres à la horde impitoyable. Un des meurtriers se précipite sur lui pour l'immoler, mais au moment de frapper il reconnaît Bergier, qui, plus d'une fois l'avait secouru dans sa misère, et le couteau menaçant s'arrête sur la sein de l'homme de bien. Mais l'assassin se reproche ce mouvement de pitié, il se rappelle que Bergier est Français, et lève le bras de nouveau. La reconnaissance l'emporte une seconde fois sur la férocité, et le Valençais s'écrie en jetant son couteau : « Je ne sais si tu es un démon ou un saint, mais je ne puis porter la main sur toi. » En disant ces mots, il le prend dans ses bras, le pousse hors de la foule et le met hors de danger.

Que faisait cependant la junte pendant ces terribles scènes ? Elle était assemblée, mais parmi ses membres il ne s'en trouvait pas un seul qui eut l'énergie ou la volonté de proposer des mesures pour arrêter le cours de cette boucherie. Calvo ne pouvait se contenter de cet assentiment tacite. Il voulut faire participer la junte à ses crimes, ou, par un refus formel donné par elle, signaler ses membres à la méfiance et à la haine du peuple.

A cet effet, il fit conduire cinq Français devant la porte du lieu des séances, et fit demander au président un ordre par écrit pour les mettre à mort. Les intentions du monstre n'étaient pas difficiles à pénétrer, aussi le président se borna à lui faire répondre : « Vous avez massacré assez de Français sans ordre ni autorisation, vous pouvez vous en passer pour ces derniers. » A peine cette réponse fut-elle parvenue, que les cinq malheureux furent massacrés, et leurs cadavres laissés sur les degrés de la salle.

Malgré les recherches actives qui avaient été faites, quelques Français étaient encore dans la ville, auxquels on réservait le même sort. Alors le consul anglais demanda qu'ils lui fussent livrés comme prisonniers de guerre, promettant en retour des armes et des munitions qu'il ferait venir de Gibraltar. Ce ne fut pas sans peine, et même sans danger qu'il put mener à bonne fin cette négociation, car, dans les pourparlers, il reçut un coup de couteau d'un de ces misérables en train de frapper. Cependant les Français lui furent livrés, et l'on verra bientôt qu'ils eurent peut-être à regretter de n'avoir pas partagé le sort de leurs compatriotes. Mais, avant de connaître ce qu'ils eurent à souffrir, le lecteur ne sera peut-être pas fâché d'apprendre quelle fut l'issue de ces jours néfastes et ce que devint l'affreux Calvo.

Calvo était alors dans cette espèce de démence que donne un pouvoir illimité et inattendu ; il se déclara le seul représentant, à Valence, du roi Ferdinand, et se disposa à faire déposséder de son rang le capitaine-général, le comte de Cervallon, à dissoudre la junte et à faire égorger l'archevêque et les principales autorités militaires, civiles et religieuses. Ces fonctionnaires publics, qui ne s'étaient pas émus à l'aspect de tant de carnage, sortirent enfin de leur apathie, quand la chose les regarda de près et qu'ils se virent menacés eux-mêmes. Après délibération, la junte prit des mesures en conséquence.

On fit inviter Calvo à venir assister aux séances. Il s'y rendit, suivi par la foule, dont les flots inondaient la salle, montra d'abord beaucoup d'audace, et menaça la junte. Enfin, l'un des membres, connu par son patriotisme, se leva, dénonça le moine comme traître et demanda qu'il fût arrêté sur-le-champ. Celui-ci, d'abord étourdi, reprit bientôt son assurance et demanda à sortir pour que la junte examinât sa conduite. On comprit son dessein et on se décida à l'enchaîner et à le faire conduire à Mayorque. Avant que la foule, qui sur son ordre n'eût pas manqué d'égorger la junte, eût été avertie, il était aux fers, à bord d'un bâtiment qui devait le porter à sa destination. La junte alors montra autant de fermeté quelle avait naguère montré de faiblesse. Deux cents assassins arrêtés, furent étranglés en prison, et leurs corps exposés sur les échafauds. Calvo, ramené de Mayorque subit le même sort.

On fit alors dans toute la ville les visites domiciliaires les plus exactes, pour rechercher les Français qui pouvaient y être encore. Il s'en trouva quatorze, qui furent remis au consul anglais et enfermés à la citadelle. Peu de jours après, on les fit partir pour Cadix, où ils devaient être embarqués pour l'Angleterre.

Une foule de récits nous ont fait connaître le sort des prisonniers français en Espagne, et surtout de ceux qui eurent le malheur de tomber dans les mains des guérillas. Rien ne pouvait les défendre de la fureur du peuple. On a prétendu que l'escorte de troupes régulières qu'on leur donnait quelquefois était impuissante devant une populace irritée ; il est avéré par de nombreux témoignages que ces troupes même ont plus d'une fois livré les prisonniers qu'elles conduisaient, et ont pris part au massacre. C'est ce qui eut lieu à Lébrixa, où un détachement de quatre-vingts hommes fut massacré en présence de la garde, qui ne fit aucune démonstration de défense. Le meurtre d'un Français était regardé alors en Espagne, comme un acte de patriotisme. Toutes les juntes reçurent de nombreuses lettres, dans lesquelles on demandait que tous les prisonniers fussent indistinctement passés par les armes. La crainte des représailles empêcha seule de sanctionner ces horreurs par une décision légale, mais pour n'être pas hautement avouées par les chefs, elles n'en eurent pas moins lieu sur tout le sol de la Péninsule et pendant toute la durée de la guerre, au su et au vu des généraux et des officiers supérieurs anglais et espagnols.

Ce n'était pas assez de mettre à mort les prisonniers, on leur faisait avant subir les plus horribles supplices où la turpitude se joignait à la cruauté, on les mutilait, on leur coupait le nez, la langue, les oreilles, et on les laissait ainsi des heures, ou des jours entiers, sans les achever, et les abandonnant à la faim et à l'épuisement, qui terminaient enfin ces tortures. Quelquefois on bourrait de poudre la bouche, les narines, les oreilles de ces malheureux, et on mettait le feu à cette mine vivante. D'autres fois encore, on enterrait un prisonnier jusqu'au cou, on tassait solidement le sol sur ses épaules, et on l'abandonnait là jusqu'à ce qu'il expirât.

Ce n'était pas sur un point de l'Espagne seulement que s'exerçaient ces horreurs, c'était sur toute la partie occupée par les guérillas ou par l'armée anglo-espagnole. Partout où pénétraient nos troupes, elles ne pouvaient faire un pas sans trouver des militaires pendus aux arbres du chemin, ou gisant mutilés sur le sol. Il y a loin de là, sans doute, aux exactions et aux violences que l'on reproche à nos soldats et qui, si elles eussent été réelles et aussi graves que quelques récits anglais le supposent, n'eussent été que la plus juste des représailles.

Mais revenons aux prisonniers livrés au consul anglais. Il eût été facile de les faire transporter à Mayorque et de là à Cadix, pour les mettre sur les pontons, car la triste colonie de Cabréra n'était pas organisée encore. Cette mesure semblait devoir être naturellement inspirée, soit au consul, soit aux fonctionnaires espagnols. J'ignore pourquoi elle ne fut point adoptée et pourquoi les quatorze prisonniers furent dirigés par terre sur Cadix. Si ce fut pour les exposer à mille chances de mort, à mille supplices, ceux qui prirent cette détermination, atteignirent le but qu'ils s'étaient proposé.

Les prisonniers avaient une escorte assez nombreuse, composée, non de soldats, mais en grande partie d'individus qui avaient joué un rôle actif dans les boucheries des jours précédents ; c'était pour eux une triste garantie de sécurité. A chaque village qu'ils eurent à traverser, ils se virent assaillis par une horde de paysans, de femmes et d'enfants, qui hurlaient des menaces de mort et les couvraient d'ordures. L'escorte qui en avait reçu l'ordre formel, les préservait bien contre l'assassinat, mais montrait beaucoup de tolérance et même de complicité pour les coups et les outrages. Après avoir été ainsi exposés pendant quelque temps à ces traitements, les malheureux étaient attachés deux à deux et renfermés soit dans une grange, soit dans une écurie, où ils couchaient sur la terre, où on leur jetait un morceau de pain noir et moisi. Ce fut ainsi que se fit le voyage de Valence à Cadix.

Par une exception dont j'ignore le motif, comme celui de la malencontreuse route qu'on leur fit faire, au lieu de les envoyer sur un des pontons qui étaient en rade, on les fit embarquer sur une petite goëlette, qui devait les transporter en Angleterre. Ils furent attachés chacun par une chaîne particulière, à une épontille du faux-pont, autour de laquelle ils formaient un cercle serré, appuyés dos à dos contre ce bois, constamment assis, et ne pouvant pas s'étendre de toute la longueur du corps. Plusieurs de ces malheureux avaient des blessures ou saignantes encore, ou en pleine suppuration, par suite des coups qu'ils avaient reçus pendant leur triste voyage. Obligés de se panser eux-mêmes et dépourvus de tout, ils déchiraient pour en faire des appareils, quelques parties de leurs vêtements, et l'on peut aisément croire qu'un pareil traitement sur des hommes affaiblis par tant de souffrances, n'était pas de nature à amener une prompte guérison.

Quelques-uns d'entr'eux, dans une position au-dessus de l'aisance, avaient en partant de Valence des ressources pécuniaires qui auraient pu leur procurer quelque soulagement. Mais ils en avaient été dépouillés soit par les hommes de l'escorte, soit par les paysans, dans les villages de la route, et ils étaient arrivés à Cadix couverts de haillons en lambeaux et infects.

Le lendemain de leur embarquement, la goëlette mit à la voile. L'épontille autour de laquelle ils étaient attachés se trouvait un peu en avant du grand panneau qui restait ouvert pendant toute la journée. On eut plusieurs jours de pluie ; l'eau tombait sur les prisonniers sans qu'il leur fût donné aucun moyen de s'en garantir, sans qu'on songeât à les déplacer pour les mettre dans un lieu du faux-pont ou de la câle, où ils pussent être à l'abri. La chose était des plus faciles, mais une diminution de souffrances pour eux eût été une jouissance de moins pour leurs persécuteurs.

Tous les jours, à midi, on jetait à chacun d'eux, de dessus le pont, une galette pétrie depuis plusieurs années, et où les vers pullulaient. Les matelots chargés de cette espèce de distribution s'amusaient quelquefois à faire de la ration une espèce de projectile, et la lançaient avec force à la figure de celui à qui elle était destinée. D'autres la jetaient en l'air, la rattrapaient de nouveau, faisaient semblant de la lancer, la retenaient, et se faisaient ainsi un cruel plaisir de l'impatience des malheureux affamés.

Ce fut ainsi que se fit la traversée de Cadix à Lisbonne, où la goëlette fut obligée de relâcher, par suite d'une voie d'eau. Là, de nouvelles humiliations attendaient nos compatriotes. Tout le jour le pont du navire était encombré par une foule stupide, insolente et curieuse, qui venait voir les prisonniers et se délecter de leurs souffrances. On s'amusait à leur jeter des oranges, et leurs efforts, les mouvements qu'ils étaient obligés de faire pour les saisir, génés et retenus qu'ils étaient par leurs chaînes, excitaient de bruyans éclats de rire, prolongeaient ce jeu barbare, et provoquaient le sarcasme et l'insulte. Quelques prisonniers cependant, malgré la faim qui les consumait refusaient de se prêter à ces ignobles plaisanteries et n'en partageaient pas moins avec leurs camarades, les outrages qu'on leur prodiguait.

Ces ignominies se prolongèrent pendant huit jours, après quoi, la goëlette ayant besoin de réparations plus importantes qu'on ne l'avait cru, et ne pouvant continuer la traversée, les prisonniers furent transbordés sur un brick de guerre anglais qui partait pour Plymouth. Là, en les enfermant dans la câle, on les délivra du moins de leurs fers, ils furent à l'abri des intempéries du temps, on leur permit de respirer pendant quelques instans de la journée sur le pont, sous la surveillance de la garde, et on voulut bien aussi leur donner des aliments. Des prisonniers de guerre auraient-ils pu s'attendre à être traités plus humainement par des anglais que par tout autre peuple. C'est ce qui eut lieu cependant cette fois, et la chose est assez extraordinaire pour mériter de ne pas être oubliée.

Je dois ajouter que trois de ces malheureux étaient morts, par suite des mauvais traitements, pendant la traversée de Cadix à Lisbonne, et avaient été jetés à la mer, comme on y jetait les immondices du navire, sans qu'un signe de compassion, un mot de prière et d'adieu les accompagnât, sans que l'équipage parût s'en apercevoir seulement.

Les autres, après avoir échappé presque miraculeusement aux massacres de Valence, aux supplices qu'ils eurent à subir à bord de la goëlette, finirent par être moins malheureux que les français tombés dans les mains des espagnols et entassés sur les pontons de Cadix ou envoyés à Cabréra. J'ai fait connaître le sort de ces derniers, et l'on a vu que quelque affreux que fût le régime de pontons et des prisons en Angleterre, il n'approchait pas toutefois de l'abandon, du dénuement et de la misère infligés en Espagne. C'est que les Anglais sans doute étaient plus heureux à faire exécuter leurs intentions, qu'à les accomplir eux-mêmes,

En arrivant à Plymouth, ces prisonniers furent repartis dans différents lieux de détention, et ce fût pour eux une dernière calamité, une aggravation de peine. On aime, en effet, après avoir couru les mêmes chances de périls et de malheurs, à se retrouver ensemble, et alléger les maux présents par le récit et le souvenir des maux passés. Les Anglais accordaient rarement cette consolation. Ils en agissaient ainsi pour prévenir autant que possible toute liaison trop intime entre les prisonniers, et par là rendre les tentatives de désertion plus difficiles.

Ce fût par suite de cette dispersion que deux de ces prisonniers, après avoir habité successivement plusieurs pontons vinrent nous joindre à Dartmoor où j'appris d'eux les détails qui précèdent.

Si ces détails, au surplus, inspiraient quelques doutes, si les scènes qui se passèrent à Valence, et que j'ai décrites, pouvaient paraître exagérées, il me serait facile de citer à leur appui un document irrécusable et non suspect, c'est l'*Histoire de la guerre de la Péninsule*, par Robert Southey, auteur estimé en Angleterre, et écrivain d'un mérite incontestable.

Son ouvrage est écrit d'un bout à l'autre dans le même sens et avec les mêmes intentions que l'histoire de Napoléon de Walter-Scott. Il y a cependant cette différence entre les deux publications, que dans celle de Southey se révèle à travers l'injustice et l'esprit de parti et de nationalité, tout le talent de l'auteur, tandis que celle de Walter-Scott est une misérable rapsodie, aussi mal écrite que mal pensée, indigne sous tous les rapports de l'auteur de tant de chefs-d'œuvre, et qui sera toujours une tache ineffaçable pour son nom, son caractère et son génie[4].

CHAPITRE IX.

Voyage philosophique. — Commencement d'entente cordiale. — Banquet. — Rencontre inattendue. — Rixe. — Arrivée à Morlaix. — Incurie de l'administration. — Embarras des prisonniers. — Incidents divers. — Continuation du voyage.

Omnia vincit amor ; omnia cedant amori.
OVIDE.

J'ai parcouru la partie la plus ardue et la plus pénible de ma tâche. J'ai décrit le supplice des pontons, la vie monotone des cautionnements ; j'ai donné quelques exemples de l'audace et de l'adresse avec lesquelles nos prisonniers déjouaient quelquefois la surveillance de leurs gardiens. Il me reste à ajouter à mes récits quelques épisodes détachés qui compléteront le tableau de la vie des Français en Angleterre, pendant l'époque dont je m'occupe.

Quand la paix nous fut annoncée, quand nous reçûmes nos passeports, ce fut d'abord avec une douleur indicible que nous apprîmes les malheurs et l'humiliation de la France. La liberté nous était bien chère, mais nul de nous n'aurait voulu l'obtenir à ce prix, car la Patrie nous était plus chère encore ; et pour la savoir glorieuse et triomphante, comme nous l'avions laissée, nous nous serions résignés à subir longtemps encore, les tourments de la captivité.

Ce juste sentiment de stupeur et de désespoir ne fut pas cependant de longue durée. Après les malédictions adressées au sort, aux souverains alliés en général, à l'empereur d'Autriche en particulier, et il faut le dire aussi, à Louis XVIII que l'on considerait bien à tort, comme un des principaux auteurs de nos désastres, après tout cela vinrent quelques consolantes idées, et l'on se dit : à quelque chose malheur est bon, nous reverrons la France et nos familles.

Aussitôt que les passeports eurent été délivrés dans les cautionnements, les officiers s'éparpillèrent comme une nichée de petits oiseaux auxquels la mère vient de donner congé. Il fallut d'abord se mettre en règle avec les complaisants fournisseurs, tailleurs, cordonniers, bottiers et autres, et Dieu sait les comptes arrêtés en 1814, qui restent encore à payer en 1846. Heureusement il y a prescription.

Les plus pressés et les plus riches partirent en voiture, et, dans les petites villes n'en trouvèrent pas assez. D'autres prirent des chevaux qu'ils échangeaient de ville en ville. Mais ces voyageurs aristocratiques formaient le petit nombre. C'étaient des officiers-généraux ou supérieurs et quelques banquiers qui s'étant rendus en Espagne pour trafiquer leurs écus et pris à la suite de nos troupes, n'en avaient pas moins partagé les chances de la guerre. Le frétin se mit en route pédestrement, avec plus d'économie, et surtout plus de gaîté.

Ce fut de cette manière que partirent d'Abergavenny, six jeunes officiers appartenant à différentes armes, à différents corps, mais qui, après avoir contracté au cautionnement une étroite intimité, et prévoyant qu'en mettant le pied sur le sol français ils allaient être séparés pour ne plus se revoir peut-être, avaient voulu ne pas se quitter, du moins jusqu'à ce moment. Ils se rendaient à Plymouth, lieu désigné pour leur embarquement, car on n'était pas libre de choisir, et le Transport-Office avait déterminé la route que devaient suivre les officiers de chaque cautionnement.

Indépendamment de la jeunesse, d'un caractère heureux et gai, d'une instruction assez étendue, indépendamment enfin de tous les points de ressemblance qui avaient contribué à former l'intimité de ces six camarades, il en était un surtout, qu'en ce moment ils partageaient au même dégré : c'était la pénurie de fonds. Le gouvernement anglais, au dernier moment, ne s'était relâché en rien de son affreuse parcimonie envers les prisonniers, et traitait les officiers français obligés de voyager, moins bien que ses propres soldats.

Qu'on ne pense pas pour cela que nos camarades en

étaient moins gais et moins alertes. Ils avaient envoyé leurs effets à Plymouth par une voiture publique et, la canne à la main, une chemise en poche, un beau matin ils se mirent en route, comme s'ils allaient faire une promenade jusqu'à l'extrémité du mille qui jusques là leur avait été assigné pour limite. Ils allaient à Plymouth. et de là en France, c'était tout ce qu'ils savaient et voulaient savoir. Quant au temps qu'ils mettraient à ce voyage, ils ne s'en occupaient guère, s'arrêtant à la première auberge du chemin, quand la faim, la soif ou un commencement de fatigue le leur disaient, se couchant et faisant de longues causeries, poussant de grands éclats de rire quand un joli site, un objet curieux ou la figure hétéroclite d'un paysan anglais éveillaient leur attention ou excitaient leur gaîté.

Une chose cependant leur conseillait de hâter le voyage; c'était l'état de leurs finances, et c'était justement à cela qu'ils pensaient le moins. Vrais philosophes, ou plutôt jeunes et militaires, et doués de toute l'insouciance que donnent ces deux qualités, ils ne songeaient qu'à sentir, qu'à apprécier le bien qui venait de leur être rendu, la liberté. La saison et la température contribuaient à accroître le bien-être et la quiétude qu'ils éprouvaient. C'était la fin du mois de mai, et le climat triste, sombre et brumeux de l'Angleterre semblait vouloir par sa douceur inaccoutumée, accompagner d'une sensation agréable les derniers moments passés par les Français sur le sol inhospitalier.

On voit que les Anglais ne s'étaient pas pressés de

renvoyer leurs prisonniers. Tout était réglé depuis longtemps en France, Louis XVIII était sur le trône, Napoléon à l'île d'Elbe, qu'il n'avait pas été question encore du départ des malheureux captifs. Les premiers envois n'eurent lieu que vers la fin d'avril, et l'on mit tant de lenteur à ces opérations, qu'un assez grand nombre de prisonniers n'étaient pas rentrés encore quand Napoléon reparut, demeurèrent en Angleterre pendant les cent jours, y furent plus durement traités qu'ils ne l'avaient jamais été, et ne revirent la France que fort tard en 1815.

Aussi, après une assez longue attente, et tant qu'on n'eût pas appris, au mois d'avril, que les départs avaient commencé, l'inquiétude et l'anxiété se manifestèrent chez quelques prisonniers. Les humoristes surtout, ceux qui avaient coutume de voir tout en noir, prétendaient même et disaient hautement que le gouvernement anglais ne nous renverrait jamais et avait le projet de nous déporter dans quelque colonie. Tout insensées que paraissaient ces idées, elles étaient justifiées cependant par le caractère et les principes bien connus du gouvernement, et par le traitement qui nous avait été infligé pendant notre détention.

On s'étonnait aussi que le roi fût parti sans adresser un mot, par la voie des journaux, à plus de soixante mille Français qui l'entouraient pour ainsi dire, qu'il ne leur eût pas dit qu'il aurait désiré pouvoir les emmener avec lui, mais que son premier soin allait être de s'occuper de leur libération. Il semble que cette démarche, toute naturelle, devait être dictée par les circonstances et la position du moment. Louis XVIII n'y pensa pas, mais il n'oublia pas, par exemple, de dire au régent d'Angleterre que c'était à lui qu'il devait sa couronne. Ce fut sa première phrase officielle.

Revenons à nos six voyageurs, que nous avons le temps d'atteindre, car ils ne se pressaient pas et marchaient à petites journées, comme on l'a vu.

Le lendemain de leur départ, ils arrivèrent, dans l'après-midi, dans la petite ville de Cowbridge, et bien que la journée ne fût pas avancée, résolurent d'y faire halte et d'y passer la nuit suivante. A cet effet, ils entrèrent dans une auberge et prirent quelques bouteilles de bierre, en attendant le souper.

Un régiment de milice venait d'être licencié dans cette ville. Les officiers se faisaient leurs adieux, encombraient les auberges et les cafés, et n'étaient que médiocrement satisfaits de la paix, qui les mettait sur le pavé.

Quelques-uns d'entr'eux étaient réunis autour d'une table, dans l'auberge où s'étaient arrêtés les officiers français qu'ils auraient aisément reconnus à leur bruyante hilarité, s'ils n'avaient pas d'abord entendu leur langage et compris que c'étaient des prisonniers de guerre qui rentraient en France. Ils les regardaient du coin de l'œil et grillaient d'envie de lier conversation avec eux, mais nul n'osait se risquer, craignant quelque mauvais compliment, car nul n'ignorait en Angleterre les ferments de haîne et le désir de vengeance que les pauvres prisonniers étaient en droit d'emporter avec eux.

Cependant, ces militaires se trompaient : il n'est pas un prisonnier qui ne se soit promis cent fois d'étrangler le premier Anglais qu'il rencontrerait en France. Il n'en est pas un qui n'ait oublié ces projets en quittant le pays, qui n'ait été prêt à rendre service à un Anglais quand l'occasion s'en est présentée. Tel est le caractère de notre nation, et il nous est permis de nous en féliciter. Cet oubli si prompt des torts et des injures est un défaut peut-être, mais ce serait une qualité chez tout autre peuple.

Un des officiers anglais se décida enfin à prier un des nôtres de venir boire un verre de bierre avec lui. L'invitation acceptée fut suivie de six autres, et bientôt, Anglais et Français, réunis à la même table, se livrèrent à une conversation intime et animée sur les derniers évènements politiques, et dans un sujet aussi scabreux entre gens qui avaient été si longtemps ennemis, on fut assez prudent, assez réservé de part et d'autre, pour ne lâcher aucune parole qui pût blesser l'amour-propre national. Nos six compatriotes avaient tous reçu une éducation soignée, causaient bien et s'exprimaient facilement en anglais. Les ex-miliciens qui avaient jusque-là accordé une foi entière aux contes absurdes qui avaient cours alors sur notre compte parmi la populace anglaise, étaient stupéfaits de voir tant d'abandon, d'instruction et d'amabilité. Dans leur étonnement ils se disaient entr'eux : Qui l'aurait cru ? ils sont charmants, ces jeunes-gens, on les prendrait presque pour des Anglais, tant ils sont aimables. Si l'éloge n'était pas très flatteur, du moins il était très sincère. On tabla, on but et on devisa ainsi jusqu'au soir.

L'enthousiasme de ces Anglais pour nos compatriotes était monté si haut qu'un pauvre professeur de langue française, que, par parenthèse, il écorchait à faire pitié, pensa s'en trouver mal. Il vint, en étourdi, se mêler à la conversation et semblait prendre à tâche de contredire tout ce qu'on disait, prétendant qu'il avait parcouru toute la France, qu'il la connaissait parfaitement, et que nos mœurs, nos usages, notre industrie et nos productions ne pouvaient être comparés à ceux de la Grande-Bretagne. Il voulut le prouver et conclure, en ajoutant que le meilleur vin de Bourgogne ne vaut pas la plus mauvaise bierre anglaise. A ce dernier outrage au bon sens, qui fit sourire de pitié les Français, les miliciens ne se continrent plus. Ils saisirent le malencontreux professeur, le mirent hors de la salle par les épaules, et recommencèrent de plus belle à boire et à parler guerre et politique.

Mais cette séance était par trop longue et monotone pour des Français jeunes, actifs et curieux. Deux d'entr'eux surtout ne purent en supporter l'ennui et s'esquivèrent à diverses reprises pour aller respirer le grand air et faire un tour par la ville. L'un était officier de santé de la marine, et se nommait Coutard, l'autre, Delmas, était enseigne auxiliaire.

Dans leurs courses, ils s'amusèrent à faire des œillades à quelques jeunes Anglaises qu'ils virent aux croisées des salons, et qui, soit par curiosité, soit par intérêt, y répondirent. Ils remarquèrent entr'autres, une brune, chose assez rare en Angleterre, brune aux yeux bleus, au teint pâle, à la physionomie mélancolique et réfléchie. Les deux étourdis passèrent et repassèrent vingt fois devant elle, et sans leur sourire, sans répondre à leurs saluts, à leurs agaceries, comme avaient bien voulu le faire quelques autres jeunes personnes, elle ne put dissimuler, malgré l'impassibilité de ses traits, un sentiment d'intérêt, et peut-être d'amour-propre satisfait. Les deux amis s'en aperçurent sans peine, et rivaux dans une intrigue à peine ébauchée, et qui, selon toutes les probabilités, ne devait pas avoir d'autre issue, rivaux pour une femme qu'ils voyaient pour la première fois, et qu'ils ne devaient pas revoir, ils en vinrent à se disputer leur prétendue conquête.

Cependant ils allèrent rejoindre leurs camarades, qui étaient restés à table et avaient continué les libations et les causeries. La nuit se fit, et loin de songer à se séparer, les Anglais annoncèrent qu'ils avaient commandé le souper pour tous, et qu'il n'y avait qu'à passer au salon où il était servi.

On quitta une table pour se mettre à une autre, et on tint bon à celle-ci jusqu'à minuit. C'était par douzaines que les bouteilles de porto étaient apportées et vidées. Le punch succéda au porto et termina le dessert. On chanta, on porta cent toasts à la France, à l'Angleterre, à l'union des deux peuples, à la conquête de l'Univers, et même de tout le système planétaire, par leurs armes réunies. Jamais le maître du lieu n'avait vu une pareille consommation de ses liquides, jamais entendu tant de fracas et de joies bruyantes.

Delmas, vers la fin du souper, était sorti un instant pour aller respirer sur la porte de l'auberge. Il fut agréablement surpris d'y trouver, causant avec une autre jeune personne, la demoiselle qui avait attiré ses regards pendant la journée et avait paru le regarder avec quelques marques d'intérêt. Delmas, bien qu'il eût pris sa part des copieuses rasades avec plus de modération que les autres convives, était dans cette situation qui donne une hardiesse et une facilité d'élocution dont on est étonné soi-même dans des moments plus calmes. Après quelques propos indifférents, il fit une déclaration d'amour, qui dut étrangement surprendre la jeune personne, peu disposée sans doute à croire à une passion aussi subite.

Elle écouta cependant Delmas avec plaisir, et le laissa continuer ses protestations tant qu'il voulut. Il s'exprimait en anglais aisément et avec grâce; il avait l'habitude du monde et des convenances, et bien qu'il n'eût pas conçu une bien haute idée de la position sociale de celle avec qui il s'entretenait, il n'en parla pas moins avec déférence et respect. A mesure qu'elle l'écoutait, la jeune personne éprouvait une émotion qu'elle cherchait vainement à dissimuler. Elle ne douta plus de l'affection de Delmas, quand il lui dit : « Je pars dans quelques heures, et selon toutes les probabilités, je ne dois plus vous revoir. Pourquoi donc chercherais-je à vous exprimer, à vous faire partager un sentiment sans espoir et sans avenir ? Ce sentiment, j'ai peine à me l'expliquer à moi-même ; mais je sais que quelquefois nous rencontrons la personne qui est destinée par le ciel à faire notre bonheur, avec laquelle nous voudrions passer nos jours, et nous la rencontrons au moment où il faut nous en séparer à jamais. C'est ce que j'éprouve en ce moment. Quoiqu'il en soit ; rappelez-vous quelquefois que loin de vous un Français ne vous oubliera jamais et comptera comme un des plus heureux instants de sa vie, celui où il a pu vous voir, et vous dire ce que vous lui inspirez. »

Les Anglaises sont peu habituées à un pareil langage. Celle-ci en fut émue et n'y répondit que par des expressions de doute que son cœur démentait et que désavouait sa physionomie, car ses yeux étaient humides et sa parole hésitante et entrecoupée.

L'entretien se fût prolongé longtemps encore, si l'on n'eût éprouvé dans l'intérieur le besoin de lever enfin la séance et d'emporter les Anglais, qui s'étaient endormis, ivres de porto, de punch et d'enthousiasme.

Avant d'aller plus loin, je dois mentionner un fait honorable pour ces miliciens, et pour que mon éloge soit complet, il faut ajouter que ce fait fut accompli avant qu'ils fussent dans l'état dont je viens de parler. Chacun d'eux, en entrant dans le salon où le souper était servi, prit à part un officier français, et lui dit à peu près : « Nous savons que notre gouvernement n'a pas agi d'une manière très généreuse envers les prisonniers. Probablement vos ressources seront insuffisantes pour le voyage que vous avez à faire et qui est à peine commencé, veuillez accepter quelques billets de banque. Vous ne manquerez pas de rencontrer en France quelques officiers anglais prisonniers, et vous nous aurez remboursé cette faible somme en faisant pour eux ce que nous faisons pour vous. » Ces offres, aussi généreuses que délicates, furent unanimement refusées, malgré l'insistance qu'on y mit, mais refusées avec toutes les expressions de la reconnaissance qu'elles devaient naturellement inspirer. On a vu cependant que nos camarades, assez bas percés, étaient obligés de voyager pédestrement et avec la plus stricte économie.

On ne fut pas obligé de porter les Français comme les Anglais, de la table sur leurs lits ; ils s'y rendirent sur leurs pieds, mais en chancelant, qui plus qui moins. Ce fut alors qu'ils arrachèrent Delmas à son doux entretien pour l'engager à se coucher. Peut-être les eût-il envoyés promener, mais le maître de l'auberge voulait fermer sa porte et vint joindre sa demande à leurs invitations. Delmas se rendit donc, non sans regret, dans une vaste chambre, où six lits étaient disposés à côté l'un de l'autre, et passa une partie de la nuit à parler de son amour et de ses succès à ses camarades, qui n'étaient guère à même de l'entendre et lui répondaient en ronflements entremêlés de hoquets.

Le lendemain de cette grande journée, le soleil était déjà haut sur l'horison, quand les fumées de la veille étant complètement dissipées, on songea au départ. Il ne fallait pas songer à prendre congé des miliciens, bien que la bienséance semblât le prescrire. Ces braves, à coup sûr, dormaient encore, et devaient dormir long-temps, à en juger par les fatigues de la soirée précédente. Les prisonniers se mirent donc en route, ayant un sujet de conversation intarissable sur les évènements et les entretiens de la veille. On pense bien que Delmas de son côté, en avait long à dire sur les attraits, l'esprit et l'amabilité de sa conquête, et que les plaisanteries, les quolibets de ses camarades ne manquaient pas de tomber sur lui et sur sa Dulcinée.

Quand on eut fait ainsi quelques milles, l'appétit commença à se faire sentir, et fort à propos, une avenante *ale-house* se présenta sur le bord de la route. Un déjeuner modeste, proportionné aux dépenses que pouvaient faire nos voyageurs, mais confortable, leur fut servi et dégusté, toujours accompagné de lazzis, de bons mots, de saillies inspirées par le plaisir de retourner en France.

La table était servie auprès d'une fenêtre, dans un salon du rez-de-chaussée, et le déjeuner tirait vers sa fin, lorsque les prisonniers aperçurent devant la maison une jeune personne à cheval, élégamment vêtue, et suivie par un laquais en livrée, aussi à cheval. Elle descendit, donna les rênes de sa monture au domestique, jeta un coup-d'œil dans le salon, à travers les vitres, et fit plusieurs tours de promenade dans une allée qui était de l'autre côté du chemin, en face de l'auberge.

Delmas la reconnut aussitôt pour la personne à laquelle il avait fait la veille de si ardentes protestations, et un peu revenu de son enthousiasme, il dit en plaisantant, et assurément sans y penser le moins du monde, qu'elle était tellement éprise de lui qu'elle allait le suivre en France.

Cependant on demanda, par curiosité, à l'aubergiste, quelle était cette demoiselle. « C'est, répondit-il, une riche héritière, orpheline, tenant aux premières familles du comté, et nièce du général P..., qui a fait la guerre en Espagne contre vos armées. — Vient-elle souvent ici ? lui demanda-t-on encore. — Jamais, répondit-il ; je la connais, je la vois quelquefois, par hasard, à Cowbridge, où je vais faire mes provisions, mais elle n'était jamais venue ici. »

Il paraissait assez évident quelle y était venue cette fois pour un motif particulier, et Delmas commençait à s'en attribuer sérieusement l'honneur. Après avoir causé pendant quelques instants sur cet incident, auquel du reste, on attachait peu d'importance, on se disposa au départ et on appela l'hôte pour régler avec lui. « Vous ne devez rien, dit-il, votre déjeuner est payé. — Et par qui donc ? — Par mademoiselle Elisa P...., qui se promène là dans cette allée, et qui vient de me satisfaire à l'instant même.

Nouvelle stupéfaction de la part des jeunes gens qui, après s'être regardés un instant, et sans se consulter, résolurent tout d'une voix de refuser cette espèce de don, qui leur semblait avoir quelque chose d'humiliant. Ils voulurent payer l'hôte et l'engager à remettre à la jeune personne ce qu'il en avait reçu, mais il ne voulut pas y consentir. Il fallut donc porter le refus directement à elle, et Delmas se chargea avec plaisir de cette mission. Accompagné d'un de ses camarades, il se dirigea vers Mlle Elisa, l'aborda avec des marques de déférence et de respect, et se disposa à faire connaître le motif qui l'amenait.

Mais aux premiers mots qu'il prononça, elle lui répondit, en français très-pur : « Ayez la bonté, monsieur, de parler votre langue, je la comprends, et j'aime à l'entendre. » Pendant l'entretien de la veille, elle et Delmas avaient constamment parlé anglais ; il n'avait pas été prononcé un seul mot français.

Ce fut donc en cette langue, que Delmas exprima avec autant de ménagements, autant de respect que possible, le refus de ses camarades.

« On m'avait donc trompée, dit la jeune Anglaise, en me donnant une aussi haute idée de la galanterie des Français, et surtout des militaires. Il m'est pénible de renoncer à l'idée que j'en avais conçue, mais il le faut, puisque vous repoussez une preuve d'amitié que voulait vous donner une dame anglaise.

— Nous aurions agréé avec reconnaissance, répondit Delmas, une invitation à laquelle vous auriez pris part ; nous nous serions assis avec plaisir à un déjeuner dont votre présence eût fait tous les charmes, mais des officiers français, quelle que soit la position peu fortunée où la guerre les a momentanément placés, ne peuvent accepter un don. Vous avez une idée trop exacte des convenances pour ne pas apprécier et excuser notre refus.

— Mais qu'à cela ne tienne, s'écria gracieusement miss P..., venez, messieurs, allons nous mettre à table, donnons un supplément au dessert, et prenons le café ensemble. En achevant ces mots elle prit le bras de Delmas et ils s'acheminèrent vers l'auberge, où les camarades, groupés derrière les vitres, épiaient la conversation qu'ils commençaient à trouver un peu longue. Ils ne furent pas peu étonnés de voir la jeune miss, après les avoir salués en souriant, prendre place et les inviter à s'asseoir.

Plus d'un lecteur, peut-être, fera plus d'honneur à mon imagination qu'à ma véracité, des détails qu'on vient de lire et de ceux qui doivent suivre. Mais ceux qui connaissent les mœurs anglaises n'y trouveront rien d'insolite ni d'invraisemblable. Ils connaissent la liberté accordée en Angleterre aux jeunes personnes appartenant même aux plus hautes classes de la société, et comment elles en usent. D'ailleurs, si je disposais des évènemens à mon gré, au lieu d'avoir à les raconter tels qu'ils ont été, ne me serait-il pas aisé de les disposer avec plus de vraisemblance? Mais ce n'est point un roman que j'écris, ce sont des anecdotes réelles, et je ne suis pas maître d'en modifier les détails pour les rendre moins contraires aux idées reçues.

Il était assez extraordinaire, je le sais, de voir une demoiselle anglaise, jeune, jolie, riche, et appartenant à l'aristocratie de naissance, en tête à tête avec six officiers français, jeunes aussi, étourdis, goguenards, assez mal disposés pour tout ce qui appartenait à l'Angleterre. Mais, je le répète, cela n'était pas en opposition avec les mœurs du pays, que ces officiers connaissaient suffisamment pour ne rien trouver de trop extraordinaire à pareille aventure.

Le déjeuner, qui en était à sa seconde édition, se prolongea outre mesure, au milieu d'entretiens intarissables et des questions que multipliait miss P...., avec une curiosité toute féminine, et une volubilité qui n'appartient guère aux Anglaises. Elle s'informa du grade, du pays de ces jeunes gens, et surtout des affaires où ils avaient été pris, et de la manière dont ils avaient été traités en Angleterre. Ce n'était pas le moment, pour ces officiers, d'épancher tout le fiel qu'ils avaient encore dans l'âme, au souvenir des lugubres pontons qu'ils avaient tous habités plus ou moins longtemps, à celui de leurs tristes cautionnements.

Mais miss P... leur apprit qu'elle avait un petit parent, officier dans l'armée anglaise, qui, ayant été pris en Espagne, avait été longtemps sur parole à Verdun, et peut-être y était encore ; elle s'informa du traitement que recevaient les officiers anglais prisonniers en France, et fournit ainsi un texte à nos amis, pour étaler complaisamment toutes les douceurs, tous les égards dont ces militaires jouissaient parmi nous, et pour établir un triste parallèle, avec la manière dont les Français étaient vus et traités en Angleterre.

La jeune miss leur demanda si, après leur rentrée en France, ils continueraient à se voir et à conserver les relations d'amitié qui paraissaient les réunir.

Non, dit Delmas, la conformité de goûts, de caractère et de position, le séjour, pendant de longues années, dans la même ville, ont fait naître et raffermi cette amitié, mais nous appartenons tous à des corps différents, à des départements éloignés les uns des autres. Il est certain qu'en abordant au premier port français, nous allons être dispersés, et il est probable, à moins que le hasard ne s'en mêle, que nous ne devons jamais nous revoir. Cependant il nous serait bien doux de donner suite dans notre patrie, à des liens commencés sur la terre d'exil. Ceci, mademoiselle, est une preuve de la vérité que je vous exprimais hier, et dont vous paraissiez douter. Nous rencontrons quelquefois les personnes avec lesquelles nous voudrions passer notre vie au moment même où il faut nous en séparer à jamais.

Malgré l'agrément que les Français trouvaient à cette conversation et le charme qui semblait retenir la jeune Anglaise, il fallut enfin songer à se séparer. Le déjeuné, commencé à neuf heures du matin, s'était prolongé jusqu'à quatre heures de l'après-midi, sans qu'aucun de ceux qui y assistaient se fût aperçu de cette longue station à table, se fût avisé de donner le signal du départ. Ce fut miss P... qui le donna en appelant son domestique et lui ordonnant de disposer son cheval.

Mais Delmas lui demanda la faveur de l'accompagner pendant quelques pas, et cette faveur fut accordée sans la moindre hésitation. Après quoi Elisa toucha la main à chaque officier, leur souhaita un heureux voyage, et partit sous le bras de Delmas, tandis que le domestique les précédait de quelques pas, conduisant les deux chevaux en lesse.

Bientôt on les perdit de vue dans les sinuosités de la route, et ceux qui restaient augurèrent qu'ils ne devaient pas de quelque temps, attendre le retour de leur camarade. En effet, Delmas était maintenant sous l'influence d'un sentiment qu'il avait exprimé la veille, par étourderie et sans l'éprouver. Il aimait véritablement la jeune Anglaise, c'était avec moins de feu peut-être, mais avec plus de vérité, qu'il lui disait maintenant que son bonheur serait de ne jamais être séparé d'elle, que jamais il ne pourrait l'oublier, que son premier soin, après sa rentrée en France, après avoir revu sa famille et connu la position que le gouvernement lui ferait, serait de revenir en Angleterre, pour la revoir, pour solliciter sa main.

Miss P... était à peu près libre, comme je l'ai dit, et si les convenances lui faisaient un devoir de se soumettre aux conseils, aux volontés même de son oncle le général, qui avait pris soin de son éducation, elle pouvait légalement s'y soustraire. Elle ne crut pas devoir cependant encourager les espérances de Delmas, mais elle ne put lui dissimuler l'intérêt qu'il lui inspirait et combien elle partageait ses sentiments. Ils ne se séparèrent qu'aux premières maisons de Cowbridge, et avant de s'éloigner, Delmas obtint pour souvenir un bouquet de violettes qu'Elisa portait à la ceinture.

Quand il rentra à l'auberge la nuit était close, et l'on ne devait pas songer à se remettre en route ce jour-là.

Ce ne fut que le lendemain matin que nos officiers continuèrent leur voyage. Nous allons les suivre pendant quelque temps encore, avant de voir si l'amour si instantané de Delmas et d'Elisa doit s'arrêter aux évènements qu'on vient de lire ou amener de nouvelles entrevues et de nouveaux incidents. Les derniers moments passés par les prisonniers en Angleterre, la manière dont ils furent accueillis en France appartiennent à la chronique de cette époque d'agitation et de passions ardentes, et n'en sont pas la partie la moins intéressante.

Si la situation de leurs finances leur avait laissé le choix d'une manière de voyager plus commode et plus dispendieuse, ils auraient pris par goût celle qu'ils avaient adoptée, parce qu'elle favorisait leurs idées d'observateurs et leur promettait quelques aventures. On a vu que dès le début ils ne furent pas trop mal servis sous ce rapport. La fin devait répondre au commencement, et plus d'un incident bizarre devait marquer ce court trajet d'Abergaverny à Plymouth.

Le lendemain du jour où ils avaient fait un si long séjour à l'auberge, grâce à l'amour de Delmas, ils arrivèrent à Swansea, petit port sur le canal de Bristol, prirent gîte dans un hôtel d'assez belle apparence, et y passèrent la nuit, sans qu'on fît beaucoup d'attention à eux. Mais le jour suivant, dans la matinée, trente Anglais environ, qui se disposaient à prendre passage dans un chasse-marée faisant la traversée entre Swansea et Barnstaple, se trouvèrent réunis, à la table du déjeuner, avec nos compatriotes. La conversation fut animée, bruyante, et roula sur le sujet qui était alors dans toutes les bouches, qui occupait tous les esprits : les derniers évènements politiques, le triomphe si longtemps disputé du droit divin sur le droit des peuples. Un Anglais s'emporta en invectives grossières contre Napoléon et la France. Il se servit de termes injurieux contre notre armée et notre nation. D'abord les officiers français, causant entr'eux, montrèrent une prudence qui leur coûtait beaucoup, et feignirent de ne pas entendre. Mais l'insulte devint enfin si violente et si directe, qu'il n'y eut plus moyen de se contenir. « Peut-être, dit Delmas à l'insolent personnage, s'il y avait ici des Français vous ne parleriez point ainsi.

— C'est précisément parce que je sais qu'il y en a, répondit l'Anglais, que je dis ce que je pense sur leur compte. »

Il n'avait pas achevé, qu'une assiette en porcelaine, lancée par Delmas, se brisait sur sa figure.

Il est aisé de se faire idée du tumulte qui s'en suivit. Tout le monde se leva, et l'agresseur, marchand de fromage de Chester, nommé Pratle, voulut s'élancer sur Delmas. Ses compatriotes qui, quelques mois auparavant, auraient sans doute embrassé sa querelle et fait un mauvais parti aux officiers français, se comportèrent honorablement en cette occasion, lui donnèrent tort, et empêchèrent que la rixe eût d'autres suites immédiates.

Cependant, Pratle voulut réparation de l'outrage qu'il avait reçu et si bien mérité, et comme le chasse-marée allait partir dans un instant et que l'Anglais allait aussi s'embarquer à Plymouth pour se rendre en France, il fut convenu que les deux adversaires prendraient passage sur le même bâtiment et se battraient au pistolet au premier port français où ils aborderaient.

Le voyage se fit jusqu'à Plymouth sans incident particulier. Mais là, nos officiers et une foule d'autres cautionnés, venus de différents dépôts, faillirent être arrêtés par une circonstance imprévue, quoique bien naturelle. Ils avaient pensé, ainsi que la chose aurait dû être, qu'en arrivant à Plymouth ils trouveraient des bâtiments de transport disposés par le gouvernement anglais pour leur transport, et qu'ils n'auraient qu'à s'embarquer. Il n'en fut point ainsi. La ville était encombrée d'officiers français, arrivant chaque jour de divers cautionnements, et obligés de rester à Plymouth, parce qu'ils devaient frêter un bâtiment à leurs frais et n'en avaient pas les moyens.

On leur promettait bien des transports, mais on n'avait pu y songer encore, on n'en avait pas pour le moment sous la main, et il fallait attendre. Au milieu de la confusion, des cris, des plaintes qu'amenait cet état des choses, un bruit sinistre vint se répandre. La guerre allait recommencer, disait-on. Tout absurde qu'était cette rumeur, on avait vu tant de choses extraordinaires depuis peu d'années, qu'il n'était peut-être pas ridicule d'y porter quelque attention. Aussi les prisonniers, si souvent déçus dans leurs espérances, ne pouvaient croire à la liberté que quand ils mettraient le pied sur le sol français, et avaient hâte de s'y rendre. Mais bien peu le pouvaient, car il fallait payer un passage, et les modiques ressources fournies par le gouvernement anglais pour le voyage étaient épuisées chez presque tous.

Cet embarras donna lieu à des traits de générosité que je ne dois pas passer sous silence. Des matelots et soldats enfermés dans la prison de guerre de Plymouth appelée *Mill-Prison*, apprenant la position où se trouvaient quelques officiers, voulurent savoir à quel pays, à quel corps, à quelle arme ils appartenaient, et témoignèrent la volonté de leur procurer les moyens de se rendre immédiatement en France. Tous ces braves gens étaient obligés, pour ce qui les concernait personnellement, d'attendre le bon vouloir des Anglais et les moyens de transport qu'on se déciderait enfin tôt ou tard à leur fournir, mais ils voulurent du moins tirer d'embarras quelques-uns de leurs anciens chefs et consacrer à cet acte généreux, une partie des ressources fournies par leur industrie et leur économie pendant la captivité.

Plusieurs officiers s'avancèrent, en effet, des grilles qui étaient devant le préau de la prison, furent reconnus par ceux qui avaient jadis servi sous leurs ordres, et reçurent d'eux les moyens de s'embarquer sur un cutter qui, dans la soirée, allait faire voile pour Morlaix. Ils voulurent donner des billets que ces braves refusèrent, se contentant de l'adresse de ceux qu'ils obligeaient avec tant d'abandon et de désintéressement.

Cinquante officiers, à peu près, s'embarquèrent sur le cutter, et dans le nombre, les six que nous avons suivis depuis Abergavenny et que nous devons accompagner jusqu'en France, car les désagréments qu'ils essuyèrent et auxquels ils étaient bien loin de s'attendre, furent communs à tous les prisonniers rentrants, et comme je l'ai dit, ils complettent mon récit.

Delmas n'avait pas perdu de vue son Anglais Pratle, qui était arrivé avec eux à Plymouth, et avec eux s'embarqua pour Morlaix; mais en arrivant dans cette ville leurs tribulations n'étaient pas finies.

Il faut avoir vu, pour s'en faire une idée, le désordre, la confusion, le tumulte qui régnaient dans les ports où débarquaient les prisonniers. Il n'y avait pour eux ni moyens de séjour, ni préparatifs pour les diriger vers leurs corps respectifs. Dix mille hommes de toutes les armes, de tous les grades de l'armée et de la marine, étaient arrivés à Morlaix le même jour que le cutter, portant les cinquante officiers dont j'ai parlé, vint y aborder. Il en était arrivé vingt mille les jours précédents, il en arrivait à chaque instant, et rien n'était préparé pour eux, ni logements, ni vivres, ni solde. Accoutumés depuis longtemps à associer l'idée de la France avec les consolations qui devaient leur faire oublier les longues tortures de la captivité, et si cruellemsnt désappointés, ces hommes bivouaquaient sur les places, ou parcouraient les rues en vociférant des malédictions contre les Anglais, le nouveau gouvernement français et les autorités locales, qui, à dire vrai, étaient impuissantes à remédier au mal, uniquement causé par l'incurie de l'administration centrale.

Le drapeau blanc flottait sur tous les édifices ; les fonctionnaires publics, la garde urbaine, les perruquiers et les barbons portaient d'énormes cocardes blanches, et les matelots, les soldats rentrés d'Angleterre se procuraient des cocardes tricolores et les arboraient aux cris de vive l'Empereur ! auxquels nulle autorité civile ou militaire ne se fût hasardée d'imposer silence. Les prisonniers rentrés, abandonnés à eux-mêmes, sans pain, sans ressource, sans abri, n'en étaient pas moins maîtres de la ville, et quelques énergumènes parlaient d'y mettre le feu.

Plus calmes dans leur désappointement et leur dépit, les officiers n'en étaient pas moins abandonnés par les fonctionnaires qui auraient dû s'occuper de leur sort, et ne le pouvaient faire, obligés qu'ils étaient de consacrer toutes les ressources existantes à l'approvisionnement des Autrichiens, des Prussiens et des cosaques. On avait eu grand soin de ne loger aucunes de ces troupes étrangères dans les villes où débarquaient les prisonniers et dans celles qu'ils devaient traverser. Il n'y en avait donc pas à Morlaix, et ce fut un bonheur, car les marins et les soldats rentrés, dans leur aveugle exaspération, s'en prenaient à tout de ce qu'ils souffraient, et n'auraient pas manqué sans doute d'être les agresseurs dans une rixe contre ces prétendus auxiliaires, qu'ils accusaient surtout de tous leurs maux. Quelques officiers anglais venus isolément dans la ville se hâtèrent de repartir en voyant ce qui s'y passait.

Cependant on travaillait à force dans les bureaux du

commissaire des guerres, dans celui du commissaire de la marine, à expédier des feuilles de route. Mais malgré la bonne volonté et l'activité des commis, le nombre des arrivants dépassait de beaucoup celui des hommes dont on pouvaient se débarrasser en les expédiant, et par suite, l'encombrement et l'embarras devenaient à chaque instant plus grands. Les officiers comprenaient parfaitement ce qu'avait de fâcheux la position où se trouvaient les fonctionnaires publics et faisaient la part des circonstances, mais il était difficile de le faire comprendre à la foule et de la calmer, car la faim n'entend rien et ne raisonne pas.

Delmas et ses cinq camarades, aussi mal à l'aise, aussi mécontents que tous les autres, se rendirent au bureau de la marine, pour voir si on voulait leur donner une destination et les expédier. La chose pressait, car ils étaient tous les six littéralement sans le sou. Un factionnaire de la garde nationale voulut leur barrer le passage ; ils le prirent par la banderolle de sa giberne, lui firent faire une pirouette et entrèrent, disant qu'ils en avaient le droit. D'autres officiers étaient déjà entrés de la même manière avant eux, et parlaient, ou plutôt criaient avec le commissaire, homme d'un certain âge, à la physionomie douce et bienveillante, et qui, appréciant fort bien et les torts de l'administration et les raisons que ces individus avaient de crier et de se plaindre, cherchait à les adoucir, à les calmer par des explications sur les causes de l'embarras où on se trouvait et par des paroles de conciliation.

Il finit par leur dire qu'en attendant que leurs feuilles de route pussent être expédiées, ils eussent à se rendre à l'Hôtel d'Europe, où après chaque repas on leur présenterait un cahier sur lequel ils signeraient des bons qui seraient acquittés par le payeur de la marine, et que, d'autre part, la mairie leur délivrerait des billets de logement.

C'était quelque chose, et on pouvait attendre, malgré l'impatience qu'on éprouvait de revoir la famille, de connaître le sort auquel on était réservé par le nouveau gouvernement. De nombreuses suppressions, qui avaient déjà eu lieu dans les ports et dans les régiments, n'annonçaient cependant rien de bon à cet égard.

Après cinq à six jours d'attente, la population de prisonniers rentrés s'éclaircit insensiblement et nos officiers reçurent leurs feuilles de route et furent dirigés sur Brest; mais ils durent s'y rendre à leurs frais, car les caisses du payeur de Morlaix ne contenaient pas un centime.

Ce fut encore au moyen d'emprunts que les six camarades purent se rendre à Brest, où ils reçurent enfin une partie de leur conduite, une partie seulement, par suite de la situation où se trouvaient toutes les caisses, et aussi, pour que les officiers, n'ayant que de faibles sommes, pour se rendre à la ville qui leur était assignée, de distance en distance, jusqu'à leur destination définitive, ne pussent se détourner pour passer par Paris. Tous demandaient à s'y rendre dans l'intention de solliciter leur maintien au service, et c'était ce que ne voulait pas le gouvernement, accablé de réclamations et pressé de satisfaire avant tout à celles des émigrés.

Qu'était devenu l'Anglais Pratle. Il était débarqué avec nos officiers à Morlaix, et Delmas, après avoir pourvu au plus pressé et s'être procuré le gîte et la table, l'avait cherché dans tous les hôtels, dans toutes les tavernes de la ville, mais inutilement, Pratle avait disparu. Delmas n'y pensait plus, lorsqu'il se trouva tout à coup face à face avec lui, dans une circonstance à peu près semblable à celle qui les avait déjà mis une fois en contact.

C'était à Quimperlé. Nos jeunes gens qui voyageaient, ensemble jusqu'à Nantes, où ils devaient se séparer, étaient arrivés à Quimperlé le lendemain de leur départ de Brest, et s'étaient décidés à y passer la journée suivante pour assister à une fête qui s'y donnait à propos de je ne sais quoi. A cette bien heureuse époque, les mois étaient divisés en deux parties égales ; l'une pour célébrer la restauration du *Désiré*, l'autre pour déplorer les malheurs de la révolution. Un jour on dansait en l'honneur des lis, le lendemain on pleurait la mort de Louis XVI, le troisième jour c'était la fête du comte d'Artois, le quatrième l'affreux 10 août, puis la fête du duc d'Angoulême, puis la prise de la Bastille, d'odieuse mémoire, et ainsi de suite, de sorte qu'on aurait pu symboliser la France par une statue mi-partie blanche et noire.

Heureusement le lendemain de l'arrivée de nos jeunes gens à Quimperlé était un jour de réjouissance ; je ne sais trop à propos de quoi, et ils résolurent d'en profiter. La fête était favorisée par un temps superbe, et c'était une exception assez rare, car ceux qui ont vécu à cette malheureuse époque, peuvent se rappeler que toutes les réjouissances princières étaient invariablement saluées par la pluie et les brouillards. On eût dit que le ciel partageait le deuil de la France et pleurait nos défaites.

Après avoir parcouru la ville, assisté à différents jeux, les six camarades, qui ne se quittaient pas, s'amusaient à voir disputer le prix d'une course à pied, par des jeunes gens du pays. Les deux côtés de la lice étaient bordés d'une foule épaisse de curieux, que contenaient sur les lignes tracées pour limites, quelques soldats placés en dedans. Un individu d'une haute taille se mettait à chaque instant devant les autres spectateurs ; plusieurs fois il avait été invité à rester sur la ligne, il s'y tenait un instant, puis interceptait de nouveau, par sa stature longue et efflanquée, la vue à ceux qui se trouvaient derrière lui. Un soldat, le repoussant, lui dit enfin avec impatience : « Vous voyez bien que ces messieurs se tiennent sur la ligne ; pourquoi n'en faites-vous pas autant ? *Those gentlemen, répondit-il, are only french pigs* » ; et pour qu'on n'en ignorât pas, il ajouta immédiatement la traduction : « Ces messieurs ne sont que des cochons de Français ».

Delmas était à trois pas derrière l'insolent personnage. D'un bond il fut devant lui, et le soufflet qu'il lui appliqua fut d'autant mieux conditionné, qu'il tomba sur la figure de Pratle, notre ancienne connaissance, que nous avions perdue de vue à Morlaix, et que nous retrouvons à Quimperlé, toujours avec ses habitudes d'insulte et de bravade, toujours prêt à provoquer, à demander satisfaction, et lent à la recevoir.

Au moment même où Pratle prononçait les paroles qui lui avaient valu une si rude correction, on donnait à l'extrémité de la lice, le signal aux coureurs qui s'étaient élancés. Mais ils n'allèrent pas loin et furent arrêtés au milieu de l'enceinte par la foule qui l'encombrait, entourant les deux antagonistes et vociférant contre l'Anglais qui, poussé, bousculé, ne put satisfaire l'envie qu'il avait d'une partie de boxe.

Un individu décoré d'une écharpe se fit faire place, s'informa des faits, et pria les officiers français de vouloir bien, pour en finir, quitter la place et se rendre à leur hôtel. Ils se conformèrent à cette invitation, faite avec beaucoup de modération et de douceur, sans faire aucune observation, mais non sans que Delmas dit à haute voix à Pratle le nom de son hôtel, où il l'attendrait, ajouta-t-il, jusqu'au lendemain.

Il n'y était pas rentré depuis une heure avec ses camarades, qu'ils reçurent la visite de deux officiers anglais, se présentant poliment et demandant à causer avec eux en particulier. Il n'était pas difficile de deviner le sujet qui les amenait. C'était le soufflet qu'ils avaient vu donner à Pratle. Ils prièrent les Français de vouloir bien leur dire l'origine de la querelle qu'ils ignoraient entièrement, et ceux-ci leur racontèrent, non-seulement ce qui venait de se passer, mais la scène de Swansea, le duel qui avait été arrêté pour Morlaix et n'avait pas eu lieu par suite de la disparition de Pratle. Delmas ajouta qu'au surplus il l'attendait et était toujours à sa disposition.

« Nous ne connaissons pas cet homme, dit un des deux Anglais, mais il paraît que, comme presque tous les insolents, c'est un lâche. Vous savez que les Anglais ne le sont pas, et pour vous le prouver, s'il ne vient pas vous demander la double satisfaction que vous lui devez, un de nous deux se battra avec vous. »

Cette preuve était surabondante ; on n'a jamais mis en doute la bravoure des Anglais, et il est assez d'autres accusations à porter contre eux, sans y mêler celle de lâcheté, qui serait une calomnie.

C'est ce que répondit Delmas à cet antagoniste bénévole, en ajoutant qu'il lui serait pénible de se battre contre une personne qu'il ne connaissait pas et qu'il était disposé à estimer, d'après la franchise de sa démarche et la bravoure de son offre.

« J'espère, dit l'Anglais, que nous n'en viendrons pas là, et que nous ferons sentir à votre adversaire la honte qui la poursuivrait partout, s'il n'en finissait pas d'une manière convenable, car nous écrirons les détails de sa conduite en Angleterre, à la ville qu'il habite, nous la ferons connaître à tous les Anglais que nous verrons sur le continent, nous le signalerons partout au mépris public. Au surplus, il est impossible que vous vous battiez ici ; votre querelle a fait trop de bruit pour qu'on n'épie pas vos démarches, pour ne pas attirer une foule de curieux, et sans doute aussi l'intervention de l'autorité, qui voudrait mettre obstacle au duel. Si vous m'en croyez, vous partirez demain matin, en me faisant connaître votre direction et l'heure précise de votre départ. Mon camarade et moi nous vous suivrons en voiture à peu de distance, emmenant, je l'espère, notre compatriote, disposé à faire son devoir, et l'affaire se terminera sur la route, sans éclat. Nous aurons soin de nous munir des armes nécessaires.

Ces arrangements furent acceptés, et le lendemain nos officiers partirent dans une voiture particulière, pour y être seuls, et après l'avoir désignée aux deux Anglais. A peine étaient-ils à une lieue de Quimperlé, sur la route de Nantes, qu'ils virent derrière eux un cabriolet, dans lequel ils reconnurent les deux Anglais de la veille, et Pratle avec eux. Ils firent arrêter leur voiture, descendirent, et dans un instant se trouvèrent en présence avec les trois étrangers.

Après une courte conférence, il fut convenu qu'on gagnerait un petit bois voisin de la route. Deux des officiers français seulement y accompagnèrent Delmas. Là, après avoir chargé les pistolets, on décida que les deux adversaires se placeraient à dix pas de distance, et feraient feu en même temps, au troisième coup frappé par l'un des Anglais.

La chose s'exécuta ainsi. Les deux coups de pistolet n'en firent qu'un, et l'on vit aussitôt Pratle chanceler et tomber. Il avait reçu la balle en pleine poitrine. Quant à Delmas, il porta la main à son épaule droite et la retira ensanglantée. Sa blessure cependant n'avait aucune gravité. La balle avait traversé les chairs entre les muscles de l'avant-bras, sans toucher ni à ces muscles ni aux os, sans gêner les mouvements du blessé, qui en fut quitte pour s'appliquer des compresses imbibées de rhum, que les Anglais avaient eu la précaution d'apporter.

Quant à leur compatriote, il n'y avait rien à faire. Ils le portèrent dans leur cabriolet et repartirent, après avoir pris congé des Français, qu'ils félicitèrent de la loyauté et de la bravoure dont ils avaient fait preuve en cette occasion.

Les six officiers, de leur côté, continuèrent leur voyage vers Nantes, où ils devaient se séparer et où nous les laisserons, pour suivre encore pendant quelques instants Delmas, et connaître le résultat de ses amours.

CHAPITRE X.

—

Désenchantement de Delmas. — Il part pour l'Angleterre. — Son compagnon de voyage se disant prince russe. Excentricités de ce personnage. — Ils débarquent à Palamos. — Arrivent à Montpellier. — Dispute. — Duel avorté.

———

Plus je vis l'étranger plus j'aimai ma patrie.
Ducis.

Quand Delmas avait été fait prisonnier, en 1811, il avait laissé, dans un des petits ports qui se trouvent sur la Méditerranée, entre Toulon et Cette, et que je ne dois pas nommer, sa famille heureuse, riche et honorée. Son père, premier magistrat de la petite ville, y possédait un office de notaire, et jouissait d'une confiance méritée par une probité, par une délicatesse irréprochables. Il avait pour amis tous ses clients, tous ses administrés ; il était électeur , membre du conseil d'arrondissement , et entouré de cette considération qui s'attache toujours à la fortune loyalement acquise , noblement dispensée , et surtout aux qualités personnelles.

Le prisonnier avait reçu une seule lettre de sa famille, un an après son arrivée en Angleterre , et depuis cette époque il était privé de nouvelles , sans pouvoir s'en expliquer la cause. Cette privation, au reste, était commune à beaucoup de prisonniers , soit que les lettres fussent interceptées par le Transport-Office, parce qu'elles contenaient quelques nouvelles politiques , ou les détails des succès de nos armées , soit par toute autre circonstance.

Plein d'espérance et de joie, il se hâtait donc vers ce toit paternel où il avait laissé tant d'aisance et de bonheur qu'il allait sans doute y retrouver encore. Mais un triste changement de position l'y attendait. Pendant les deux années qui s'étaient écoulées sans nouvelles , une série de malheurs imprévus s'étaient accumulés sur sa famille. Des abus de confiance pour des sommes prêtées, des emprunts onéreux qui en avaient été la suite , avaient hypothéqué les immeubles , et abouti à une expropriation. Dès lors , le père Delmas, perdant sa qualité d'électeur , de conseiller d'arrondissement , et poussé par le besoin, s'était vu contraint de vendre son office de notaire pour une modique pension viagère ; et dut renoncer à tout espoir de retrouver jamais la position qu'il avait perdue. Il est inutile d'ajouter que son écharpe de maire avait disparu aussi avec sa fortune et ses autres fonctions.

Telle fut la position où Delmas trouva sa famille. La maison où il était, où joyeux il alla se présenter, appartenait à un autre propriétaire. Ce fut là qu'il apprit tout d'un coup, sans préparation, ces pertes multipliées que l'on sent moins douloureusement quand elles se présentent isolées et à des intervalles plus ou moins longs. Ses deux frères, plus jeunes que lui, étaient morts, l'un de maladie, l'autre à l'armée, la mère n'avait pas survécu à tant de chagrins, et on a vu à quelle triste et précaire position était réduit le malheureux chef de la famille, auquel Delmas avait la douleur de ne pouvoir être d'aucun secours, car Delmas était enseigne auxiliaire, et cette qualité le rangeait dans la classe de ceux qui furent les premiers et sans miséricorde sacrifiés au besoin de reformes.

Delmas ne fut pas le seul prisonnier à éprouver un pareil désenchantement. Outre les circonstances particulières qui avaient ruiné sa famille, la rentrée des émigrés, la nécessité de leur faire une position, avaient amené de nombreux renvois, de nombreuses destitutions dans tous les rangs, et par conséquent, détruit beaucoup de fortunes en donnant naissance à des haines qui ne sont pas éteintes encore.

La seule chose qui restât à Delmas et que le nouveau gouvernement n'avait pu lui ôter, c'était son état de marin et la faculté qu'il avait de commander au long-cours. Mais le nombre des officiers de marine renvoyés du service était trop grand, et celui des armements trop peu important, pour espérer de longtemps un commandement. S'il avait eu seulement l'espoir de naviguer comme second, Delmas, malgré l'amour profond qu'il avait conçu pour Elisa, malgré son désir de la revoir, n'eut point songé à quitter la France, il ne se fût occupé qu'à procurer une existence plus heureuse à son vieux père. Mais, par suite de sa position, il ne pouvait que lui être à charge, il n'avait à espérer, de la part du gouvernement, ni pension de retraite, ni demi-solde, car, je l'ai dit, il était auxiliaire.

Il résolut donc de se rendre en Angleterre et de revoir la jeune Anglaise qui captivait toutes ses pensées. Quel espoir pouvait-il conserver dans l'état de fortune où les évènements fortuits et les changements politiques l'avaient placé? Comment pouvait-il se flatter d'unir son sort à celui d'une jeune personne, placée dans une haute position sociale, et qui sans doute n'avait qu'à choisir entre les partis les plus brillants? Ce sont là des questions que feront peut-être ceux qui n'ont jamais aimé et qui ignorent que l'amour ne raisonne pas.

Quant à Delmas, ce n'étaient pas ces difficultés futiles pour un amoureux qui l'arrêtaient, c'en était une bien autrement importante : le manque de fonds. Comment entreprendre le voyage d'Angleterre, dans le dénuement où il se trouvait. Mais il y a, comme on sait, un Dieu pour les amants, et ce Dieu vint à son secours. On verra bientôt s'il eut beaucoup à s'en féliciter.

Il voyait assiduement à Marseille la maison de commerce B..., qui venait de s'établir et était bien loin de l'opulente prospérité à laquelle elle est montée depuis. Elle avait fait espérer à notre officier de lui procurer un embarquement, soit comme capitaine, soit comme second, et l'officier attendait, se promettant toujours qu'une de ses courses maritimes le conduirait en Angleterre.

Un jour, le chef de la maison B... lui dit qu'on leur avait adressé de Livourne, M. de Nitikoff, prince russe, qui devait passer un mois ou deux à Marseille et de là continuer ses voyages dans les quatre parties du monde. Je n'ai pas vu les parchemins nobiliaires de ce prince, je ne connais pas sa généalogie, mais je l'admets pour tel, car il est convenu, de temps immémorial, que tous les Allemands qui voyagent en France sont barons, tous les Italiens marquis, et tous les Russes princes. C'est une chose connue de tous et là dessus, l'usage à fait loi. Les seuls qui élèvent quelques réclamations et quelques doutes contre ces titres de noblesse, sont les maîtres d'hôtel et les fournisseurs, lorsque ceux qui s'en parent ne paient pas exactement et surtout généreusement.

Le prince, vrai ou de contrebande, avait prié la maison de lui procurer un secrétaire, non qu'il eût beaucoup à écrire, mais pour avoir un compagnon de voyage à qui il put parler. Il en avait eu cinq depuis son départ de Wilna, c'est-à-dire depuis environ sept à huit mois, et n'ayant pu s'entendre avec eux, une séparation s'en était suivie ; il voulait que celui qu'il demandait maintenant, sût parler anglais, qu'il eût servi, et surtout qu'il fût brave, et d'un bon caractère. Il semblait que Delmas fût venu au monde exprès pour lui.

Le lendemain, les négociants invitèrent à dîner Delmas,

à qui ils avaient fait part de quoi il s'agissait, le mirent en pourparler avec M. de Nitikoff, et l'affaire se conclut séance tenante. Il fut convenu que l'officier français accompagnerait le prince russe, en qualité de secrétaire, moyennant trois mille francs d'appointements, n'ayant au surplus d'autre dépense à faire que celle de sa garde-robe. Ils devaient d'abord visiter l'Angleterre, l'Ecosse et l'Irlande ; s'embarquer à Dublin pour les Etats-Unis d'Amérique, les parcourir du Nord au Sud et de l'Est à l'Ouest, puis voir le Mexique, et tous les États, toutes les Républiques de l'Amérique Méridionale jusqu'au détroit de Magellan. Repassant ensuite sur l'ancien continent, ils devaient successivement visiter l'Egypte, la Turquie, la Grèce, pénétrer dans l'Inde, et en revenant, terminer cette excursion par l'Italie et la Suisse. C'était un voyage de cinq ou six ans environ ; mais Delmas devait s'arrêter dès les premiers pas.

En attendant le départ, les deux voyageurs préludaient à leurs longues courses par des excursions dans les environs de Marseille, par des parties de plaisir qui n'amusaient que médiocrement l'officier français. Peut-être même, n'eût-il pas accepté cette position si l'Angleterre n'eût été le premier but du voyage. Mais il espérait voir miss Elisa P... et s'en remettait pour le reste au hasard et à sa bonne étoile.

Cependant quelques extravagances commises par M. de Nitikoff donnaient l'indice d'une originalité qui touchait de bien près à l'aliénation mentale. Il avait un jour presque assommé son domestique parce qu'il lui avait apporté d'un cabinet littéraire, un ouvrage auquel on avait déchiré un feuillet, ce qui arrive souvent aux livres des cabinets littéraires, sans qu'on s'en prenne pour cela aux porteurs. Il ne se passait pas de jour sans qu'il eût des disputes violentes, et pour les sujets les plus faibles, avec le maître de l'hôtel où il était logé, avec toutes les personnes qui étaient en contact avec lui. Delmas était le seul qu'il traitât avec égards et bienveillance, mais cette conduite présente n'était pas une garantie pour l'avenir et monsieur le secrétaire avait d'assez tristes pressentiments.

Le jour du départ arriva et Nitikoff, qui avait une bonne chaise-de-poste avec laquelle il pouvait dans moins d'une semaine être à Calais, et deux jours après à Londres, voulut, par un de ces caprices qui lui étaient particuliers faire le voyage par mer. On s'entendit donc avec le capitaine Appletree du brick le *Barton* qui allait partir, et il fut convenu que pour douze cents francs il porterait les deux voyageurs à Londres, avec leurs bagages et la chaise-de-poste.

Les préliminaires de la traversée furent d'un sinistre présage, et un Romain ne se serait pas embarqué. La chaise-de-poste n'ayant pas été placée sur le centre de la chatte qui devait la porter à bord du brick, le côté qui supportait tout le poids donna à la bande, et la voiture tomba dans le port, l'impériale en bas, les roues en l'air, avec les malles des deux voyageurs. Ce ne fut qu'avec beaucoup de peine et de frais qu'on parvint à exécuter le sauvetage et à remettre le tout sur la chatte. Mais l'eau de la mer avait pénétré dans les malles qui, outre le linge et les vêtements contenaient des livres, des papiers, des dessins : quelques objets furent complètement détruits. Le reste dut être trempé dans l'eau douce, lavé et mis au sec. Ces opérations exigèrent deux jours, et le capitaine voulait pour ce retard demander une indemnité à Nitikoff. Cependant il renonça à ces prétentions, et on appareilla enfin.

A peine le brick était-il dans le golfe de Lyon, qu'il fut accueilli par un de ces coups de mistral si connus dans nos parages, qui força de mettre à la cape, et de courir vent arrière. Nitikoff, qui n'avait jamais été aussi rudement secoué, pensa qu'il aurait été beaucoup plus commodément dans sa chaise-de-poste, et voulut que le capitaine le ramenât à Marseille. Ce désir, traduit en anglais par Delmas, devant une partie de l'équipage, n'eut d'autre effet que d'exciter un bruyant éclat de rire, et de faire lever les épaules au capitaine.

Delmas essaya de faire comprendre à son compagnon, que ce qu'il demandait était impossible, et le soir venu, il lui conseilla de se coucher, seul soulagement que pût trouver le mal de mer qui le tourmentait. Mais tout ce qu'il put faire et dire pour le persuader, pour le calmer fut inutile. Nitikoff semblait piqué de la tarentule. Il faisait, dans la petite chambre du brick, des soubresauts et des bonds comme un chat sauvage pris dans une trappe, et voulait étrangler Appletree, son second et tout son équipage. Heureusement le pouvoir n'égalait pas la volonté, bien au contraire, car chaque coup de roulis placardait le Russe contre la cloison, lui faisait coigner la tête et redoublait sa fureur.

L'épuisement et la prostration succédèrent enfin à cet accès, et il consentit à se coucher; Delmas en fit autant, livré à d'assez tristes réflexions sur le caractère de son compagnon, et commençant à se repentir de s'être engagé à suivre un fou, car il était bien convaincu maintenant que Nitikoff était fou. Cependant il s'endormit bientôt s'abandonnant à de plus douces espérances et songeant à son Elisa.

Mais il ne devait pas jouir longtemps de ce repos ; à peine était-il endormi qu'un vacarne infernal et des cris discordants poussés à son oreille, le reveillent en sursaut. On avait donné à chacun des deux passagers une couchette, à babord et à tribord de la chambre. Delmas lève la tête hors de la sienne et voit le prince russe en chemise et le capitaine anglais, qui se gourmaient à grands coups de poing et vociféraient chacun avec les jurons les plus energiques de son pays. C'était une scène du sabbat.

Delmas saute sur le plancher, en chemise aussi, se met au milieu, reçoit tout d'abord, de droite et de gauche, quelques horions qui ne lui étaient pas destinés et finit par se faire entendre, et demander de quoi il s'agit. Vous le demandez, dit le Russe, ne voyez-vous pas le temps qu'il fait et que ce coquin en est cause ? Il ne veut pas retourner, il veut nous faire noyer. Mais si je puis parvenir à mettre le pied à terre, je le ferai pendre.

Que répondre à de pareilles extravagances ? Delmas.

ne fit que les traduire à l'Anglais, qui se prit à rire, dit un dernier *goddem* et remonta sur son pont.

Resté en tête-à-tête avec son Russe, Delmas eut moins de peine qu'il n'aurait cru à le calmer et à le faire remettre au lit ; la crise était passée. Mais un nouvel accès lui succéda bientôt, et toute la nuit se passa en intermittences de calme et de coups de poing entre Appletree et son passager.

Le lendemain matin à neuf heures on servit le déjeuner. Le vent avait beaucoup faibli, et le navire faisait bonne route, mais la mer était grosse encore, le roulis très fort, et on avait été obligé d'amarrer la table. Nitikoff était assis, adossé à un caisson contre l'arrière du navire, le capitaine était en face de lui, le second à sa gauche, Delmas à sa droite. Il jette un coup-d'œil sur le déjeuner, qui était plus délicatement, plus abondamment servi qu'on n'aurait pu l'attendre à bord d'un petit bâtiment marchand, et demanda si c'était là tout. Sur la réponse affirmative du capitaine, il répondit : « Un prince russe ne déjeune pas ainsi ; puis se penchant en arrière, faisant arc-boutant contre le caisson, il appuya fortement les deux pieds contre la table, cassa l'amarre, culbutta le tout, et du coup, le capitaine, avec le tabouret sur lequel il était assis, tomba sur le dos, les jambes en l'air.

Après cet exploit, Nitikoff se leva brusquement et grimpa l'échelle qui montait au pont, suivi par Appletree et son second, vociférant après lui ; disposés à lui faire un mauvais parti, et après avoir foulé aux pieds les débris du déjeuner, au milieu des bouteilles, des verres et des flacons cassés, d'une volaille, d'un jambon et de tous les accessoires, qui barbottaient dans les flots mêlés de vin, de bierre, de thé et de café.

Delmas prit le seul parti qu'il y avait à prendre. Il ordonna au mousse de remettre la table sur pied, se fit servir un poulet qui n'avait pas trop souffert de la catastrophe, une bouteille de vin, du fromage, et déjeuna tranquillement, comme si de rien n'était. Ce ne fut que quand il eut fini qu'il alla voir son camarade, qui se promenait à grands pas sur l'arrière, et qu'il l'engagea à prendre quelque chose. Nitikoff resta un quart-d'heure sans l'écouter et sans lui répondre un mot. Il se décida enfin à descendre à la chambre; et pour se restaurer, pria Delmas de lui lire quelques passages de Télémaque. On sait qu'en général les fous mangent peu.

Le capitaine, en partant de Marseille, avait prévenu ses deux passagers qu'il devait relâcher à Palamos, petit port de la Catalogne, pour y prendre du liège, et qu'il y resterait quelques jours. On en mit quatre pour s'y rendre, et il ne s'en passa pas un seul sans que le Russe eût de violentes disputes, tantôt avec Appletree, tantôt avec le second, puis avec quelque homme de l'équipage, et souvent avec tous à la fois. Mais c'était à Palamos qu'il devait mettre le comble à ses extravagances, qui amusèrent tout le pays, où, j'en suis sûr, on en parle encore.

Aussitôt que le brick eut mouillé, un canot espagnol vint le long du bord, et une espèce d'officier qui le montait dit que l'équipage et les passagers, s'il y en avait, eussent à se rendre à terre, pour raisonner avec le capitaine de port. Pour se conformer à cette exigence, tout ce qu'il y avait à bord du *Barton*, s'embarqua dans la chaloupe, et bientôt se trouva, sur l'indication qu'on lui donna, rangé près d'une barrière, au delà de laquelle était le capitaine de port, gros homme, obèse et trapu, accompagné de deux ou trois autres personnes. J'allais oublier de dire que Nitikoff avait absolument voulu faire assister à cette cérémonie un gros singe qui l'avait accompagné jusques là dans ses voyages, et pour lequel il avait une affection particulière.

L'Espagnol demanda à Appletree d'où il venait, où il allait, le nombre d'hommes qu'il avait à bord, s'il y avait des malades, et fit une foule de questions du même genre, mais l'Espagnol ne parlait pas anglais, et l'Anglais ne savait pas un mot d'espagnol. Heureusement Delmas savait l'italien et le patois provençal, qui ont assez d'analogie avec le catalan. A l'aide de ces deux idiômes et de l'anglais, qu'il connaissait à merveille, il servit d'interprête aux interlocuteurs.

Quand les questions furent terminées, le capitaine de port dit qu'on pouvait retourner à bord et qu'on y ferait une quarantaine de quatre jours.

Pendant le colloque, Nitikoff n'avait cessé de tirer Delmas par la manche, pour savoir de quoi il s'agissait, et Delmas ayant assez de peine à parler et à comprendre trois idiômes étrangers, lui disait d'attendre. Quand tout fut fini, il lui expliqua tout ce qui s'était dit, et au mot de quarantaine, Nitikoff prétendit que cela ne le regardait pas. Le ton haut et brutal avec lequel il s'exprimait attira l'attention du capitaine de port, qui demanda à Delmas ce qu'était ce personnage, et ce qu'il disait. Sur la réponse qu'en qualité de prince russe il ne voulait pas être soumis à la quarantaine, et que d'ailleurs il avait le timbre un peu fêlé, l'Espagnol repliqua tout naturellement que l'empereur de Russie lui-même ne serait pas dispensé de cette formalité, et que si cet homme était fou il fallait l'enfermer.

Nitikoff comprit aux gestes, au regard et au ton de l'Espagnol, qu'il y avait pour lui quelque chose d'injurieux dans ses paroles et lui montra le poing ; l'autre en fit autant ; ils s'adressèrent de gros mots sans se comprendre, et Nitikoff, franchissant la barrière, s'élança sur l'Espagnol et lui appliqua un soufflet, qui retentit et fut répété par l'écho dans toute la rade de Palamos.

Ce ne fut que le prélude d'une courte mais sérieuse rixe. Quelques oisifs, qui étaient venus pendant la conférence, tombèrent, avec le capitaine de port, sur Nitikoff, le culbutèrent, le traînèrent par les pieds, et finirent par le conduire en prison, meurtri de coups et écumant de rage. L'équipage et Delmas, qui étaient restés là pour voir l'issue de cette scène, retournèrent à bord, et dès ce moment l'officier français fut bien décidé à se séparer, à la première occasion, de son compagnon, à qui il prévoyait bien que tôt ou tard il serait obligé de rompre en visière.

Cette affaire, comme on le pense bien, aurait pu avoir

des conséquences bien graves pour le Russe, mais le capitaine de port était bon diable, à ce qu'il paraît, et se contenta de tenir son homme en prison, pendant les quatre jours que dura la quarantaine. Ces quatre jours s'étaient passés fort paisiblement, et on se disposait à descendre à terre, quand Nitikoff parut à bord. L'exaspération à laquelle il avait été en proie pendant sa détention l'avait rendu hâve et hagard. Il en voulait à tout et à tous : au capitaine de port, au capitaine Appletree, aux habitants de Palamos, à l'équipage du *Barton*, et il voulait faire périr tout cela sous le knout. Heureusement la volonté ne suffisait pas, notre homme n'avait pas à faire à des serfs, et tout ce qu'il gagna fut de se faire moquer de lui, comme cela lui arrivait souvent.

Il voulut quitter le brick et se rendre par terre à Calais. Une petite difficulté s'y opposait ; il avait bien une lettre de change de dix mille francs, à courte échéance, sur Londres, mais pas un centime de numéraire, et ce n'était pas à Palamos qu'on pouvait négocier des effets de commerce, ce n'était pas sans argent non plus qu'on pouvait entreprendre un voyage de quatre cents lieues.

Pour obvier à cet inconvénient, Nitikoff prétendait que le capitaine devait lui rendre l'argent qu'on lui avait donné à Marseille. L'autre, malgré l'envie qu'il avait de se débarrasser d'un pareil hôte, trouvait, avec raison, la prétention absurde et refusait de s'y conformer, faisant valoir la traversée de Marseille à Palamos, et tous les tracas dont Nitikoff avait été la cause.

Enfin, après bien des discussions et des pourparlers,

Appletree consentit à rendre trois cents francs des six cents qu'il avait reçus ; tout semblait terminé et les deux voyageurs croyaient n'avoir plus qu'à se mettre en route. Mais une autre difficulté survint. Quand il fut question de débarquer la chaise-de-poste et qu'elle arriva au quai, la douane s'opposa au débarquement, attendu que, n'étant pas de fabrique espagnole, elle ne pouvait traverser le pays sans un permis de transit, qui était fort cher et ne pouvait être délivré qu'à Barcelonne.

Après avoir délibéré assez longtemps si Delmas irait prendre cette pièce dans la capitale de la Catalogne, ou si on rembarquerait la voiture, on s'arrêta à ce dernier parti, et dans une mauvaise cariole du pays, l'officier français, le prince russe et son singe se mirent en route pour Perpignan. Ce voyage se fit comme s'était faite la courte traversée de Marseille à Palamos ; le Russe trouva moyen d'injurier tous les maîtres d'hôtel, tous les postillons, tous les domestiques, tous les individus enfin qui eurent la mauvaise fortune de se trouver en contact avec lui.

Au petit village de Perthus, première commune française, placée sur l'extrême frontière, vint se présenter à eux, sur deux béquilles, un individu qui les pria de descendre de voiture, pour qu'il eût à examiner leurs passeports. Outre les deux suppléments à deux jambes qui ne pouvaient le supporter, cet individu était maigre, blême, asthmatique, et avait à peine la force de parler.

« Qui êtes-vous ? lui demanda Delmas, pour avoir le droit de vérifier nos passeports.

— Je suis la santé, répondit le fantôme, et en cette qualité chargé de constater que les personnes qui entrent en France ne sont atteintes d'aucune maladie contagieuse. C'était, en effet, le préposé en chef d'un bureau sanitaire établi au Perthus.

— On ne pouvait mieux choisir, dit Delmas, pour représenter la santé, et même une santé des plus vigoureuses. Tenez, voilà nos passeports, voyez si nous ne vous apportons pas la peste ».

Cette plaisanterie assez inoffensive fut mal reçue par le cacochyme agent du pouvoir, qui y répondit par de grossières injures. Delmas les releva et il s'en suivit une dispute, la première où l'officier français eût pris l'initiative dans des circonstances de ce genre. Mais le Russe, fâché sans doute que son compagnon l'eût devancé, ne voulut pas être en reste. Delmas n'avait fait que parler, lui voulut agir. Il saisit une des béquilles du représentant de la santé, et en appliqua cinq à six coups sur les reins du pauvre diable. Il y avait tout près de là un poste d'infanterie d'une vingtaine d'hommes commandés par un officier. Un caporal et quatre soldats accoururent, se saisirent des deux tapageurs et les conduisirent au corps-de-garde.

L'officier s'étant fait rendre compte des faits, se disposait à faire son rapport, pour le transmettre au commandant de place de Perpignan. L'esprit conciliateur et l'adresse de Delmas parvinrent encore à faire changer cette détermination, qui aurait pu retarder indéfiniment le voyage, et peut-être avoir des conséquences plus graves encore. Il ne négligea pas surtout de faire valoir l'insanité, l'aberration mentale de son compagnon, et cette considération fut assez puissante pour le chef du poste, qui d'ailleurs, vieux soldat, se montra bien aise de faire quelque chose pour un camarade, pour un ancien officier, maltraité par les évènements politiques. Jamais les militaires de tous grades n'ont été plus unis, n'ont eu plus d'égards les uns pour les autres, qu'à cette époque où ils étaient si lourdement tombés du rang éminent et honoré où ils étaient placés naguère. Grâce à cette mansuétude, les deux voyageurs eurent donc la liberté de remonter en voiture et de continuer leur route.

Le voyage de Perpignan à Montpellier se passa sans autre incident que les disputes ordinaires auxquelles Delmas commençait à ne plus faire attention, bien décidé à quitter l'original à la première occasion. Elle ne tarda pas à se présenter.

Ils descendirent, à Montpellier, à l'hôtel du Midi, et il était temps qu'ils y fussent rendus. La dernière pièce de cent sous des trois cents francs reçus à Palamos était partie, et il ne restait pas un centime à Nitikoff. Delmas écrivit sur-le-champ à la maison de commerce de Marseille, pour dire en peu de mots comment ils avaient quitté le brick anglais, et pour demander qu'on leur transmit, courrier par courrier, une lettre de change de quinze cents francs, à vue, sur Montpellier, somme nécessaire pour continuer leur voyage. Nitikoff avait un crédit ouvert dans cette maison, et il en avait déjà largement usé.

Un des principaux sujets des nombreuses querelles du Russe, avait toujours été le singe, auquel son maître se plaignait qu'on ne témoignait pas assez d'égards. Il était de l'espèce des macaques, et peut-être le plus sot, le plus sale, le plus désagréable individu de cette disgracieuse espèce. Attaché par une longue chaîne, il couchait constamment au pied du lit de Nitikoff, et celui-ci ne se fût pas endormi, sans s'être assuré que la couche de l'animal était bien molle et bien chaude ; malheur au garçon d'auberge qui eût négligé cette recommandation, toujours donnée avant toute autre. La moindre négligence à cet égard attirait des injures grossières, et quelquefois des gestes et des coups. Nitikoff oubliait toujours qu'il n'était pas avec ses serfs, mais on avait le soin de le lui rappeler souvent, et malgré l'intercession de Delmas, ses grossiéretés lui attiraient de rudes représailles.

Les deux voyageurs occupaient à l'hôtel du Midi une assez grande chambre où ils avaient chacun une alcove. Le jour de leur arrivée, fatigués de la route, et n'ayant rien de mieux à faire, car la bourse du Russe était vide et le Français gardait soigneusement la sienne, assez mal garnie du reste, ils se couchèrent de bonne heure. La journée, contre l'ordinaire avait été calme, et Nitikoff avait perdu sa journée ; il ne s'était battu, pas même disputé avec personne. Aussi, il se mit au lit de mauvaise humeur, tandis que Delmas réfléchissait au prétexte qu'il prendrait pour sortir de la galère où il s'était fourré si étourdiment. Il s'endormit sans avoir rien déterminé à cet égard, et au point du jour, un incident fortuit vint lui procurer ce qu'il avait vainement cherché la veille.

Il crut avoir le cauchemar en sentant un corps gros et velu peser sur lui, et des ongles crochus lui labourer la figure. Eveillé en sursaut, Delmas reconnut la macaque qui, ayant brisé sa chaîne, et après avoir cassé tout ce qu'il y avait de fragile dans la chambre et renversé les meubles, était venu s'abattre sur ce lit. Delmas se mit debout, saisit l'animal par la queue, le fit tournoyer et le lança de toutes ses forces contre le mur.

Nitikoff, éveillé à son tour, poussa un cri de douleur et d'angoisse en voyant son favori hâletant sur le plancher. Il sauta du lit en chemise, s'élança sur Delmas, et tous les deux se prirent au cou. Nitikoff était long et mince ; Delmas était petit, mais robuste et leste. Il était animé d'ailleurs par une de ces colères, semblables à la vapeur qui, trop concentrée, brise le vase qui la contient, et en lance au loin les éclats. Il paya en gros à Nitikoff tout ce qu'il lui devait en détail ; il acquitta l'arriéré de tous les désagréments, de tous les déboires qu'il avait subis avec tant de résignation. Et quand il fut fatigué de battre, quand il crut que son Russe en avait assez, il le prit en poids, car sa force était centuple, il le prit en poids, le lança sur son lit, et lui dit :

« Stupide cosaque ceci n'est que le prélude ; dans une heure nous jouerons la pièce qui sera la dernière où tu figureras. Je vais revenir bientôt avec des armes, et je verrai si, comme tu oses le prétendre, tu as jamais eu l'honneur d'en toucher et de t'en servir.

Il faut savoir que Nitikoff disait avoir fait la campagne de Russie contre nous, et montrait complaisamment une cicatrice qu'il avait sur l'omoplate du côté droit et qu'il attribuait à un coup de feu. Delmas croyait que c'était quelque coup de manche à balai, ou plutôt l'empreinte d'un fer rouge pour quelque méfait commis en Russie.

Delmas s'habilla et sortit, faisant emporter ses effets qui étaient en petit nombre. Quand les deux voyageurs étaient partis de Palamos, ils n'avaient pris qu'une petite malle contenant ce qui était absolument indispensable pour un voyage de huit jours et avaient laissé tout le reste, pour le retrouver à Londres, avec la chaise-de-poste. Ainsi, notre compatriote perdait du coup, à peu près tout son avoir. Mais ce n'était pas, pour le moment, ce qui le préoccupait le plus. Il songeait aux moyens de se procurer des armes et de décider son Russe à venir sur le terrain. L'un et l'autre étaient fort difficiles, car Delmas ne connaissait personne à Montpellier, ou du moins, il le croyait ainsi.

Une chose le tranquillisait cependant ; il savait que Nitikoff n'ayant pas le sou, et ne devant recevoir la traite de quinze cents francs que dans quelques jours, ne pouvait de sitôt quitter la ville et par conséquent lui échapper. Il avait donc du temps devant lui, et en profita pour aller arrêter une petite chambre garnie, et entra ensuite dans un restaurant pour déjeuner.

Plusieurs officiers d'un régiment d'infanterie en garnison à Montpellier étaient à table et causaient entr'eux. Delmas pensa qu'un de ces militaires, sans le connaître, ne refuserait pas de lui servir de témoin et de lui procurer ce qui était nécessaire pour un duel. Un jeune lieutenant, à la physionomie avenante et ouverte, fixa particulièrement son attention, et il résolut de s'ouvrir à lui.

En effet, quand les officiers sortirent du restaurant, il s'approcha de celui qu'il avait remarqué, et le prenant à part, lui raconta, aussi brièvement que possible, son embarras, et ce qu'il attendait de lui.

Le service que vous me demandez, répondit le lieutenant, ne se refuse pas entre militaires, vous le savez, puisque vous avez été officier. Mais il m'est impossible de vous accompagner maintenant. Nous allons passer une revue d'inspecteur qui se prolongera sans doute jusqu'après midi, et je ne puis y manquer, car, vous le savez aussi, le devoir passe avant tout. Trouvez-vous à trois heures au café de la Comédie, je serai libre alors, je viendrai vous y joindre avec tout ce qui sera nécessaire et je me mettrai à votre disposition pendant toute la soirée. Comme d'après les dispositions où vous paraissez être et les torts de votre adversaire, l'affaire peut être grave, j'emmènerai avec moi deux ou trois de mes camarades comme témoins.

Là dessus ils se séparèrent, et Delmas, pour tuer le temps et calmer son impatience, arpenta pendant plusieurs heures la belle esplanade de Montpellier. Quand il vit que l'heure approchait, il se rendit à l'hôtel du Midi pour avertir Nitikoff de se tenir prêt.

« Le cosaque est-il dans sa chambre, demanda-t-il à la dame de l'hôtel.

— Quel cosaque ?

— Celui avec qui je suis venu hier au soir, donc.

— Ah, bien ! il doit être loin s'il est allé toujours du même train.

— Il est parti ?

— Un quart d'heure après vous.

— Mais il n'avait pas d'argent.

— C'est ce que j'ignore ; tout ce que je sais, c'est qu'il a payé sa dépense et la vôtre, et je crois qu'il s'en est procuré en vendant quelque bijou. Il est allé arrêter une place à la diligence, et comme elle ne part que dans la soirée, il a pris un cheval de poste pour devancer la voiture et aller l'attendre au premier relai.

— Et son singe ?

— Il l'a fait mettre en croupe derrière lui ».

Et pour confirmer ce qu'elle disait, la dame mit sous les yeux de Delmas le registre de l'hôtel, où il put lire en toutes lettres : M. Delmas, arrivé le..., parti le..., M. Nitikoff, idem.

Il n'y avait pas à en douter, et Delmas demeura stupéfait. Malgré la triste opinion qu'il avait du misérable, il ne l'aurait pas cru capable de tant de lâcheté. Il eut d'abord l'idée de le poursuivre, de le souffleter devant tous les voyageurs de la diligence, mais il finit par réfléchir que l'ignoble cosaque ne méritait pas même qu'un officier français daignât lever la main sur lui, et rit de bon cœur de la belle peur qu'il avait dû avoir pour se sauver avec tant de précipitation.

Delmas se rendit donc au café, où l'officier lui avait donné rendez-vous, s'assit à une table, et prit quelque chose pour attendre plus patiemment.

Tout près de lui se trouvait, avec trois autres individus, un jeune homme qu'il reconnut tout d'abord, sans le dire, pour jouir de la surprise qu'il lui causait. Ce jeune homme le regardait avec une curiosité des plus marquées et le toisait, pour ainsi dire. Delmas le laissa faire pendant quelque temps, puis lui dit :

« Aurez-vous bientôt fini de me regarder ainsi, monsieur ?

— Si je vous regarde, répondit le jeune homme, c'est que vous ressemblez tellement à un de mes amis, que je croirais le voir si, selon toutes les apparences, il n'était à quelques mille lieues d'ici, peut-être à Pondichéry, peut-être à Mexico, que sais-je moi.

— Et comment se nomme votre ami ?

— Delmas.

— Delmas ! mais c'est mon nom.

— Vous êtes sans doute son frère jumeau, et je vous assure que deux jumeaux ne se sont jamais mieux ressemblés ».

Ici, Delmas ne put comprimer plus longtemps l'éclat de rire qui l'étouffait. Il avoua son identité, en tendant la main à son ami, qui ne pouvait en croire ses oreilles après n'avoir pu en croire ses yeux.

Or, ce jeune homme était M. Roux, de Marseille, alors étudiant en médecine à Montpellier, maintenant docteur, domicilié à Eyguières. Au moment où Delmas se disposait à son voyage autour du monde, il était venu passer quelques jours à Marseille avec son père, M. Pierre Jacques Roux, à cette époque riche épicier, rue latérale du Cours. Lié d'une étroite amitié, depuis longtemps avec Delmas, il l'avait accompagné à la sortie du port, sur le brick *Barton*, ne l'avait quitté que quand on fut au large, et le voyageur avait promis de lui écrire des mille pays lointains qu'il croyait visiter.

Ces derniers détails sont étrangers à mon récit, mais je les ai reproduits pour que mes lecteurs marseillais puissent avoir la conviction qu'il n'y a rien de controuvé, rien qui appartienne à l'imagination dans ces anecdotes.

CHAPITRE XI.

Nouveau voyage en Angleterre. — Nouvelle captivité. — La frégate la *Melpomène*. — Souvenir d'Elisa. — Retour en France. — Les deux amants se retrouvent. — Dispositions bienveillantes du général P... — Dénouement.

> Amour, amour ! quand tu nous tiens,
> On peut bien dire : adieu prudence.
> LAFONTAINE.

Quand Delmas eut raconté à Roux les bizarres incidents par lesquels avait été subitement interrompu dès le début, un voyage qui paraissait devoir être si long ; quand il eut revu et remercié l'officier qui, fidèle à sa promesse, était venu le joindre au café, il se demanda ce qu'il allait faire. Retourner à Marseille était le plus court et le plus sage, et il y était décidé après avoir passé une quinzaine de jours avec son ami, quand une ancienne connaissance qu'il rencontra lui apprit qu'un bâtiment anglais entré à Cette par un temps forcé, y réparait des avaries majeures et partirait probablement pour Londres, quand le radoub serait achevé.

Delmas ne voulut pas en savoir davantage. Il esperait, par sa qualité de marin, être à même de rendre des services à bord, et obtenir un passage gratuit. Son amour pour Elisa l'avait seul déterminé à accepter les propositions de Nitikoff; cette passion lui faisait constamment tourner les yeux vers l'Angleterre et saisir toutes les occasions qui pouvaient l'y conduire. Il partit donc pour Cette.

Une des premières personnes qu'il y rencontra fut le capitaine Appletree; c'était son brick qui était venu s'y réparer. Sur les côtes d'Espagne ce bâtiment avait été accueilli par une violente bourrasque du sud. Obligé de laisser courir devant la lame et le vent, il avait perdu un de ses mâts d'hune, et un furieux coup de mer, déferlant sur le pont, avait emporté la chaloupe, et qui plus est, la chaise-de-poste qui y était amarrée, avec tout ce qu'elle contenait. Ainsi, si Delmas avait pu conserver quelque espoir de retrouver un jour ses effets, il devait y renoncer maintenant.

Appletree le revit avec plaisir et ne fut pas étonné le moins du monde de sa séparation d'avec le cosaque. Il avait perdu, par le coup de mer, son second et un homme de l'équipage, et regarda comme une bonne fortune les offres de service que lui fit Delmas.

Les réparations du brick furent longues et coûteuses.

Elles se terminèrent enfin, et on appareilla pour l'Angleterre, espérant meilleure chance que lors du départ de Marseille. Au surplus, Appletree, tant soit peu superstitieux, comme beaucoup de marins, attribuait toutes les traverses, tous les incidents défavorables auxquels il avait été en butte jusque-là, au malheur d'avoir eu à son bord un être aussi disgrâcieux que Nitikoff. Il est certain que cette espèce de sauvage du Don devait, par sa présence, assombrir tout ce qui l'approchait et pouvait par conséquent influer sur la présence d'esprit et l'activité de ceux qui avaient la triste chance de se trouver avec lui.

Quoi qu'il en soit, le voyage, cette fois, s'accomplit sans encombre et sans aucune circonstance qui mérite d'être rapportée. Avant de se rendre à Londres, lieu de sa destination, le *Barton* relâcha à Portsmouth, où il avait quelques caisses à débarquer. Delmas et les hommes du brick furent fort surpris de voir en rade une belle frégate, portant à la corne d'artimon, pavillon anglais supérieur, et au-dessous un pavillon tricolore en lambeaux, percé de mitrailles et semblant indiquer que le bâtiment avait essuyé un combat, et était une prise faite sur les Français. En pleine paix on ne pouvait se rendre compte de cette circonstance, dont on eut bientôt l'explication.

Un quart-d'heure après que le brick fut mouillé, un constable vint à bord, se fit présenter le rôle d'équipage, et après l'avoir parcouru, demanda Delmas et l'invita à descendre à terre avec lui. Ils se rendirent à Forton et y trouvèrent M. Woodriff, dont il a déjà été question dans les premiers chapitres de cette publication. Il apprit à notre compatriote des faits que celui-ci ignorait, et qui s'étaient accomplis pendant la traversée de Cette en Angleterre. Ce n'était rien moins que l'arrivée de Napoléon de l'île d'Elbe, le départ des Bourbons, et par suite la reprise des hostilités entre la France et l'Angleterre.

La frégate que Delmas avait vue en rade était la *Melpomène*, qui allant de Toulon à Naples, prendre l'impératrice-mère, fut rencontrée par un vaisseau anglais. Par un hasard assez singulier, ce vaisseau était une prise faite par les Anglais en 1812. C'était le *Rivoli*, qui, sortant de Venise, fut attaqué par des forces supérieures, soutint un combat des plus glorieux, eut plus de cinq cents hommes hors de combat, sur les huit cents qui le montaient, et prêt à couler bas, fut enfin contraient d'amener son pavillon.

La *Melpomène* était commandée par le capitaine de vaisseau Collet, qui fit, en cette occasion, contre le *Rivoli*, une défense honorable, et fut plus tard nommé contre-amiral. Mais les forces étaient trop disproportionnées ; la *Melpomène* dut se rendre, et fut conduite à Malte et de la en Angleterre.

Appletree, qui devait appareiller le lendemain pour Londres, attendit que Delmas revînt à bord, comme il en avait fait la promesse, mais le pavillon tricolore, qu'il voyait flotter dans la rade, sur un bâtiment français et les nouvelles qu'il venait d'apprendre, ne pouvaient guère lui laisser de doute sur le sort de son nouvel ami. Pour s'en assurer plus positivement, il se rendit auprès de M. Woodriff, et apprit que Delmas venait de recevoir un passeport, pour se rendre comme prisonnier de guerre, au cautionnement d'Alresford, où il y avait déjà quelques officiers français.

Je ne m'arrêterai pas sur l'anxiété qui dévora ces prisonniers pendant les trois ou quatre mois que dura leur captivité, sur l'intérêt mêlé tantôt d'espérances, tantôt de craintes, avec lequel ils suivaient les évènements politiques, et leur morne douleur quand ils apprirent la catastrophe de Waterloo. Ce fut en raccourci l'histoire des longues années qui s'étaient écoulées pendant la guerre précédente.

Delmas eut, quelque temps après, au cautionnement, la visite d'Appletree, qui avait conçu pour lui une vive affection, sentiment qu'il est facile de s'expliquer. Indépendamment des heureuses qualités, du caractère aimable et liant de Delmas, l'Anglais avait pour s'attacher à lui, pour chercher les occasions de l'obliger, d'autres motifs encore. Il avait été pris avec Woodriff sur le vaisseau le *Calcutta*, où il servait comme maître d'équipage [6]. Comme Woodriff, il n'avait pas oublié combien leur captivité avait été douce, avec quels égards les prisonniers anglais étaient traités par les habitants de Verdun. Ce souvenir avait excité la bienveillance témoignée d'abord à Delmas, et que les qualités personnelles de ce dernier avaient bientôt changée en véritable affection.

Il fit à son ami toutes les offres de service qui étaient

en son pouvoir, sauf celle de lui rendre la liberté. Il était trop Anglais et trop patriote pour cela.

Delmas, en ce moment, n'était pas dépourvu d'argent. Quand il était rentré en France, l'année précédente, le gouvernement lui devait environ deux mille francs, soit de solde arriérée, soit de demi-solde de prisonnier de guerre. L'époque du paiement de ce qui était dû à l'armée et à la marine était fort incertaine, il est vrai, et pouvait être fort reculée, mais des agioteurs qui avaient, à ce qu'il paraît, l'oreille du ministère, savaient que tôt ou tard le tout serait acquitté, et trouvèrent moyen de réaliser de très gros bénéfices en achetant les sommes dues, au cinquante pour cent, opérations pour lesquelles ils avaient choisi dans tous les ports des agents auxquels ils faisaient passer les fonds nécessaires. Outre la pénurie où se trouvaient en général les officiers rentrés des prisons de l'ennemi, ils n'avaient pas une bien grande confiance dans les promesses de la restauration. C'était un double motif pour accepter avec empressement les offres des trafiquants dont je viens de parler, et c'est par ce moyen que Delmas, quelque temps avant son départ de Marseille, avait pu réaliser une somme d'environ mille francs.

Il pouvait donc attendre sous ce rapport-là, mais il avait à demander à Appletree un service plus important qu'un prêt d'argent. C'était de lui procurer des nouvelles de miss Elisa P...... L'espoir et le désir de la revoir avaient, en très grande partie, déterminé Delmas à s'embarquer avec Nitikoff, et le plus vif chagrin que lui eût causé sa nouvelle détention était de l'empêcher de se rendre à Cowbridge.

Appletree, bien que des affaires importantes et ses armateurs l'attendissent à Londres, consentit à perdre quelques jours pour aller à Cowbridge voir la jeune miss, et lui porter une lettre de Delmas. Celui-ci l'attendit en vain pendant assez longtemps et commençait à douter de son obligence et de la sincérité de ses promesses, lorsque quinze à vingt jours après le départ d'Appletree, celui-ci se justifia par sa présence et en donnant des explications qui, quoique suffisantes pour lui, furent loin de satisfaire Delmas.

Il n'avait pas trouvé miss P... à Cowbridge. Le général, son oncle, revenu de l'armée d'Espagne, avait reçu du gouvernement une mission pour l'Inde, et ordre de s'embarquer sur un vaisseau qui allait partir pour cette destination. Il n'avait pas voulu être plus longtemps séparé de sa nièce et l'avait décidée à l'accompagner. Déjà l'un et l'autre, quand Appletree vint à Cowbridge, étaient à Londres, ou le général n'attendait plus que les dernières instructions que le ministère devait lui donner.

L'obligeant Appletree se rendit donc à la capitale, et n'eut pas beaucoup de peine à trouver l'hôtel où ceux qu'il cherchait étaient descendus, ni à parler à la jeune personne en particulier, car les préparatifs du départ, les ordres qu'il avait à recevoir retenaient le général, une grande partie de la journée hors de chez lui.

Elisa n'avait point oublié Delmas, mais elle commençait à se croire oubliée par lui. Pendant les premiers mois qui avaient suivi la paix, elle avait eu constamment devant les yeux et dans le cœur l'image de ce Français, dont elle avait reçu les protestations d'un amour qu'elle avait d'abord traité de plaisanterie, mais qui lui avait paru ensuite si profond, si vrai, qu'elle s'était laissée entraîner à le partager. La réflexion était ensuite venue se mêler aux souvenirs, aux sentiments qu'elle avait involontairement conservés, et elle s'était retracé tous les obstacles, toutes les barrières qui la séparaient de Delmas. Mais ces considérations étaient bien faibles devant l'intérêt que lui inspirait l'officier français, devant un sentiment d'autant plus profond que c'était pour la première fois que le cœur de la jeune miss en était pénétré.

Ce fut dans ces dispositions qu'Elisa reçut la visite du capitaine Appletree. Elle n'apprit pas sans surprise et sans plaisir la présence de Delmas en Angleterre, mais elle-même, sous deux ou trois jours, allait quitter ce pays et l'Europe, pour toujours peut-être, et pour aller à plus de quatre mille lieues. Quel espoir pouvait-il lui rester? Quel avenir pouvait avoir leur amour? Telles furent les réflexions qu'elle fit, réflexions douloureuses et qui dictèrent cependant la lettre qu'elle remit à Appletree pour Delmas.

« Trop d'obstacles, lui disait-elle, existent entre nous, pour pouvoir être jamais autre chose qu'amis. La religion, la patrie, nous avaient déjà séparés, dans peu de temps nous allons l'être par l'immensité des mers. Mais, vous m'avez dit un jour que vous ne m'oublieriez jamais ; eh bien ! recevez la même assurance de ma part. Dites-vous toujours que dans un autre hémisphère une dame anglaise se rappellera avec plaisir tout ce que vous lui avez dit, s'intéressera à votre bonheur, et sera heureuse d'apprendre que vous pensez quelquefois à elle. Si vous pouviez en douter, jetez quelquefois les yeux sur le souvenir que je vous confie. Il vous attestera la sincérité, la durée des sentiments que je vous exprime.

Ce souvenir était le portrait en miniature d'Elisa (1), peint par Chrétien, prisonnier pendant la guerre précédente, et qui depuis s'est fait en ce genre une brillante réputation.

Quelques jours après, le vaisseau qui portait Elisa au bout du monde, voguait à pleines voiles, et le prisonnier recevait dans son cautionnement la lettre dont je viens de donner le sens et qui, loin d'affaiblir son amour, semblait avoir été écrite pour l'accroître.

La paix qui suivit les cent-jours rendit de nouveau la liberté à Delmas, sans lui rendre le bien-être et le calme que ses services et ses qualités personnelles semblaient mériter, sans lui laisser l'espoir de revoir jamais celle qu'il aimait. Peu de temps après son retour en France, la mort enleva son père, et dès-lors n'ayant que des parents éloignés qui le connaissaient à peine et ne prenaient aucun intérêt à lui, isolé pour ainsi dire,

---

(1) Une copie de ce portrait, par une suite de circonstances, qu'il est inutile de rapporter ici, est en ce moment entre les mains de l'auteur de cette publication.

dans le monde, par la perte de tous les siens, par la dispersion de ses anciens camarades, tous les sentiments, toutes les affections de son cœur, se portèrent vers la jeune Anglaise, tous les vœux qu'il forma furent pour la revoir un jour. Peut-être s'il eût retrouvé en France la prospérité que sa famille avait perdue, si les circonstance lui eussent permis de rentrer au service, l'activité à laquelle il eût été livré, l'aisance au milieu de laquelle il eût vécu, en amenant de nombreuses distractions, eussent affaibli, si non détruit, la passion qui maintenant maîtrisait toute son existence. Il faut ajouter que parmi les nombreux désenchantements qu'il avait trouvés à sa première rentrée en France, il en fut un et le plus cruel de tous, peut-être, que j'aurais du mentionner plutôt, et sur lequel il faut que je revienne.

Delmas n'était encore qu'aspirant de première classe, qu'il avait été fiancé avec une jeune personne dont la famille était intimement liée avec la sienne. Elevé, pour ainsi dire avec elle, il avait toujours conservé pour elle cet attachement, qui est le résultat ordinaire d'une longue intimité, de la sympathie et de l'idée qu'on s'est formée de bonne heure, et que l'on conserve avec plaisir, d'une union que nul obstacle ne peut empêcher. Ce n'était point un amour tel que celui qu'il éprouva depuis pour Elisa, c'était une affection plus calme et qui aurait pu être plus durable [7].

Mais les pertes et les malheurs essuyés par la famille Delmas eurent le résultat qu'ils devaient naturellement avoir. Insensiblement, la famille de la jeune personne se montra moins affectueuse, moins intime, et finit par conclure une autre liaison, qui était accomplie depuis trois mois, quand Delmas revint en France, en 1814.

Il ne faut donc point s'étonner que celui qui avait perdu tout d'un coup tant d'illusions et tant d'espérances, s'attachât si ardemment et avec tant de persistance au seul sentiment qui put lui présenter encore une perspective d'avenir et de bonheur. La lettre, le portrait qu'il avait reçus d'Elisa étaient pour lui des témoignages certains que l'amour qu'il éprouvait pour elle était partagé, et sa profession de marin, à laquelle il voulait se livrer, qui était d'ailleurs son unique ressource, lui laissait l'espoir de la retrouver un jour, oubliant les obstacles qu'il pourrait rencontrer encore, la disproportion de leur fortune, et l'autorité de l'oncle, dont les préjugés nationaux ne se plieraient pas sans doute à l'idée de l'union d'une riche et noble héritière Anglaise avec un Fransans biens et sans titres.

Après avoir pendant quelque temps vainement cherché un embarquement à Marseille, Delmas se rendit à Bordeaux, où il espérait être plus heureux. Il le fut en effet. Après avoir fait quelques traversées comme second, il obtint le commandement d'un trois-mâts, qui faisait les voyages des Indes-Orientales. Rien ne pouvait être mieux d'accord avec ses vœux, mais il fallait aussi que le hasard le favorisât, car dans quelle partie de l'Inde se trouvaient le général P.... et sa nièce? C'était une question qu'on pouvait adresser au ministère anglais et à laquelle il n'eût peut-être pas refusé de répondre ; mais à quoi eût servi cette réponse, dans le cas où elle eût indiqué une ville de l'intérieur? Delmas ne pouvait abandonner son navire et les intérêts de ses armateurs pour aller se rappeler au souvenir, pour solliciter la main d'une femme qui, peut-être, l'avait complètement oublié, malgré les preuves d'intérêt qu'elle lui avait données. N'avait-il pas déjà éprouvé un semblable abandon de la part d'une autre personne sur les promesses de laquelle il avait, certes, bien autrement droit de compter.

Telles étaient les idées qui n'avaient cessé d'accompagner Delmas pendant ses longs voyages, qui avaient fait sa seule distraction et qui le préoccupaient encore lorsque, en 1823, il se trouvait avec son navire à Calcutta. Delmas n'était plus ce jeune homme au caractère pétulant et emporté, à l'esprit sémillant et caustique, à la gaîté folle et bruyante, tel que ses camarades l'avaient vu jadis sur les bâtiments de l'état et dans les prisons de l'ennemi. Les pertes successives dont j'ai parlé, de longs chagrins, la nécessité de se plier aux affaires sérieuses, et la passion profonde qui le suivait, qui le dominait au milieu de tout cela, avaient calmé son sang, avaient donné à sa physionomie l'empreinte de la méditation, et à son esprit l'habitude du recueillement et de la réflexion.

Sans être misanthrope, il aimait peu le bruit et la société, et c'est pour cela que les immences solitudes et la solennité de l'Océan avaient pour lui un charme particulier. Il n'était heureux qu'à la mer, où il sentait revivre sa première énergie, l'activité de ses jeunes ans,

MISS ÉLISA P....

où les devoirs du commandement l'arrachaient à ses tristes pensées. L'agitation et le fracas des villes lui étaient importuns.

Un soir, cependant, à Calcutta, il assistait à une soirée donnée par la maison à laquelle son navire était consigné. C'était par complaisance, et non par goût, qu'il s'était rendu à cette invitation, et tandis que tout était bruit et joie autour de lui, tandis que des conversations bruyantes, des danses animées, témoignaient de la gaîté des convives, il causait à voix basse, dans un angle du salon, avec le maître du lieu, homme déjà sur l'âge, et s'entretenait, dans l'intérêt de ses armateurs, de la vente de sa cargaison et des retours qu'il avait à prendre.

Tout-à-coup, il est tiré de la situation impassible et calme où il était plongé au milieu de l'animation qui l'entourait. Un domestique vient d'annoncer sir Henri P... Delmas lève les yeux et voit entrer un homme d'un certain âge, aux cheveux blancs, d'une physionomie sévère, mais respectable, portant l'uniforme de général anglais, et décoré de plusieurs ordres. Auprès de lui est une jeune femme d'une tournure élégante. Elle est en deuil, c'est d'abord tout ce qu'à pu voir Delmas ; mais les personnes qui l'avaient entourée à son entrée pour la saluer, s'écartent pour la conduire à un siège, et Delmas a reconnu Elisa, Elisa dont le souvenir ne l'a pas abandonné un seul instant depuis plus de huit ans.

C'était vers la fin de la soirée, et quand la foule commençait à devenir moins nombreuse, que le général était arrivé avec sa nièce. Le deuil que portait celle-ci ne lui avait pas permis de prendre part aux joies d'une fête, mais elle avait pu accomplir un acte de politesse en y paraissant un instant. Delmas ne crut ni prudent ni convenable de se présenter à elle en ce moment. Il lui suffisait de savoir qu'elle était à Calcutta et qu'il pourrait la voir. Que lui dire, en présence des personnes qui l'entouraient, lui qui éprouvait un si vif désir d'exprimer tout ce qu'il avait souffert, l'espoir qu'il avait toujours conservé de la revoir, et les peines qu'il s'était données pour y parvenir? D'ailleurs, si Elisa ne l'avait point oubliée, si elle l'aimait, comme il osait s'en flatter, dans quel embarras n'allait pas la jeter sa présence, si peu attendue. Il sortit donc sans avoir cherché à se montrer à Elisa, sans que celle-ci l'eût aperçu.

Mais, le lendemain il alla voir son consignataire, lui fit connaître ses sentiments pour la nièce du général, lui raconta tous les détails d'une première entrevue, et comment une rencontre toute fortuite et à laquelle il n'avait, dans les premiers moments, attaché aucune importance, avait exercé la plus grande influence sur sa vie. Il lui montra la lettre d'Elisa et son portrait, deux objets qui ne l'avaient jamais quitté.

Le négociant lui apprit que celle qu'il aimait était veuve depuis un an à peu près, d'un colonel anglais, mort peu de mois après leur mariage, qu'elle avait, pendant longtemps refusé plusieurs partis avantageux, avec une persistance dont on ne pouvait se rendre raison, qu'il comprenait, quant à lui, dès ce moment, et qui avait fait le désespoir du vieux général. Que, cédant enfin aux instances de ce dernier, Elisa avait consenti à unir son sort à celui d'un colonel qui avait su mériter l'affection du général par sa bravoure et ses talents, mais qui moins favorisé sous le rapport de la fortune que sous celui des qualités personnelles, n'avait fait de cette alliance qu'une affaire de spéculation. Il ajouta que cette union, qui ne paraissait pas heureuse, avait été promptement rompue par la mort du colonel, tué en duel, à la suite d'une querelle assez futile, et que dès lors Elisa avait positivement déclaré qu'elle ne se remarierait jamais.

Il termina en engageant Delmas à écrire à Elisa avant de chercher à la voir, tandis que lui-même, intimement lié avec le général P...., irait le voir et le pressentirait sur ses dispositions. Il ne crut pas devoir dissimuler, au surplus, que, tout Anglais de cœur, de principes et de préjugés, le vieux militaire, professait une haine cordiale et invétérée pour tout ce qui tenait à la France, et surtout pour ce qui était issu de la révolution, pour ce qui n'avait pas les vieilles idées et n'appartenait pas à l'ancien régime.

Tout cela était peu encourageant pour Delmas. Cependant il se conforma aux conseils du négociant et écrivit à Elisa une longue épître, que celui-ci se chargea de lui remettre. « Vous prétendiez, lui disait-il, qu'il existait entre nous trop d'obstacles pour pouvoir être autre chose qu'amis. J'ai fait tout ce qui dépendait de moi pour détruire ceux qui se sont offerts à moi. En présenterez-vous d'autres que je ne puisse détruire? S'il en est ainsi, ils ne peuvent venir que de vous, et je dois perdre tout espoir. »

Il lui disait ensuite tout ce qu'il avait fait pour la revoir, son voyage en Angleterre, sa seconde captivité, et le choix qu'il avait fait des traversées de l'Inde, dans l'espoir de se rapprocher d'elle. Il finissait par lui demander s'il pouvait se faire présenter à son oncle, pour apprendre enfin le sort qui lui était réservé, car il ne pouvait plus longtemps, disait-il, supporter l'incertitude dans laquelle il vivait depuis tant d'années.

Elisa n'avait point oublié Delmas, et c'était ce souvenir qui l'avait empêchée d'accepter les nombreuses demandes dont elle avait été l'objet. Ce fut avec une émotion qu'il lui fut impossible de dissimuler qu'elle apprit la présence de l'officier français à Calcutta, et dès ce moment elle résolut de s'ouvrir entièrement à son oncle, qui n'avait jamais soupçonné la passion qu'elle avait dans le cœur, et ne pouvait attribuer qu'à un caprice inexplicable pour lui, l'éloignement qu'elle avait toujours montré pour le mariage.

Quand elle lui fit ces tardives confidences, quand elle lui dit que depuis huit ans elle aimait un Français, qu'elle avait vu à peine, mais dont le souvenir l'avait suivie partout, le vieux général était déjà instruit par l'ami officieux dont j'ai parlé, d'une partie de ces détails. Mais ils lui avaient été transmis d'une manière trop indifférente, par un intermédiaire trop peu intéressé, pour qu'il pût apprécier ce qu'ils avaient de touchant. Il se récria d'abord, et défendit que Delmas lui fût présenté. Mais il revint insensiblement à d'autres sentiments quand ce fut Elisa elle-même qui avoua son amour et dit tout ce qu'elle avait espéré, tout ce qu'elle avait souffert. Quelles que fussent les préventions du général contre notre nation, elles n'égalaient pas cependant la tendresse qu'il avait pour sa nièce que, depuis longtemps il considérait comme sa fille, et qui était, dans ces régions lointaines, l'unique objet de ses affections, le dernier reste d'une famille éteinte, le souvenir le plus cher de la patrie absente. Ces préventions, d'ailleurs, avaient perdu de leur obstination et de leur force depuis la paix, depuis que la liberté des relations lui avait permis de voir des Français de plus près qu'à portée de canon, et de les apprécier.

Il ne fut donc pas bien difficile à Elisa de le fléchir, et ce fut lui-même qui, adressant une invitation à dîner au consignataire, le pria d'amener son ami. Il était bien aise d'étudier celui-ci avant de prendre une détermination.

Il est plus facile de concevoir que d'exprimer la contrainte et l'embarras où se trouvèrent placés ces deux amants dont l'affection née sous les circonstances les plus bizarres, n'avait fait cependant que s'accroître par l'absence qui semblait devoir la détruire. Ce fut en présence de deux personnes indifférentes, de deux témoins impassibles et qui ne pouvaient les comprendre, qu'ils se revirent pour la première fois après une si longue séparation. Que pouvaient-ils se dire dans une pareille position, eux qui cependant avaient un si grand besoin d'épancher les pensées, les sentiments qu'ils avaient conservés avec tant de constance et de secret ?

Il ne fut cependant pas difficile à la jeune Anglaise de se persuader que Delmas avait tenu ses promesses, et à Delmas qu'Elisa n'avait jamais aimé que lui.

D'autre part, l'examen auquel voulait se livrer le général au sujet de Delmas, ne pouvait être que favorable à celui-ci, et le fut en effet. Dès la première entrevue, le vieux militaire avait reconnu les heureuses qualités du prétendant à la main de sa nièce, et l'avait engagé à renouveler ses visites, invitation dont Delmas profita. Insensiblement la confiance, puis l'affection, prirent chez le général la place de l'éloignement qu'il avait manifesté d'abord, au premier mot que le négociant lui avait dit au sujet d'un Français. Ainsi qu'il arrive toujours chez les caractères prévenus et opiniâtres, passant d'un extrême à l'autre, il finit par s'éprendre d'un véritable enthousiasme pour Delmas, dont la présence lui devint bientôt indispensable, et dont l'amour pour Elisa ne rencontrait plus d'obstacles, quoi qu'elle en eût dit dans le temps. Le mariage fut arrêté pour l'époque de l'expiration du deuil, et il fut posé comme condition que Delmas se fixerait à Calcutta aussi longtemps que le général y résiderait, et qu'il ne le séparerait jamais de sa nièce.

Cependant Delmas devait ramener son navire à Bordeaux, régler avec les armateurs et rendre compte de sa gestion, car il était en même-temps capitaine et subrecargue. Ce voyage et ces opérations demandaient au moins un an, et c'était le temps nécessaire pour qu'Elisa pût, sans inconvenance, contracter un second mariage. Il n'y avait donc rien dans ce délai qui pût beaucoup contrarier les projets et les vœux de Delmas. Cependant il partit, le découragement dans le cœur, et poursuivi par de sinistres pressentiments, qui ne devaient que trop se réaliser.

En effet, quand une année après, il revit ces lieux, où il s'était flatté de trouver enfin le bonheur qui lui avait échappé tant de fois, Elisa n'existait plus. Une de ces épidémies qui désolent si fréquemment les plages brûlantes de l'Inde-Orientale, le typhus avait enlevé, à peu de jours d'intervalle, le général et sa nièce.

Delmas n'est plus reparu en Europe. On a su plus tard qu'apprenant la présence et la fortune d'Allard à Lahore, il était allé se présenter à lui et lui offrir ses services qui avaient été acceptés.

CHAPITRE XII.

Un corsaire. — Captivité. — Le ponton la *Crown*. — Evasion. — Insuccès — Déguisement découvert. — Troisième tentative et heureux résultat. — Rencontres diverses. — Un Anglais reconnaissant. — Réception bienveillante. — Secours généreux. — Traversée et arrivée en France.

> Oui, puisque je retrouve un ami si fidèle,
> Ma fortune va prendre une face nouvelle.
> RACINE.

Après avoir donné de nombreux exemples de la barbarie du gouvernement anglais envers nos prisonniers, j'en ai donné quelques-uns de la générosité et de la reconnaissance des simples particuliers. Mais la balance n'est point égale encore, et il serait même bien difficile d'équilibrer les actions généreuses des citoyens anglais, avec les torts de leur administration. Cependant mon œuvre, dans son ensemble, porte des teintes trop rembrunies, renferme trop d'éléments de haine et de vengeance, pour que je ne considère pas comme un devoir de la terminer par une anecdote dont les circonstances ne se sont pas reproduites assez fréquemment pour réconcilier deux nations que des intérêts politiques réunissent momentanément. C'est l'histoire de l'évasion des prisons d'Angleterre de deux officiers de la marine, MM. Havas et Souville.

Ce fait, assez généralement connu dans nos ports du Nord, a été retracé avec beaucoup de détails dans la *France Maritime*, par M. Fulgence Girard, un des écrivains les plus distingués de cette publication. Mon récit n'est que l'analyse du sien.

Après la dispersion de la flotte de Boulogne, Havas, qui y servait comme enseigne auxiliaire, et qui fut remercié comme tel, prit le seul parti offert alors à l'activité et au désir de combattre les Anglais, car nos escadres, bloquées dans les ports par des forces supérieures, ne pouvaient guère en sortir et n'offraient aucun espoir à l'impatience du marin. Il se rendit à Calais, et s'embarqua comme second sur le lougre le *Furet*, armé en course, et commandé par le capitaine Altasin.

On ne connaît que bien superficiellement ce qu'ont fait les corsaires pendant notre longue et sanglante lutte contre l'Angleterre. On ignore généralement, et surtout dans l'intérieur, que ces marins, qui combattaient pour leur compte, dont les exploits ont égalé, sinon surpassé, ceux de flibustiers, ont fait plus de mal à l'ennemi que nos escadres. Mais les Anglais le savaient, car ils tenaient plus à la destruction d'un corsaire qu'à la prise d'un vaisseau de haut bord. Aussi que de scènes sanglantes, que d'actes d'une témérité inouïe ont été produits par cette guerre de partisans ! Et cependant, ces faits n'ont eu trop souvent pour témoins, que les solitudes de l'Océan, pour publicité que quelques récits imparfaits, échappés à la bouche des vainqueurs intéressés à amoindrir, à dissimuler la gloire des vaincus.

Havas était dans son élément sur un de ces navires décidés à tout entreprendre et à tout oser.

La course, cependant, ne fut point heureuse. Après avoir croisé pendant plusieurs jours dans la Manche, sans rencontrer aucune voile, le *Furet* aperçut un bâtiment, qui fut bientôt reconnu comme frégate. Il n'y avait pas de doute qu'elle fût anglaise, et après avoir consulté l'avis de ses officiers, le capitaine Altasin se décida à prendre chasse. Il se flattait d'échapper à l'ennemi, mais la frégate, passant entre la terre et le *Furet*, lui envoya une volée, et le contraignit d'amener. Quelques jours après, elle mouillait dans la rade de Portsmouth, et un de ses canots déposait Havas et quelques-uns de ses camarades à bord du ponton la *Crown*, car les officiers des corsaires ne jouissaient pas du cautionnement. Cette faveur n'était accordée qu'aux capitaines et aux chirurgiens, dont les bâtiments portaient au moins quatorze canons.

Havas n'était pas homme à se résigner à la vie du ponton, au métier de tresseur de paille ou aux fonctions de professeur. C'étaient les natures les plus ardentes, les plus vivaces, qui étaient le plus promptement étouffées par l'existence végétative, par l'atmosphère fétide de ces cachots. Il vit bientôt, au seul aspect du lieu, qu'il fallait tenter tous les moyens pour sortir de cet enfer, au péril même de la vie, car la vie ne pouvait se prolonger longtemps en y restant.

Il commença par observer, par étudier les hôtes du ponton, pour chercher parmi eux un homme à qui il put confier ses projets et qui eut assez d'adresse, de courage et de résolution pour les partager. Le hasard se chargea de lui amener ce qu'il cherchait. Le capitaine Souville, détenu sur un autre ponton de la rade, fut transféré à bord de la *Crown*, parce que le commandant de celui-ci était renommé pour sa vigilance et la sévérité de sa discipline, et que le prisonnier avait fatigué l'attention de tous les surveillants par de nombreuses tentatives d'évasion, dont l'insuccès ne le décourageait pas. Souville était capitaine de corsaire, comme Havas, et comme lui doué d'une puissante énergie, comme lui dominé par une volonté inflexible de sortir de prison ou de mourir à la peine.

Ces deux hommes devaient mutuellement s'apprécier à la première vue, au premier entretien, et unir leurs vœux, leurs espérances et leurs moyens. Une étroite amitié ne tarda pas à les unir, et le premier résultat de cette liaison, fut la promesse qu'ils se firent d'agir de concert, sans relâche, et avec toute l'énergie dont ils étaient capables, à sortir du ponton.

Ils commencèrent donc à pratiquer un trou. On a déjà

vu les immenses difficultés que présentait cette opération ; on sait que, presque sans outils, au milieu d'une surveillance active, en présence de mille ou douze cents hommes, parmi lesquels pouvaient se trouver plusieurs délateurs, il ne s'agissait de rien moins que de pratiquer une ouverture d'un pied et demi à deux pieds, dans la batterie basse ou le faux-pont d'un vaisseau. On n'a pas oublié aussi que ce premier travail, qui semble presque au-dessus des forces humaines, une fois achevé, le prisonnier n'avait accompli que la partie la plus facile et la moins périlleuse de sa tâche. Il lui restait à sortir du ponton, à gagner la côte en bravant les balles des Anglais et la fureur des éléments.

Havas et Souville n'ignoraient aucune de ces difficultés et n'en étaient pas découragés. Je ne m'arrêterai pas sur les diverses chances qu'ils éprouvèrent. On a vu dans un des premiers chapitres de ma publication l'évasion de Mervin. Havas et Souville eurent les mêmes danger à courir, mais furent moins heureux. Repris en mer, à une première désertion, ils furent ramenés au ponton, et punis d'un mois de cachot.

Une seconde tentative ne fut pas plus heureuse. Cette fois les deux amis avaient acheté le tour de deux invalides, qui étaient renvoyés en France, mais malgré la précaution qu'ils avaient prise de se grimer et de se travestir, ils furent reconnus, et outre le cachot qui les attendait encore, ils eurent à subir une punition plus cruelle, car on jugea à propos de les séparer. Cette mesure, en divisant leurs moyens d'action, les paralysa pour ainsi dire, et fit plus pour les plonger dans le découragement que tous les obstacles contre lesquels ils s'étaient raidis avec une si audacieuse persistance.

Il leur avait été impossible d'avoir des nouvelles l'un de l'autre, lorsque, après plusieurs mois de séparation, une circonstance fortuite vint les réunir de nouveau. Des dispositions prises par le commandant du dépôt, amenèrent un changement dans le personnel de tous les pontons, et le hasard fit trouver les deux amis sur le *Saint-Antoine*. Sans doute on avait oublié le motif qui avait amené leur séparation. Quoiqu'il en soit, ils semblèrent dès ce moment, renaître à la vie, à l'espérance, et reprirent avec une nouvelle ardeur leurs projets de fuite, associés cette fois à un troisième camarade, nommé Thiébaut, qu'ils trouvèrent sur le *Saint-Antoine*, et qui partageait leur audace et leur envie de recouvrer la liberté à quelque prix que ce fût.

Un trou fut fait au *Saint-Antoine*, avec les mêmes peines, les mêmes difficultés, la même constance que celui qu'on avait pratiqué à bord de la *Crown*. Mais cette fois on se promit de prendre plus de précautions encore, s'il était possible, qu'à la première tentative, et d'attendre que le temps offrît des chances plus certaines de succès. Malheureusement on était dans la belle saison, et le ciel, constamment serein, la mer et les vents constamment calmes, ne permettaient pas de tenter un essai qui ne pouvait qu'échouer.

Enfin, le ciel sourit aux vœux de nos aventuriers, c'est-à-dire qu'il s'obscurcit, que les vents mugirent, et que tout annonça un ouragan imminent et prochain. C'était le bon moment ; il ne fallait pas le laisser échapper. Ces promesses ne furent pas vaines ; au coucher du soleil la rade de Portsmouth, enveloppée de ténèbres épaisses, fut livrée à la lutte des éléments déchaînés. L'ouverture préparée depuis longtemps fut démasquée, et les trois amis, munis de l'appareil indispensable à leur tentative, se mirent à l'eau, avec le plus de silence et de précautions possibles. Cependant un factionnaire crut entendre quelque bruit et cria le *qui vive!* les nageurs s'arrêtèrent un instant immobiles, et le soldat, prêtant l'oreille, n'entendant plus rien, continua sa promenade sur la plate-forme.

Mais ce mouvement avait suffi pour qu'un des trois se sacrifiât au salut de ses camarades. Havas sortant le premier, s'était affalé par une corde fortement amarrée en dedans ; Souville l'avait suivi. Ce fut au moment où Thiébaut allait suivre à son tour la même route, qu'il s'aperçut que l'attention du factionnaire était éveillée. Quelles que fussent les précautions qu'il prit, il ne pouvait se mettre à l'eau et commencer à nager, sans faire au moins un léger bruit, et sans convertir en certitude, chez le soldat, ce qui, peut-être, n'était qu'un soupçon. Il se tint donc immobile, et laissa ses deux camarades courir les chances de leur périlleuse aventure.

Le crépuscule commençait à paraître quand, après mille dangers, ils arrivèrent à la côte. En peu d'instants, le sac en toile cirée qu'ils avaient porté avec eux et dont le contenu était parfaitement sec, fournit de quoi transformer ces deux marins, trempés de boue, en deux gentlements d'une mise propre, et on pourrait même dire recherchée.

Pressé d'arriver au dénouement, je ne m'arrêterai pas sur les divers incidents, heureux ou malheureux qui accompagnèrent leur voyage à la recherche d'une embarcation qu'ils pussent enlever, ou de quelque smuggler qui se chargeât de les transporter en France. Plusieurs fois, malgré leur mise, qui ne pouvait éveiller aucun soupçon, malgré la pureté avec laquelle ils s'exprimaient en anglais, ils furent sur le point d'être découverts et ramenés au ponton. Leur assurance et leur présence d'esprit parvinrent toujours à les tirer de ces mauvais pas.

Le voyage se prolongea pendant cinq longues journées; tantôt dans une bonne et commode voiture publique, tantôt à pied, et toujours au milieu des craintes et sur le qui vive. Dans les auberges, nos voyageurs, pour ne donner aucun soupçon et inspirer la confiance, étaient tenus d'agir grandement et de faire beaucoup de dépense. C'était pour eux un surcroît d'inquiétudes, car leurs fonds diminuaient sensiblement, et ils craignaient d'en être bientôt réduits à l'impossibilité de faire les premières avances à des smugglers, s'ils avaient le bonheur d'en rencontrer. Une autre circonstance qui pouvait les trahir, c'était maintenant leur costume. Il était, comme on l'a vu, non-seulement propre, mais élégant, au départ de la côte, mais un voyage aussi pénible, aussi accidenté, avait singulièrement rapé les habits et fané le linge. Leur bagage, contenu dans un foulard, avait appelé l'attention et excité la curiosité moqueuse des personnes avec lesquelles ils s'étaient trouvés dans les diligences, ou à table dans les auberges. Ils allaient peut-être se décourager, quand une pensée soudaine qui vint à Souville, leur rendit l'espoir et leur donna presque l'assurance d'un succès certain.

Au commencement de la guerre, Souville, commandant un corsaire, fit une relâche à Flessingue. A la même époque, le capitaine marchand anglais Edmond Patrick, prêt à sombrer à la mer avec son navire, fuyant devant la lame et le vent, fut obligé de se réfugier dans ce port, pour échapper à un naufrage imminent. L'autorité locale crut devoir saisir le navire et faire l'équipage prisonnier, en donnant au capitaine la ville pour prison. On fit part de cette mesure provisoire au ministère, et on attendit sa décision.

Patrick était jeune, marié depuis un an seulement à une femme qu'il aimait, et père d'un enfant né peu de jours avant son départ d'Angleterre. Indépendamment de ces motifs d'affection qui l'appelaient dans sa patrie, des raisons d'un intérêt majeur lui faisaient considérer sa captivité ou la perte de son navire comme un affreux malheur, qui détruirait son avenir et ruinait à jamais toutes ses espérances.

Son accablement était si évident que Souville, qui vit plusieurs fois ce malheureux, à une auberge où ils allaient l'un et l'autre prendre leurs repas, le remarqua bientôt et s'en émut. Un jour il accosta Patrick et lui demanda la cause du chagrin profond qui semblait le dévorer. L'Anglais lui raconta ce qu'on vient de lire, et le dit, tout marin qu'il était, avec des larmes dans les yeux. « Ecoutez, lui dit Souville, généreux comme tous les braves, comme tous les hommes à imagination ardente, écoutez, rien n'est décidé encore, et il ne faut pas se désespérer d'avance. Les ministres de Napoléon ont des sentiments trop nobles et trop élevés pour vouloir traiter des naufragés en prisonniers de guerre. Dans tous les cas, il vous reste un espoir qui ne sera point trompé. Si la décision qu'on attend confirme la mesure prise par l'autorité locale, je vous promets de vous enlever sur mon corsaire et de vous déposer sur les côtes d'Angleterre. Si je ne puis vous rendre votre navire, je vous rendrai au moins la liberté. Vous pouvez compter sur cette promesse. »

Souville n'avait pas mal présumé de la générosité du gouvernement français. Peu de jours après, l'ordre arriva de relâcher Patrick et son équipage et de rendre le navire sequestré. Ainsi, la bonne volonté et les offres du corsaire français devinrent inutiles. Mais Patrick n'en éprouva pas moins la plus vive reconnaissance. « Vous avez voulu me rendre le plus grand des services, dit-il à Souville, avant de partir, c'est comme si vous me l'aviez rendu. N'oubliez pas le capitaine Patrick, du port de Folstown, souvenez-vous que dans quelque situation que vous puissiez vous trouver, en quelque endroit que vous le rencontriez, son plus grand bonheur sera de faire quelque chose qui vous soit utile ou agréable. »

Au milieu de la vie agitée qu'il menait, Souville eut bientôt oublié cette aventure, que ne lui rappelèrent même pas les douleurs de la captivité et les travaux de l'évasion. Mais au moment où le découragement commençait à le gagner, ainsi que son compagnon, un jour qu'il faisait un assez triste repas, il entendit dire à un des voyageurs qui étaient dans l'auberge, qu'il allait le lendemain à Folstown. Ce mot fut pour lui un trait de lumière, qui lui montra en perspective la France et la liberté. Il demanda à cet homme, avec autant d'indifférence qu'il put en affecter, combien il y avait de l'endroit où ils se trouvaient à Folstown. « Environ huit milles », lui fut-il répondu.

Il était alors deux heures de l'après-midi. Un quart-d'heure après, les deux voyageurs étaient en route pour la ville en question, où ils arrivèrent sans s'être arrêtés un instant. Mais en y entrant, si près d'un moment qui pouvait être décisif, ils furent en proie à des craintes qu'ils n'osaient se communiquer. En effet, Patrick était peut-être à la mer, et dans le cas où on le trouverait chez lui, était-on bien certain qu'une fois rendu au bien-être et à la liberté, il aurait conservé le souvenir de ce qu'il avait promis, de ce qu'il devait à Souville ? La haine nationale n'aurait-elle pas étouffé les élans de la reconnaissance ?

Ce fut en faisant ces réflexions que les deux amis demandèrent la demeure du capitaine Patrick, et sur l'indication qu'on leur donna, arrivèrent devant une jolie petite maison, dont l'extérieur annonçait déjà l'aisance du propriétaire. A peine le coup de marteau s'était fait entendre, qu'une jeune servante se présenta et leur dit que son maître était dans le voisinage, mais ne tarderait pas à revenir, et qu'ils entrassent au salon pour l'attendre, s'ils avaient à lui parler.

Patrick, en effet, arriva bientôt et demanda en entrant aux étrangers quel motif les amenait. Mais ayant aussitôt reconnu Souville, il poussa une exclamation de surprise et de joie, lui pressa énergiquement la main, et l'entraîna, avec son ami, dans un autre pièce et le présenta à sa femme en lui disant : « Voilà l'homme généreux dont je t'ai parlé plusieurs fois, celui qui voulait être mon libérateur. C'est pour moi plus qu'un ami, c'est un membre de la famille.

Quand il eut appris la position d'Havas et de Souville, « Mes amis, leur dit-il, vous êtes aussi en sureté sous mon toit que si vous étiez en France, où du reste, vous serez bientôt. En attendant, n'ayez aucune inquiétude, ni pour le présent, ni pour l'avenir. »

Un des premiers soins à donner aux voyageurs, c'était de leur procurer un repos exempt des inquiétudes qui avaient troublé leurs courtes heures de sommeil pendant la course avantureuse qu'ils venaient de faire. Patrick le savait, et il y pourvut. Deux lits moelleux furent préparés dans une pièce reculée de la maison, loin du bruit de la rue. Ils y réparèrent des forces que tant de fatigues et de soucis commençaient à épuiser, et quand ils s'éveillèrent, ils trouvèrent à la place de leurs vêtements usés et fanés par le voyage, des habits qui semblaient avoir été faits pour leur taille, du linge de la plus grande finesse. L'obligeante prévoyance de Patrick ne s'était pas arrêtée là ; le bain attendait Havas et Souville, et acheva de leur rendre toute leur souplesse et leur agilité.

Au dîner, ils furent surpris et quelque peu inquiets de voir à table, outre la famille de Patrick, qui se composait de sa femme et de sa sœur, quatre individus étrangers. Patrick les rassura en leur apprenant que c'étaient quatre marins, ses amis intimes, sur la discrétion desquels on pouvait compter, et qu'il avait invités pour rendre la réunion plus nombreuse et plus gaie. Le repas fut très-joyeux en effet, et au dessert on lut une pièce qui parut un à-propos tout-à-fait de circonstance. C'était un journal de Portsmouth, relatant dans les plus grands détails l'évasion de deux prisonniers français du ponton le *Saint-Antoine*, et donnant les noms de Havas et de Souville, suivi de leur signalement, très-exact et très-minutieux.

La conclusion de ce fragment était que les recherches les plus actives faites pour découvrir la trace des fugitifs avaient été sans résultat, et que probablement les deux Français s'étaient noyés avant de pouvoir atteindre la côte. Cependant, comme il n'y avait de leur mort aucune preuve matérielle et que les cadavres n'avaient pas été retrouvés, le journaliste croyait devoir rappeler qu'une récompense de vingt-cinq guinées était dévolue à celui qui arrêtait et livrait aux autorités un prisonnier français déserteur. Il terminait en rappelant à ses compatriotes qu'ils accomplissaient un devoir sacré en méritant cette prime, s'ils étaient assez heureux pour en trouver l'occasion.

Cette annonce et ces exhortations excitèrent la grosse gaîté des marins, qui se disputaient en riant, à qui gagnerait les vingt-cinq guinées, et ajoutaient par leur abandon à la sécurité dont jouissaient les déserteurs.

Plusieurs jours s'écoulèrent de la même manière, et toujours avec les mêmes égards, les mêmes attentions délicates de la part de la famille Patrick et de ses amis. Mais c'était en vain qu'on cherchait à distraire les Français ; d'autres idées que celles des plaisirs simples mais variés qu'on leur procurait, les occupaient sans relâche. Un hasard soudain, une circonstance imprévue pouvaient déjouer toute la prudence, toute la bonne volonté de Patrick, décéler leur position et les ramener au ponton. A plusieurs reprises ils avaient communiqué ces appréhensions à leur ami, l'avaient supplié de prendre des mesures pour leur départ, et toujours il avait répondu : Soyez tranquilles, je m'occupe de vous, le moment n'est pas venu encore.

Ce moment vint enfin. Un soir Patrick proposa à ses hôtes une promenade au bord de la mer. On partit, Havas donnant le bras à la femme du capitaine anglais, Souville à sa sœur. Après avoir longé le rivage pendant un quart-d'heure on arriva à une falaise, au pied de laquelle était amarré un grand et fort canot, se balançant gracieusement au gré de la lame qui caressait ses flancs : « Voilà, dit Patrick, l'embarcation qui, s'il n'arrive pas quelque incident inattendu que je ne puis prévoir ; si vous êtes aussi heureux que je le désire, va vous porter dans votre patrie. Vous y trouverez un compas et toutes les provisions qui peuvent vous être nécessaires. Le vent est favorable, et des vigies que j'ai placées sur la côte depuis votre arrivée, m'assurent qu'aucun bâtiment de guerre anglais ne croise en ce moment dans ces parages. Voilà un portefeuille avec cinquante guinées ; servez-vous-en si malheur vous arrive, et vous me les rendrez, si vous le pouvez à la première rencontre. Maintenant, mes camarades, bonne chance, et n'oubliez pas vos amis d'Angleterre.

Quelque franche et amicale qu'eût été jusqu'alors la conduite de Patrick, les deux Français ne s'étaient pas attendus à une si grande générosité, accompagnée d'une bonhomie et d'un laisser-aller qui en rehaussaient le prix. Ils exprimèrent leur reconnaissance en termes brefs, mais énergiques, et acceptèrent tout, sauf les guinées, malgré les pressantes instances de Patrick. « Si nous arrivons en France, dit Souville, nous n'aurons pas besoin de cet argent, nos familles, sans être opulentes, sont dans l'aisance. Si, au contraire, nous avons le malheur d'être repris, eh bien ! du ponton ou de la prison où nous serons détenus nous ferons en sorte de vous donner de nos nouvelles, et mettrons votre générosité à l'épreuve dans le cas où nous serons disposés à tenter une nouvelle évasion.

Après bien des adieux, bien des promesses mutuelles de ne pas s'oublier, les deux aventuriers s'élancèrent dans le canot ; Souville prit le gouvernail, Havas largua et borda les voiles, et l'embarcation démarrée abandonna la côte. La petite société, réunie sur la falaise, la regarda pendant quelque temps cingler au large, formant des vœux pour le succès de la traversée et ne s'éloigna qu'après l'avoir vue disparaître enveloppée des ombres de la nuit.

Il était neuf heures quand ils avaient poussé au large. La brise était si favorable, et le canot si bon voilier, qu'ils pouvaient se flatter d'atteindre les côtes de France le lendemain au point du jour. En passant à la hauteur de Douvres, ils aperçurent les feux de ce port, et en même temps un navire qui semblait se diriger vers l'embarcation. Ils amenèrent prudemment leurs voiles, prirent l'aviron, et furent assez heureux pour n'être point vû par le bâtiment étranger, qui ne pouvait être qu'un croiseur anglais.

Il était quatre heures du matin quand, sans avoir rencontré d'autre incident, ils se trouvèrent devant le hâvre de Calais, où ils entrèrent. Mais ici eut lieu une scène semblable à celle dont j'ai parlé en racontant la désertion de Mervin. Les agents de l'administration se présentèrent, demandèrent aux deux déserteurs d'où ils venaient et leurs papiers, et voulurent s'opposer au débarquement, jusqu'à ce que toutes les formalités fussent remplies, comme s'il s'était agi d'un navire rentrant au port et régulièrement expédié. Mais la foule qui était accourue au devant de l'embarcation, et qui, d'abord n'avait fait que rire de cette absurde légalité, fit bientôt entendre des murmures qui firent comprendre à l'autorité que dans un cas aussi exceptionnel que celui qui se présentait, on devait agir d'une manière exceptionnelle, et il fut permis aux déserteurs de répondre, en descendant à terre, aux empressements de leurs amis.

Souville, depuis la paix, a eu le plaisir de revoir en France son ami, le brave Patrick, et de lui témoigner toute sa reconnaissance. S'il s'était trouvé en Angleterre beaucoup d'individus disposés à se conduire comme Patrick, tant de haine ne couverait pas dans le cœur des anciens prisonniers de guerre. Malheureusement ce n'étaient là que des exceptions, et elles étaient bien rares.

CONCLUSION.

Dernières réflexions. — Diverses descentes faites en Angleterre. — Guillaume-le-Conquérant. — Henri Ier. — Louis, fils de Philippe-Auguste. — Montmorency. — Le comte de Warwick. — La flotte invincible. — Ruyter. — Le prince d'Orange. — La république française.

Jamais on ne vaincra les Romains que dans Rome.
RACINE.

Me voici arrivé à la fin de la mission que je m'étais proposée, et je crois l'avoir remplie avec toute l'impartialité qu'ont pu me laisser les sombres souvenirs de la vie des pontons. J'ai sévèrement flétri la conduite barbare de l'administration anglaise, j'ai donné de justes éloges aux procédés généreux de quelques particuliers ; j'ai eu soin surtout de séparer le gouvernement de la nation.

Anciens prisonniers de guerre, derniers restes vivants de nos armées invincibles, de nos glorieuses escadres, si les récits que je viens de tracer de vos tortures, de votre patriotisme, passent sous vos yeux, c'est à vous à attester ma véracité, à dire s'il y a exagération ou mauvaise foi dans les faits et dans les appréciations. Je puis avoir commis quelques erreurs de dates et de lieux, je puis avoir, à dessein ou par égard pour des personnes existantes encore, substitué des pseudonymes à des noms véritables, mais tous les faits que je rapporte n'en sont pas moins réels, et il me serait aisé de le prouver, en invoquant le témoignage de plusieurs d'entre vous.

Quelque cruels qu'eussent été pour vous les traitements des Anglais, quelque amers que vous eussent paru les mépris et l'ignominie dont vous fûtes accablés pendant la captivité, il vous restait, en rentrant dans cette patrie, pour laquelle vous aviez enduré tant de maux, que vous aviez appelée par tant de vœux, un supplice plus affreux encore à subir : vous entendre traiter de brigands par des hommes qui osaient se dire Français, voir des Anglais fêtés, portés en triomphe dans nos villes. A l'aspect de ces bassesses inouies, taches indélébiles, dont l'histoire de cette fatale époque gardera un cruel souvenir, vos cœurs se resserrèrent et la haine que vous aviez jurée à l'Angleterre, dont peut-être le temps eût amorti la force, se ralluma avec une ardeur nouvelle, pour dominer tous vos sentimens, pour faire d'une vengeance à venir votre unique espérance [8].

Cette attente a été trompée jusqu'à ce jour, et peut-être le sera longtemps encore; mais quelque lente qu'elle soit, les évènements politiques, et une rivalité qu'on cherche vainement à faire disparaître, doivent l'amener tôt ou tard, et rendre à la France le rang qu'elle n'aurait jamais dû perdre.

Loin de moi la pensée de méconnaître les bienfaits de la paix et de l'alliance entre deux nations puissantes. Mais, je l'ai dit en commençant cette œuvre, et on ne saurait trop le répéter, l'Angleterre ne sera la sincère alliée de la France, que tant qu'elle trouvera dans cette union, ses avantages commerciaux, et une suprématie injurieuse pour nous. Il faut donc qu'une dernière lutte, lente à venir peut-être, mais inévitable, quoi qu'on fasse, termine la question, et nous rende, dans le monde politique, la place qui nous est due. Après une longue et brillante période de succès, nous avons perdu, par suite d'évènements inouis et d'une infâme trahison, la dernière partie, il nous reste à prendre une revanche. Des prétentions toujours plus exagérées, plus insolentes, de la part de l'Angleterre, en fourniront le motif, et un patriotisme tout autre que celui qui préside maintenant à nos destinées saura l'accomplir.

Cette tâche est plus facile qu'on ne pense, et si Napoléon ne l'a pas remplie, on ne doit l'attribuer qu'à l'habileté et à la persistance avec lesquelles l'Angleterre a su ourdir contre nous les diverses coalitions continentales qu'il nous a fallu combattre. Mais ces moyens ne peuvent pas toujours se renouveler, car les nations n'ont pas oublié ce que leur a coûté en humiliations et en défaites la lutte soutenue au profit de la Grande-Bretagne. C'est donc à la Grande-Bretagne seule que nous aurons à faire un jour, et c'est à la métropole même que nous irons demander raison de son insolence et de ses prétentions.

Pour qu'on ne s'exagère pas les difficultés de l'entreprise, j'ai cru devoir terminer mon œuvre par un résumé succinct des nombreuses tentatives faites contre l'Angleterre. On y verra que, sur quarante-cinq descentes opérées en Angleterre, en Ecosse ou en Irlande, il n'y en a que quatre qui n'aient pas eu un succès complet. Parmi celles qui ont réussi, douze ont amené des révolutions importantes, des changements de gouvernement, et la déchéance du roi régnant. Toutes les fois qu'on a voulu jeter des troupes sur les côtes d'Angleterre, on y est parvenu sans peine et presque sans danger, et ces troupes se sont rendues maîtresses du pays, sans coup férir, ou du moins après la première bataille.

On remarquera qu'en parlant des nombreuses invasions dont l'Angleterre a été le théâtre, je ne commence à les compter qu'à partir de celle de Guillaume-le-Conquérant. On n'ignore pas que tour-à-tour les Romains, les Saxons et les Danois, se rendirent maîtres du pays ou se contentèrent de le ravager, après en avoir pris temporairement possession. Il est bon de mentionner aussi que les Français prirent part à presque toutes les expéditions tentées contre le Royaume-Uni, depuis celle de Guillaume-le-Conquérant jusqu'à celles qui eurent lieu vers la fin du dix-huitième siècle. Jetons un coup-d'œil sommaire sur ces diverses expéditions pour justifier ce que j'ai dit en commençant.

Bien que je fasse fort peu de cas du droit de la légitimité, je dois reconnaître que Guillaume, duc de Normandie, pouvait par sa naissance avoir des prétentions au trône d'Angleterre, prétentions qu'il fit valoir par la force des armes. En effet, il était le plus proche parent d'Edouard III, qui, de plus, avant de mourir, l'avait désigné pour son successeur. Mais Harold s'était emparé de la couronne, après avoir toutefois reconnu les droits de Guillaume, et lui avoir prêté serment de fidélité. Une ambassade envoyée en Angleterre de la part de Guillaume, pour réclamer la souveraineté, n'ayant rien obtenu, il fallut avoir recours à la force.

Mais une expédition aussi importante exigeait des sommes considérables que les états de Normandie se refusèrent à fournir. Les particuliers auxquels Guillaume eut recours s'en chargèrent, et un seul fournit quarante vaisseaux à ses frais. Ce qui accrut considérablement la quantité et le montant de ces dons, c'est que le duc eut soin d'en faire tenir des états, énonçant les sommes prêtées par chaque individu, et devant servir de titres aux récompenses qui seraient décernées après la conquête.

L'entreprise était hardie, sans doute, et pouvait paraître périlleuse, mais c'est par cela même qu'elle convenait au caractère français. Aussitôt qu'elle fut connue, des combattants vinrent en foule lui offrir leurs services, et ces offres furent si nombreuses qu'il fut dans l'embarras, ses armements étant complets, de choisir parmi ceux qui demandaient à marcher sous un chef dont la bravoure et l'habileté déjà connues leur promettaient de brillants succès.

Ce fut avec ces offres et les dons de ses sujets que Guillaume se trouva à la tête d'une armée de soixante mille hommes, embarquée sur une flotte de neuf cents voiles, sans compter les bâtiments de transport. Des côtes de Normandie, où il réunit ses troupes, il leur dit en leur montrant les rivages opposés ; « Voilà la terre où vous éléverez bientôt des trophées pour immortaliser votre gloire.

Les forces de terre et de mer se réunirent à l'embouchure de la Dive, et de là, longèrent la côte jusqu'à Saint-Valery, d'où l'on partit pour la conquête projetée. Arrivée à Pevensey, dans le comté de Sussex, l'expédition débarqua sans trouver aucune opposition. Elle avait eu également l'heureuse chance de ne pas rencontrer en mer l'escadre anglaise.

A l'approche des navires normands, les habitants de Pevensey avaient pris la fuite en toute hâte et avec des marques d'une frayeur extrême. Je reproduirai ici un fragment des chroniques normandes, au sujet du débarquement.

« Lors descendirent, disent-elles, tous les premiers archers, qui étaient court vêtus et tondus sur les oreilles; après yssirent (sortirent) tous les gens d'armes prêts à combattre, et se mirent en bataille sur la mer. Après mit en dehors les sommaiges et chevaux, vivres, toutes autres choses communes ; après yssirent charpentiers, maçons, ouvriers de bras, qui mirent hors trois chasteaux de bois tout près d'asseoir ; après yssit Guillaume. »

Ce que n'ajoute pas la chronique que je rapporte, mais ce que disent plusieurs historiens, c'est qu'en mettant le pied sur le rivage, le duc fit un faux pas, et que se relevant aussitôt, il s'écria : « Je prends possession de mes domaines.

Comme Cortès le fit dans une circonstance analogue, comme quelques capitaines audacieux l'ont fait, pour placer ses troupes entre la nécessité impérieuse de vaincre et la certitude de périr, il fit mettre le feu aux vaisseaux qui les avaient amenées. Il donna ensuite des ordres rigoureux pour que les personnes et les propriétés des habitants fussent respectées, voulant, disait-il, traiter avec bonté une population qu'il devait bientôt gouverner.

Harald, en apprenant le débarquement, avait réuni ses troupes et marché vers Hastings, où il espérait rencontrer l'ennemi. Ce fut vers cette ville que Guillaume dirigea sa marche, et dans les environs que se trouvèrent en présence les deux armées dont les chefs brûlaient d'une ardeur égale d'en venir aux mains.

Avant d'engager la bataille, le duc rappela à ses soldats qu'ils avaient toujours été victorieux sous ses ordres ; qu'ils avaient cent fois battu les peuples du Nord, bien plus redoutables que les Anglais. Il leur rappela que tout retour était impossible, qu'ils étaient dans la nécessité de vaincre ou de périr avec lui, et termina par ces mots : Regardons-nous comme des gens qui doivent être, avant la fin du jour, ou morts glorieusement ou victorieux.

Alors, montrant l'exemple, se mettant à la tête de sa cavalerie, il donna le signal de l'attaque, et l'armée entière s'ébranla, en entonnant la chanson de Roland. Le premier choc fut terrible et les Anglais n'y résistèrent pas. Harold et deux de ses frères furent tués pendant l'action. Leur mort, portant au comble le découragement des troupes entraîna leur fuite et donna à Guillaume une victoire prompte et décisive.

La rapidité du succès de cette expédition a nui à sa renommée et empêché qu'on pût dignement l'apprécier. Si Guillaume eût rencontré des obstacles plus sérieux, sa gloire en eût été plus grande, et on eût tenu plus de compte d'une bravoure dont il avait donné d'éclatants témoignages, mais qui ne fut point assez éprouvée en cette occasion. Cependant, avant l'issue, il eût été difficile de croire au succès, d'après la faiblesse des moyens, car la Normandie était loin d'avoir les mêmes ressources en tous genres que l'Angleterre, et Guillaume ne pouvait pas se flatter, avant son départ, d'avoir le peuple anglais pour auxiliaire.

Malgré ces chances défavorables, une seule bataille livra à une nation étrangère un pays que ni les Danois, ni les Saxons, ni les Romains eux-mêmes n'avaient pu conquérir qu'après de nombreux combats et une lutte qui se prolongea pendant plusieurs siècles.

Après sa victoire, voulant s'assurer d'une retraite, dans le cas où il essuyerait quelque échec imprévu, il s'empara de Douvres. Les soldats y mirent le feu à son insu, mais fidèle aux paroles qu'il avait prononcées en débarquant, il indemnisa les incendiés de la perte de leurs propriétés.

Il marcha ensuite sur Londres et s'empara d'un faubourg, où il mit le feu pour témoigner aux citoyens les rigueurs auxquelles ils devaient s'attendre s'ils opposaient quelque résistance à sa marche. En effet, épouvantés par cet acte de sévérité, apprenant d'ailleurs la modération dont Guillaume avait fait preuve jusqu'alors, les habitants lui apportèrent les clés de la ville, et le reconnurent pour souverain.

Ainsi qu'il arrive toujours après une révolution, les membres de la famille d'Harold ne se tinrent pas pour déchus, malgré l'adhésion donnée par le peuple au nouveau roi. Ses trois fils, Godwin, Edouard et Magnus, après la bataille d'Hastings, avaient pu passer en Irlande, où ils ne manquèrent pas de chercher des ennemis à Guillaume. Ils en trouvèrent; le roi de cette île leur fournit soixante vaisseaux et une petite armée. Ils débarquèrent sur les côtes du Devonshire, s'emparèrent de plusieurs villages, qu'ils saccagèrent, et se retirèrent chargés de butin, à l'approche des forces dirigées contre eux.

Voilà les deux premières descentes opérées en Angleterre pendant les temps modernes. On a vu qu'elles s'étaient effectuées sans obstacles et que la première fut suivie des plus importants avantages. Bien d'autres eurent lieu postérieurement qui, sans obtenir les mêmes résultats, ne rencontrèrent pas plus de difficultés. Je vais les résumer en peu de mots.

Malgré l'adhésion de la majorité de la nation, quelques seigneurs, froissés dans leurs intérêts et leurs priviléges, pensèrent à ramener la dynastie déchue et s'adressèrent, pour seconder leurs projets, à Suenon, roi de Danemarck, qui leur donna deux cents vaisseaux. Les troupes de l'expédition débarquèrent sans obstacles à l'embouchure de l'Hember, et bientôt, grossies par les mécontents du Northumberland, marchèrent sur la ville d'York, qui fut prise. Guillaume, prévoyant des chances défavorables, à les attaquer en bataille rangée, obtint leur départ au moyen d'une forte somme. Ainsi, troisième descente, sans résistance de la part de la population et des troupes.

A la mort de Guillaume, Robert, son fils aîné, était à la Terre-Sainte, et Henri, second fils, profitant de cette absence, s'empara du trône. A son retour, Robert arma en Normandie une flotte pour reprendre sa succession. A peine parut-elle sur les côtes d'Angleterre, que le peuple toujours porté au changement, toujours disposé à préférer de nouveaux souverains, et séduit par les promesses qu'ils ne manquent jamais de prodiguer, abandonna la cause d'Henri. Ainsi, ce troisième débarquement s'effectua encore sans la moindre opposition. Il eut lieu à Portsmouth, et si Robert eut immédiatement marché sur Londres, il eût obtenu les mêmes succès que son père. Mais l'archevêque de Cantorbery entreprit une réconciliation entre les deux frères, et parvint à obtenir de Robert qu'il renoncerait à ses prétentions, et se contenterait de la survivance à la couronne. Il y consentit, et mourut avant son frère.

Au mépris de ses engagements, Henri avait déclaré comme héritière de la couronne, Mathilde sa fille, qui, épouse de Geoffroi, comte d'Anjou, ne se trouvait pas en Angleterre à la mort du roi. Mais les Normands avaient importé avec eux la loi salique. En conséquence, Etienne, neveu de Henri, secondé par les intrigues de l'évêque de Winchester, supplanta sa cousine et s'empara du trône.

Mathilde passa en Angleterre avec son frère le comte de Glocester, et débarqua à Portsmouth. Elle n'avait avec elle que cent cinquante hommes, mais elle avait été prévenue d'avance que de nombreux mécontents se joindraient à elle aussitôt qu'elle paraîtrait. Cette promesse ne fut point vaine ; bientôt elle se trouva à la tête d'un parti puissant, et la guerre civile éclata. A la première rencontre Etienne fut fait prisonnier, et Mathilde monta sur le trône.

Cette notice peut servir à deux fins : à démontrer d'abord la facilité avec laquelle se sont effectués toutes les expéditions contre l'Angleterre, à donner ensuite une idée des dissentions de famille, des crimes commis par les dynasties qui ont gouverné ce pays. En voici un exemple.

Mathilde ne tarda pas à perdre les nombreux partisans qu'elle s'était faits. Voyant son parti diminuer chaque jour, apprenant d'ailleurs, que du fond de sa prison, son compétiteur avait su trouver et gagner des agents, qui avaient promis de l'empoisonner, se décida à quitter le trône et à passer sur le continent.

En conséquence, Etienne remonta sur le trône. Mais, dix ans après, quelques partisans que Mathilde avait conservés en Angleterre appelèrent le jeune Henri, fils de celle-ci et de Godwin. Il avait déjà fait un premier débarquement à Portsmouth, mais avait été contraint de quitter le pays après quelques faibles succès. Cette fois de nombreux mécontents se joignirent à lui, facilitèrent son débarquement, et lui procurèrent des avantages tels, qu'Etienne se vit contraint de conclure avec lui un traité de paix par lequel il le reconnaissait pour son successeur.

En 1216, le trône d'Angleterre était occupé par le roi Jean. Ses barons se révoltèrent contre lui et offrirent la couronne à Louis, fils de Philippe-Auguste, qui régnait alors en France. Louis arma une flotte de six cents vaisseaux, et aborda le 23 mai, près de l'embouchure de la Tamise. Jean avait d'abord pris quelques mesures pour s'opposer au débarquement, mais les trouvant insuffisantes, il se retira à Winchester et y concentra des forces nombreuses. Comme il se disposait à s'en remettre du sort de sa couronne aux chances d'une bataille rangée, il dut y renoncer par suite de la défection des principaux chefs de son armée et d'une partie des troupes. Contraint de s'enfuir dans les environs de Worcester, il y mourut et sa mort livra le trône d'Angleterre au prince français.

Louis ne fut pas plus heureux que celui qu'il avait supplanté. A tort ou à raison, des plaintes s'élevèrent contre lui, et il se vit bientôt abandonné de tous ceux qui avaient embrassé son parti. Il se décida à faire une retraite honorable, qui lui fut accordée par un traité conclu le 11 septembre. Le même jour il partit pour la France, et cet évènement donna la couronne à Henri III.

On voit que les Anglais, malgré leur flegme proverbial, n'étaient pas, à cette époque, très-constants dans leurs affections.

Les différends survenus entre la France et l'Angleterre, sous Philippe-Auguste, n'ayant été qu'assoupis, se renouvelèrent sous Philippe-le-Bel. Pendant que les Anglais travaillaient à reprendre les places qu'on leur avait enlevées en Guienne, le roi de France, par représailles, envoya en Angleterre une flotte nombreuse, sous le commandement de Mathieu de Montmorency. Cet amiral effectua le débarquement à Douvres, s'en empara, y mit le feu et la pilla. Ce fut l'événement le plus important de cette guerre, qui se termina par un accommodement que sollicita le roi de la Grande-Bretagne. Toujours est-il que voilà une autre descente opérée sans que les Anglais aient eu le pouvoir de s'y opposer.

Je ne m'arrêterai pas à l'expédition d'Elisabeth, qui le fit avec la même facilité, et eut pour résultat de détrôner Edouard II. Mon but principal est de signaler, aussi succinctement que possible les nombreuses descentes opérées en Angleterre par les Français. Quant à celle dont je viens de parler, et au peu d'obstacles qu'elle rencontre, il ne faut pas oublier que toutes les fois qu'il s'agissait d'une compétition entre deux personnages d'une dynastie anglaise, le peuple se déclarait presque toujours pour le prétendant contre l'occupant, ce qui facilitait les opérations du premier.

Je ne ferai qu'indiquer en quelques mots le débarquement opéré par Warwick avec des troupes et des vaisseaux français que lui avait fournis Louis XI. En onze jours il parvint à la capitale, et remit sur le trône Henri IV, qui, à la suite d'une révolution, avait été enfermé dans la Tour de Londres.

Ce fut encore à la suite d'une descente et d'une seule bataille, que Henri IV perdit la souveraineté, reprise par Edouard IV, son compétiteur.

Sous Louis XII, en 1513, bien que le port de Brest fût bloqué par une nombreuse flotte anglaise, le chef d'escadre Prégent débarque des troupes dans le comté de Sussex, le ravage, et en rapporte un butin considérable. Dans une seconde expédition, qui suit de près celle-ci, il s'empara de Brigton et le brûla.

Une des expéditions les plus importantes qui aient été dirigées contre l'Angleterre est celle que fit l'Espagne sous Philippe II, en 1588. Elle échoua cependant, contre toutes les probabilités, et malgré les immenses moyens qui semblaient lui promettre un succès certain. Pour peu qu'on ait lu l'histoire de cette époque, on connait avec quel appareil on avait équipé et armé la fameuse flotte que les Espagnols appelaient l'invincible, quelle était sa destination et quel fut son sort. On sait aussi son entrée majestueuse dans la Manche, sa position imposante en présence de la flotte anglaise, sa dispersion par la plus furieuse des tempêtes, sur les côtes de Normandie, et sa destruction presque totale, soit par les flots, soit par le feu grégeois, dont se servirent les Anglais.

Indépendamment de la tempête qui fut la première cause de cet échec, on peut en trouver encore une cause dans les intrigues de cour et la faveur, qui firent donner le commandement de l'invincible *Armada* au duc de Medina-Sidonia, qui n'avait pour conduire une expédition aussi importante, d'autres titres que son rang. Sans cette dernière circonstance il est à croire que la flotte invincible aurait mérité son nom.

Les choses ne se passèrent pas ainsi pendant la guerre de 1667, où l'Angleterre eut à combattre les forces de la France, de la Hollande et du Danemarck. Ruyter se posta à l'embouchure de la Tamise, d'où il détacha dix-sept vaisseaux et quelques brûlots. Il s'empara du fort de Sherness et en brûla les magasins et trois vaisseaux près de Chatham. Il redescendit ensuite la Tamise, emmenant le vaisseau le *Roi-Charles*. Ces divers succès répandirent la consternation dans Londres et firent craindre de plus grands désastres.

Ruyter laissa ensuite une escadre bloquer l'embouchure de la Tamise, et avec le reste de ses forces il s'avança jusqu'à Portsmouth, avec l'intention de mettre le feu aux vaisseaux qui se trouvaient dans ce port. Il n'y put réussir, poussa plus loin, et ravagea une partie des côtes de la Manche.

Ces divers avantages amenèrent la paix à laquelle Charles II s'était refusé jusqu'alors, et dont les conditions furent toutes à l'avantage des coalisés.

Bientôt des affaires plus sérieuses encore devaient amener des évènements plus importants et un changement de dynastie. L'Angleterre, sous le gouvernement de Jacques II, était depuis longtemps agitée par des troubles religieux et politiques. Le prince d'Orange, gendre de Jacques, après en avoir été témoin impassible, résolut enfin d'en profiter. Tous les partis se réunirent aux amis de la liberté pour l'engager à se mettre à leur tête et à affranchir l'Angleterre de l'état de trouble et d'incertitude où la plongeaient la tyrannie et l'incapacité de son roi. Il est rare qu'on résiste à de pareilles avances. Le prince d'Orange s'y rendit et fit ses préparatifs, secondé par les conseils et la présence du fameux maréchal de Schomberg.

Il est inutile d'entrer dans les détails de cette expédition, qui sont trop généralement connus pour que quelques mots à cet égard ne suffisent pas. Après quelques contrariétés causées par la force et la direction du vent, le prince aborda à la baie de Torbay, et y fit descendre ses troupes, sans rencontrer la moindre résistance. Pour que l'armée se trouvât à la côte plus promptement et ensemble, des bateaux plats, dont on avait eu la prévoyance de se munir à cet effet, chargés de soldats, abordaient en même temps au voisinage, avec la même facilité. Comme tous les prétendants, comme tous ceux qui cherchent à renverser un pouvoir pour le remplacer, le prince publiait dans tous ses manifestes, qu'il n'agissait absolument que dans l'intérêt du pays, et non pour lui-même. Les peuples qui devraient savoir à quoi s'en tenir sur de pareilles assurances, s'y laissent toujours prendre, et les Anglais crurent n'avoir plus de vœux à former en voyant sur les drapeaux de l'armée qui se présentait pour opérer un changement de gouvernement : Les libertés d'Angleterre, et au-dessous : Je les maintiendrai. C'est toujours au nom de la liberté et du bonheur de la nation qu'on s'empare d'un trône ; l'ambition et l'intérêt personnel n'y sont jamais pour rien.

En quittant la côte, l'armée se dirigea sur Exeter, où le prince resta dix jours, soit pour faire reposer ses troupes, soit pour donner à ses partisans le temps de le rejoindre. L'évènement répondit à son attente ; la désertion dans l'armée royale une fois commencée, devint générale, et le prince d'Orange arriva à Londres sans avoir livré de combats.

Cet évènement amena de nouvelles descentes en Angleterre, car les souverains déchus ne se résignent jamais à leur sort, et disent eux aussi que s'ils cherchent à revenir, c'est uniquement pour le bonheur de leurs peuples. Jacques obtint de Louis XIV une flotte qui le débarqua à Dublin avec les troupes qui l'accompagnaient, peu de jours après il livra et perdit la bataille de la Boyne, mais ne renonça pas à ses prétentions pour cela.

L'année suivante (1690), nouvelle descente dans la baie de Torbay, en présence et malgré le feu de douze vaisseaux anglais. Deux cent cinquante hommes de milices, retranchés sur la côte, s'enfuirent aux premiers coups de canon, et les douze vaisseaux furent brûlés.

Tel fut, au surplus, à peu près tout le résultat de cette expédition.

Le prétendant, aidé alternativement par la France et l'Espagne, tenta ensuite plusieurs descentes, qui réussirent d'abord, mais ne furent suivies d'aucun avantage ultérieur. Après lui, son fils, le prince Charles-Edouard, n'ayant pu obtenir des secours pour faire valoir ses prétendus droits de légitimité, s'adressa à un négociant de Nantes, qui lui fournit une frégate de dix-huit canons, sur laquelle il s'embarqua avec quelques individus dévoués à sa personne. Cette frégate fut escortée par un vaisseau de soixante-quatre canons, nommé l'*Elisabeth*, qu'un armateur de Dunkerque avait armé en course. C'était alors un usage établi par le gouvernement, de prêter des vaisseaux de guerre aux négociants, à conditions qu'ils paieraient à l'Etat une somme déterminée, et qu'ils nourriraient l'équipage à leurs frais pendant la durée de la course. Charles-Edouard débarqua dans un petit canton de l'Ecosse et y réunit bientôt quelques partisans. La France et l'Espagne lui envoyèrent à plusieurs reprises des secours qui débarquèrent avec la même facilité, malgré la supériorité des Anglais qui tenaient la mer.

Depuis cette époque il n'avait été fait aucune entreprise sérieuse contre l'Angleterre. Mais la république française, voulant frapper un coup décisif, et pensant avec raison que l'Angleterre ne pourrait être vaincue que sur son propre sol, prit des dispositions qui devaient amener ce résultat. Au mois de décembre 1796, dix-sept vaisseaux de ligne et plusieurs frégates, portant une armée de dix-huit mille hommes, partirent de Brest pour la baie de Bantry. Jusqu'alors on avait été persuadé qu'une descente ne pouvait s'effectuer sans bâtiments de transport. On eut le bon esprit de juger, dans cette circonstance, que les meilleurs vaisseaux de transport sont ceux qui portent le plus de canons, et on n'en prit pas d'autres. Quarante vaisseaux anglais, qui bloquaient le port de Brest, ne s'aperçurent du départ de la flotte que trois jours après sa sortie. Le lendemain de l'appareillage, il s'éleva une brume épaisse. Les signaux furent mal interprêtés, et la frégate la *Fraternité*, qui portait les généraux de terre et de mer, se trouva séparée du corps de l'armée. Cependant, deux jours après, on arriva dans la baie, où l'absence des généraux rendit la position de la flotte très-embarrassante. Les vents contraires, la mésintelligence élevée entre quelques chefs empêchèrent l'exécution des mesures qui avaient été prises. Ce qu'il y a de certain, c'est que tous les officiers qui avaient fait partie de cette expédition rentrèrent en France, persuadés de l'extrême facilité du succès, et Hoche, qui la commandait, a dit souvent qu'il n'aurait voulu que six mille hommes pour réussir.

L'année suivante, au mois de février, douze cents hommes descendirent sans obstacles dans les environs de la baie de Fishguard. L'alarme répandue en Angleterre à l'annonce de cette nouvelle fut tellement grande, qu'on courut en foule à la Banque, pour y échanger les billets, et que le crédit public en fût momentanément ébranlé. Ce n'était cependant là qu'un essai, un coup de main, auquel le gouvernement français ne voulait, pour le moment, donner aucune suite.

A ces diverses expéditions qui, presque toutes, comme on l'a vu, ont été couronnées par le succès, j'aurais pu en ajouter beaucoup d'autres. Je me suis borné à rapporter les plus remarquables, et celles surtout qui ont amené des mouvements importants ou des changements de dynastie.

Si ces expéditions, dont quelques-unes étaient loin de réunir toutes les forces, tous les éléments qui leur semblaient indispensables, n'en ont pas moins rempli le but qu'on s'en était proposé, que ne devait-on pas espérer de celle qui, conçue au commencement de notre siècle par le plus grand génie des temps modernes, devait être exécutée par l'armée la plus brave qui peut-être ait jamais paru.

Les esprits étroits, les ennemis de la France, se plaisaient à exagérer les difficultés de l'entreprise, les moyens de la défense, et niaient la possibilité du succès. Mais si quelques hommes, en France, voyaient les choses sous ce point de vue, et désiraient même qu'elles fussent ainsi, l'Angleterre, de son côté, savait à quoi s'en tenir, et que ses craintes n'étaient point illusoires. Aussi, on sait les sacrifices qu'elle fit pour détourner l'imminence du coup en déterminant l'Autriche à la guerre et nouant la troisième coalition.

Et l'Angleterre, en effet, avait bien raison de redouter cette expédition que des esprits irréfléchis ou des traîtres ont seuls pu traiter de chimérique. Jamais l'exaltation contre un gouvernement que l'on considérait à bon droit comme le principe et l'instrument de toutes les calamités qui avaient accablé la France, comme le foyer de toutes les guerres qu'elle avait soutenues, jamais la haine nationale n'avaient été portées de part et d'autre à un plus haut dégré. L'ardeur que montraient les soldats pour cette campagne dépassait tout ce qu'on avait vu aux plus beaux jours de notre gloire militaire sous la république.

Mais indépendamment de cet élan énergique qui eût fait alors un soldat de chaque français, indépendamment des immenses ressources réunies à Boulogne, un danger non moins réel menaçait la Grande-Bretagne. Pendant quelque temps la Manche fut dégarnie de ses vaisseaux et les flottes réunies de la France, de l'Espagne et de la Hollande, auraient pû presque sans obstacle, avec la flotille, porter notre armée sur la rive ennemie. Est-il permis de douter du résultat, si un seul de nos régiments eût pû mettre le pied sur ce sol, alors presque entièrement sans défenseurs? On peut se faire une idée de la secousse que le monde eut éprouvée, de l'importance et du caractère des évènements qui se seraient accomplis au lieu de ceux dont nous avons été témoins?

A la même époque, un autre danger menaça encore l'Agleterre. Si Paul 1er, n'eut pas péri victime d'un de ces forfaits politiques dont le ministère Britanique a été si souvent le promoteur ou l'instrument, l'alliance de la Russie était à jamais assurée à la France, et il s'en suivait naturellement une invasion dans l'Inde dont le succès ne pouvait être douteux.

Si nous avons vu se résoudre à néant tant de chances dont le succès semblait assuré et par toutes les probabilités, et par le génie qui les avait conçues, il faut croire que la providence qui préside aux destinées humaines, a voulu, pendant quelque temps, éprouver et châtier les nations, en donnant dans cette longue lutte, le triomphe au génie du mal. Espérons que cette cruelle épreuve aura tôt ou tard un terme et qu'il est réservé à la France de venger le monde de tant d'injures reçues, et dont elle a eu la plus large part.

Il est cependant un élément qui protège l'Angleterre contre les attaques de ses ennemis, élément tout-puissant et qui manque malheureusement à la France ; c'est le patriotisme de ses habitants. Là, toute haine de parti, toute division d'opinion, toute opposition au gouvernement, de quelque nuance et dans quel intérêt que ce soit, cessent instantanément aussitôt que le pays est menacé. Et cependant en Angleterre, une aristocratie insolente écrase le peuple qui demande et attend en vain les réformes législatives et sociales que nous avons depuis longtemps obtenues.

En effet, en quoi ont profité au peuple Anglais les avantages obtenus par son gouvernement et l'extension de sa puissance sur les deux continents? Sa condition civile, son bien-être matériel, ont-ils subi quelque amélioration depuis plus de deux siècles? Non certes, il n'est ni plus ni moins heureux, ni plus ni moins libre qu'il l'était sous ses Stuarts. Le peuple en Angleterre, malgré les prétendues libertés dont il se vante, n'est rien, ne peut rien, et ne parvient à rien. Il n'y a que deux classes en Angleterre ; à l'une, des richesses immenses, tous les emplois publics dans l'armée, dans la marine, dans l'église, dans la magistrature ; à l'autre, le travail, la misère et les humiliations. Ainsi que cela était sous nos rois, avant la révolution, les places d'officier dans l'armée sont vénales et peuvent devenir la possession de l'individu le plus lâche, le plus inepte, pourvu qu'il ait gagné ou trouvé la somme suffisante pour donner droit à porter l'épaulette. Le prolétaire ne doit jamais s'élever au-dessus du grade de sergent. Qu'on apprécie l'émulation qui peut exister sous un pareil système, qu'on le compare à notre mode de recrutement et d'avancement, tout vicieux que la restauration l'a fait et qu'on l'a maintenu.

Quant aux moyens de recruter la marine, on les connaît, on sait tout ce que présente d'odieux cette presse qui fournit exclusivement des matelots aux flottes anglaises. Croit-on que ces soldats, que ces marins enrolés par force, marchant sous le bâton, sans espoir d'avancement, puissent tenir à nombre égal, contre des hommes mûs par l'honneur, et encouragés par la certitude des grades qu'obtiennent presque toujours chez nous la bravoure et la capacité ; croit-on surtout qu'après une descente, le sol anglais eut été bien efficacement défendu contre l'armée la plus brave qui ait jamais existé ?

Et que dirons nous de l'Irlande, de cette malheureuse

terre qui fait partie intégrante du royaume uni et qui est traité avec plus de barbarie que ne le fut jamais un pays conquis, immédiatement après l'invasion.

C'est au milieu de tant d'abus, de tant d'imperfections, d'une civilisation en arrière de deux siècles de la nôtre, c'est avec un peuple misérable et méprisé par l'aristocratie, avec une aristocratie égoïste, avec un gouvernement machiavélique, que l'Angleterre veut nous disputer le premier rang et maîtriser le monde. Les hommes qui raisonnent et qui voient, chez eux, savent cependant à quoi s'en tenir, n'ignorent pas à quoi tiennent nos dernières défaites et le rang secondaire que nous occupons momentanément. Ils savent aussi combien peu il faudrait pour faire pencher la balance de notre côté et rendre à notre patrie le nom et les droits de LA GRANDE NATION.

A deux reprises différentes nous avons subi la honte de l'invasion, et toujours nous avons vu un parti s'en applaudir, mettant le triomphe de sa cause au-dessus de l'honneur de la France. Eh! que sont cependant des intérêts de dynasties, des différences d'opinions, devant l'honneur et les intérêts sacrés du pays! Empruntons enfin aux Anglais la seule vertu qui nous manque et que nous puissions leur envier : le dévouement absolu, exclusif à la patrie. Que ce noble sentiment soit le seul qui nous anime au jour du danger, et prenons pour cri de guerre ces beaux vers de Casimir Delavigne :

> Français, soyons unis; qu'un rempart unanime
> S'élève autour du souverain.
> Divisés, désarmés, l'ennemi nous opprime,
> Présentons-lui la paix les armes à la main.

NOTES.

NOTES.

Note 1 et 2, Page 100.

La situation de Delmas, soit comme prisonnier de guerre en voyage, soit par ses rapports avec une jeune anglaise, a trop de rapports avec celle que retrace M. Corbière dans son ouvrage intitulé *Le Prisonnier de Guerre*, pour que je n'emprunte pas à cette publication, un fragment que mes lecteurs ne verront pas sans intérêt. Il concevront, entre les deux positions, à travers d'évènements différents, une grande similitude de caractères, et ils en concluront que les efforts du gouvernement anglais pour rendre les Français odieux et ridicules, échouaient souvent, surtout auprès des femmes.

. . . .

« Un gros bourg se présenta sur notre chemin, à l'heure où déjà les ombres de la nuit commençaient à s'étendre sur tous les objets qui nous environnaient. Le capitaine, jugeant peu prudent pour sa responsabilité, de voyager dans les ténèbres avec des gens aussi disposés que nous l'étions à profiter des circonstances qui pourraient rendre sa surveillance plus difficile, se décida à nous faire coucher dans la petite ville que nous venions d'atteindre.

« Nous apprîmes, non sans éprouver un de ces sentimens que l'on définit quelquefois assez mal, que cette ville se nommait *Wellington !*

« Le nom nous parut d'un assez triste présage pour la nuit que nous devions passer dans ces murs qui venaient de nous rappeler le titre donné à un homme que les Anglais commençaient à comparer modestement au héros d'Austerlitz. Mais, malgré l'illustration qu'avait acquise le lieu, en donnant le titre de duc au généralissime de l'armée anglaise, les habitans nous semblèrent assez peu énorgueillis d'avoir vu leur ville érigée en duché, pour la plus grande gloire de celui qui, plus tard, devait se faire donner, à Toulouse, une si rude leçon de stratégie, par un des lieutenans de Bonaparte.

« Il nous tardait d'autant plus, ce jour-là, d'arriver à la couchée, que nous étions impatiens de connaître les dispositions que prendrait notre capitaine pour prévenir les tentatives d'évasion que nous lui avions appris à redouter. Depuis l'échauffourée que mon ami Stéphane et moi nous avions faite, nous avions cru lire un peu de préoccupation chagrine sur la physionomie de ce pauvre capitaine; et cette remarque nous avait portés à penser qu'il se montrerait beaucoup plus sévère qu'il ne l'avait été encore, dans les moyens de surveillance dont il lui était permis d'user à notre égard.

« Après le souper que nous fîmes en commun et de fort bon appétit, comme à l'ordinaire, notre commandant prit la parole pour nous faire entendre ces mots, en assez bon français: « Messieurs, jusqu'ici je n'ai employé pour vous empê-
« cher de déserter que des moyens trop insuffisans pour
« mettre ma responsabilité à l'abri. Je ne me plains pas de
« ce que vous avez essayé pour vous soustraire à la vigilance
« qu'il m'est bien pénible, je vous assure, d'être obligé
« d'exercer sur vous. Rien de plus naturel que ce que deux

« de vos amis ont tenté de faire : loin même de les blâmer ,
« je les approuve, en m'identifiant avec votre situation. Mais
« vous trouverez bon aussi, je l'espère, en vous mettant un
« instant à ma place, que sans vous tyranniser, je prenne à
« votre égard toutes les mesures que me prescrit mon de-
« voir, et qui, je l'espère, m'empêcheront d'être com-
« promis aux yeux du gouvernement. »

« Il n'y avait rien à répliquer à une observation aussi juste, et la conduite du capitaine nous parut aussi noble envers nous, qu'elle était prudente pour lui. Nous lui assurâmes qu'au lieu de nous plaindre de sa sévérité, nous nous soumettrions avec une résignation entière à tout ce qu'il lui plairait d'ordonner pour sa sécurité personnelle. Nous attendîmes ses ordres.

« La nuit précédente, nous avions tous couché, comme je l'ai déjà dit, dans une espèce de grange. Cette nuit-là, nous nous imaginions qu'il en serait encore ainsi, mais à notre grande surprise et surtout à notre grande satisfaction, on nous permis de prendre des lits dans les chambres de la belle auberge qui nous avait reçus. Libres du choix de nos gîtes, Stéphane et moi nous demandâmes à être logés dans le même appartement, et pour comble de bonheur, notre appartement, avait deux bons lits.

« Une fois allongés entre deux draps bien blancs et bien frais, nous nous entretînmes fort à l'aise, des incidens de la journée passée, en nous demandant quel genre de précaution avait pu prendre le capitaine, pour s'assurer plus rigoureusement qu'il ne l'avait fait, de la garde de nos chères personnes.

—« Sans doute, disais-je à mon ami, qu'il aura aposté à chaque porte, une sentinelle, deux sentinelles, peut-être. Il n'en manque pas du reste : cent vingt soldats pour trente prisonniers !

— « Oui : mais il y a des fenêtres dans nos chambres ; et ces fenêtres, d'après ce que j'ai observé, ne sont pas toutes très hautes, et au moyen d'une bonne enjambée et de deux draps de lit amarés bout-à-bout, on pourrait bien....

— « Rencontrer une autre sentinelle en mettant le pied à terre, n'est-ce pas ? si encore on parvenait à arriver jusques là sans se casser le cou.

« Une main assez mal adroite entr'ouvrit, en ce moment du diologue, la porte de notre chambre. C'était un sergent qui, après nous avoir remis à chacun une carte, sur laquelle il avait tracé un numéro, nous demanda la permission de s'emparer de nos pantalons, qu'il enleva, en accrochant sur cette partie essentielle de notre toilette, une autre carte portant le même numéro que celui qu'il nous avait remis.

« Demain matin, nous dit-il après cette petite opération, un quart-d'heure avant le départ tout au plus, je vous remettrai vos pantalons bien nettoyés et bien brossés par les servantes de l'auberge du *Grand-Amiral*, qui sont, je puis vous en donner ma parole, les filles les plus propres que l'on puisse trouver ; bonne nuit, gentlemen, ajouta-t-il ; dormez en paix, et que le ciel vous préserve de tout mauvais rêve et du cauchemar !

« Puis le sous-officier se retira poliment, chargé, comme un marchand fripier, de tous les pantalons numérotés, dont il avait fait une récolte déjà assez ample, en parcourant les chambres à coucher de la maison.

« Une distance de quelques pas séparait mon lit de celui de Stéphane. Après le départ du sergent, je me levai sur mon séant pour voir la mine que faisait mon ami. Elle était piteuse.

— « Eh bien, lui demandai-je, comment trouves-tu la précaution de notre capitaine ?

— « Mais, pas trop mauvaise.

— « Pour lui, mais pour nous ?

— « Ah ! écoute donc ; ce brave homme prend toutes les mesures qu'il peut puiser dans son imagination, pour mettre, comme il nous l'a dit, sa responsabilité à couvert. C'est à nous de nous ingénier pour tâcher d'être plus adroits encore qu'il n'est défiant, et peut-être n'est-ce pas chose si difficile qu'on le supposerait d'abord ; car de tous temps, vois-tu, la nature inspira toujours mieux l'homme qui travaille à recouvrer sa liberté, que le geôlier que l'on paie pour bien garder les portes d'une prison.

— « Oui, et comment trouverais-tu le moyen de déserter d'ici, par exemple, sans pantalon, et la chemise au vent ?

— « Un déserteur, en effet, on ne peut se le dissimuler, ferait une assez triste figure, en cherchant à se faire passer pour un gentleman anglais, dans un accoutrement aussi peu décent que celui sous lequel la chanson nous représente Saint-Roch, chassé de la maison paternelle.... Ah ! ce diable de capitaine écossais nous a joué là un mauvais tour, j'en conviens ! ! Si pourtant, pendant la nuit, nous pouvions nous glisser jusqu'à l'endroit où l'on a réuni nos valises et nos sacs de nuit, et parvenir bien gentiment à nous emparer d'une paire, d'une seule petite paire de culottes, seulement?

— «Y songes-tu ? Deux ou trois sentinelles, tu le sais bien, gardent la charrette sur laquelle ont été déposés tous nos effets.

— « C'est encore vrai ; il n'y a pas à le nier ; le capitaine écossais s'y est pris à merveille, et cela sans nous vexer, c'est-à-dire, si, il nous vexe bien, mais il ne nous tyrannise pas ; c'est un brave homme qui a eu une bonne idée.... Voilà tout, et cependant, quand je dis une bonne idée....

— « Tiens, le plus sage parti que nous puissions prendre, c'est celui de nous endormir jusqu'à demain.

—« Ah ! je m'endormirais bien tout de suite, si je pouvais penser qu'un rêve inspirateur pût me révéler, dans la douceur d'un bon somme, un joli moyen de procéder à une escapade un peu moins folle que celle que nous avons tentée ce matin.

— « Oui, un rêve ! il est passé le beau temps des visions à la Daniel et à la Joseph.

— «Te voilà bien encore toi, avec ta résignation prisonnière! Jamais je n'ai vu de captif avoir moins de vocation que toi pour la désertion.

— « J'aime cependant autant qu'un autre la liberté et le grand air, et surtout le grand air que l'on respire en France; mais faut-il au moins, pour que j'adopte un projet d'évasion, que ce projet paraisse m'offrir quelque chance de succès; et comment veux-tu, en raisonnant un peu, que sans pantalons, nous cherchions à gagner le pavé d'une ville que nous ne connaissons pas, pour nous jeter, au galop, dans un pays où le premier venu nous ramenerait, la chemise au vent, dans la prison que nous aurions voulu fuir si imprudemment ?

— « Mais aussi, où diable ce maudit capitaine a-t-il été puiser cette idée saugrenue ? Il nous tient maintenant par nos culottes.... Il rit peut-être de notre désapointement.... Et cependant, mon ami....

— « Et cependant ! cependant ! dormons, bon soir ! j'ai besoin de repos.

— « Comme il te plaira : dormons, puisque tu ne veux plus causer, ou plutôt dors tandis que je vais penser à autre chose....

« Stéphane, en effet, pensa quelques minutes en murmurant des mots entrecoupés, que je fis semblant de ne pas entendre, et le sommeil le gagnant peu-à-peu, il s'endormit avant moi, en répétant d'une voix qui s'éteignait avec la chandelle qu'il avait oublié de souffler : Et cependant !... Et cependant !...

« Deux jours après le départ de notre chaîne de prisonniers, le jeune fugitif avait erré sans pain et sans abri, dans les champs et les prairies qui environnent Bridgewater. Épuisé de fatigues, au bout de ce temps, ne sachant quel chemin prendre pour s'éloigner d'une ville vers laquelle il se trouvait toujours ramené, en suivant les sentiers qu'il parcourait pour éviter tous les passans dans lesquels il croyait voir des gens attachés à sa poursuite, il s'était fourré dans un buisson sur le bord de la grande route. Un lourd sommeil, plus fort que sa résolution et que ses craintes, l'avait surpris dans ce triste refuge. Il ne se réveilla que lorsque le soleil, qui avait éclairé toutes ses angoisses, allait disparaître au-dessous de l'horizon. Trop affaibli, par tant de privations et de tourmens, pour profiter de la nuit, qu'il avait peut-être invoquée, il s'arrêta à la dernière résolution qu'il pût encore avoir la force de prendre ; celle de se livrer au premier Anglais qui passerait près de là.

« Mais en attachant ses regards presque éteints, sur la figure des hommes qui parcouraient la route, il sentit sa résolution s'évanouir. Dans chaque passant, le malheureux croyait voir un bourreau disposé à le livrer comme une proie à des inquisiteurs avides de supplices et de tortures. Dans l'égarement de ses sens, il appelait la mort comme la seule ressource qui lui restât ou l'unique consolation qu'il pût encore espérer, sans remarquer que près de lui une jeune personne s'était arrêtée pour contempler les derniers rayons que le soleil jetait sur le paysage qu'encadrait le buisson qui lui servait d'asile.... Les yeux de l'infortuné, qui jusque-là s'étaient détournés avec terreur des hommes qu'il avait remarqués, se ranimèrent pour se porter sur la physionomie noble et calme de la jeune lady. Entraîné par un sentiment aussi indépendant de sa volonté que l'aurait été une inspiration subite, il s'élance de sa retraite, et avant que la jeune Anglaise ait trouvé assez de force pour fuir à son aspect, qui l'a glacée d'effroi, il s'écrie :

— « Je suis un malheureux prisonnier Français, errant depuis deux jours, sans avoir pu trouver le moyen de gagner le rivage. J'ai voulu me rendre ; mais les figures de ceux à qui je pouvais me livrer, m'ont épouvanté. Je vous ai vue; c'est à vous que je me confie ; vous ne me perdrez pas....; votre sexe et votre âge n'ont ni la lâcheté ni la barbarie qu'il faut pour cela.... Sauvez-moi ; sauvez-moi ; je sens que je me meurs!...

« A ces traits distingués et pâles, à cet air de souffrance et de terreur empreint sur la belle et touchante physionomie de celui qui lui parle avec l'accent du désespoir, la jeune Anglaise reste interdite. Elle n'a plus peur ; elle ne cherche plus à fuir ; mais elle ne sait que répondre à l'infortuné, auquel pourtant elle voudrait parler. Lui cependant fixe sur elle des regards supplians où se peignent tour-à-tour l'espoir d'être secouru et la crainte de se voir surpris par les personnes qui pourraient venir sur la route. Des larmes, de ces larmes que les femmes ne peuvent supporter longtemps dans les yeux d'un malheureux, coulent sur les joues décolorées du jeune prisonnier. Le sort a prononcé, et sans savoir ce qu'elle fera, ce qu'elle fait en ce moment même, la pauvre fille, aussi émue que celui qui l'implore, ne trahira pas le jeune homme qui s'est livré à elle.

« J'ignore, lui dit-elle, avec un trouble qu'elle ne peut cacher, j'ignore quelle conduite m'impose la situation où je me trouve.... Mais il est un devoir que je ne trahirai pas du moins, si je ne puis vous sauver....

— « Me sauver ? hélas il n'est plus de salut pour moi, ce n'est pas là ce que je puis espérer ... C'est seulement un asile pour quelques heures.... C'est un peu de pain..... Tout ce que je demande c'est de recouvrer quelques forces, assez de forces pour me livrer à mes ennemis; alors je n'hésiterai plus...

— « Vous livrer vous-même?

— « Oh! à présent je sens que cela me serait impossible... Soit que la faiblesse que j'éprouve m'ait ôté tout mon courage.... Soit que la douleur ait un peu égaré ma tête, je tremble comme un enfant, à la seule idée d'aller dire à ceux qui me poursuivent: *Tenez, me voilà, je vous apporte la proie que vous attendiez.... Tuez-moi si vous voulez !*... Oh ! ma mère, ma mère, vous pour qui je cherchais la liberté à travers tant de périls, ô! si vous saviez ce que je souffre !

— « Votre mère! malheureux jeune homme!... Ah! s'il ne dépendait que de moi de réaliser le pieux désir que vous avez formé pour elle !... Car l'amour d'une mère dans le cœur d'un enfant, est une religion.... N'importe !... Je vous sauverai; j'empêcherai au moins que vous n'alliez vous livrer vous-même.... Car je crois que pour un homme il y aurait de la honte à se rendre ainsi à ses ennemis.... Réunissez, pour un instant encore, les forces qui vous restent; mais le pourrez-vous? vous paraissez avoir tant souffert !

— « Ne craignez rien.... C'est l'émotion que j'éprouve.... plus encore que la faiblesse, qui.... en ce moment.

— « Vous allez me suivre.... La nuit se fait.... Personne ne remarquera vos traits....

— « Je vous suivrai....

— « Une porte donne sur la rue dans laquelle vous m'aurez suivie....

— « Oui !

— « Vous attendrez, en faisant bien attention de n'éveiller aucun soupçon ; vous attendrez dans cette rue que je revienne sur cette porte....

— « Oui, j'attendrai....

— « Et dès que vous m'aurez reconnue, vous vous laisserez conduire.... Le ciel me punira ensuite si j'ai mal fait en suivant l'inspiration de mon cœur et en obéissant à la voix de l'humanite....

« Les voix de quelques personnes qui s'avançaient, en causant, ne permirent pas à Stéphane d'exprimer avec l'exaltation du sentiment qui l'agitait, la reconnaissance dont venaient de le pénétrer les douces paroles de sa libératrice. Elle était déjà à quelques pas de lui, marchant toute pensive vers le pont de Bridgewater. Il la suit à une distance assez rapprochée pour ne pas la perdre de vue dans l'ombre de la nuit, qui déjà s'est formée. Il passe, sans remarquer auprès de lui, les habitans dont l'aspect, une heure auparavant, aurait suffi pour l'épouvanter. L'espoir s'est ranimé dans son cœur, à la voix de sa libératrice, et il n'a plus peur. Une divinité, descendue du ciel, semble avoir étendu sur lui une égide impénétrable : il s'avance sans aucune défiance vers la ville au milieu de laquelle le conduit désormais un guide plus sûr que la fortune elle-même.

« Une rue large et peu fréquentée se présente devant lui; sa bienfaitrice à ralenti sa marche; il se rapproche d'elle en accélérant un peu le pas; et puis, au moment où il croit pouvoir recueillir d'elle un mot d'avertissement, qu'elle a paru vouloir lui adresser, il la voit disparaître dans un vaste corridor dont la porte se referme aussitôt.

« Quelques minutes se passent sans que le malheureux Stéphane voie revenir celle dont il attend le signal convenu, le signal de son salut peut-être. Oh! combien ces momens d'espoir et de crainte, plus tourmentans encore que l'attente d'un supplice inévitable, sont longs à supporter! Avec eux, il n'est pas de résignation possible ni de courage qui puisse devenir utile. Qu'ils connaissaient bien le cœur de l'homme, les génies infernaux qui inventèrent des tortures dans lesquelles il n'y avait ni tout-à-fait la vie à espérer, ni tout-à-fait la mort à craindre !

« Enfin, au bout d'un certain temps d'angoisses, Stéphane crut voir reparaître son ange protecteur sur le seuil de la porte vers laquelle ses regards inquiets n'ont pas cessé de se tourner. Il s'avance, c'est sa libératrice.... Autour d'eux tout est silencieux et calme : l'obscurité la plus complète règne en ce moment. Une main légère s'étend vers lui, et il tremble en la saisissant et en se laissant conduire avec mystère dans un long corridor qu'aucune lampe n'éclaire ; au bout du corridor, un jardin dont le vent agite le sombre feuillage, s'offre devant lui. « C'est au fond de ce petit parc, et sous la tonnelle du coin, lui dit à voix basse son guide, qu'il faut rester encore quelques heures ; vous trouverez dans la tonnelle, les alimens qui vous sont si nécessaires.... Dieu, votre mère et l'espérance !...

« La main protectrice qui venait de conduire la sienne, se retire à ces mots : à l'extrémité du jardin il trouve la tonnelle tutélaire que sa libératrice lui a indiquée. Quelques alimens qu'il dévore le rendent à la vie qu'il croyait sentir s'échapper de ses membres et de son sein défaillant. C'est un rivage hospitalier qu'il a rencontré après son naufrage, c'est un port qui s'est ouvert devant lui au fort de la tempête. Il respire enfin ; son cœur s'épanouit avec délices, et sur cette terre infernale qui s'entrouvait sous ses pieds frémissans, un ange est descendu des cieux pour le couvrir de ses ailes et l'arracher à la mort. »

Note 3, Page 152.

Pour expliquer les paroles de la femme Aubaret, il est nécessaire de dire quelques mots sur ce général Sarrasin, dont elle jetait le nom à son mari, comme un défi et une menace. On verra qu'il ne pouvait rien y avoir de commun entre ce misérable et le brave Aubaret.

Jean Sarrasin naquit à Saint-Sylvestre (Lot-et-Garonne,) en 1770. Dès l'age de seize ans, il entra comme volontaire dans un régiment de dragons qu'il quitta bientôt, et deux ans plus tard, il fut professeur de mathématiques au Collége Royal de Sorèze. D'un caractère inquiet et mobile, il ne conserva pas longtemps cette position, et entra dans un de ces bataillons de volontaires qui se formèrent dans chaque département en 1789, et où il fut bientôt nommé officier. Il devint successivement adjudant-major et chef de bataillon et ce fut pendant qu'il occupait ce dernier grade qu'il publia un ouvrage intitulé : *Instruction pour les troupes en campagne.*

Employé à l'expédition d'Irlande, il y fut promu, par le général Humbert, à peu d'intervalle, général de brigade et de division. Mais à la rentrée en France le ministère ne sanctionna pas un avancement aussi rapide, et du reste peu mérité. Sarrasin fut envoyé à l'armée d'Italie comme général de brigade. Il ne s'y fit remarquer par aucune action d'éclat, mais il commença, par une conduite mystérieuse et peu loyale, a éveiller des soupçons que ses actions ont plus tard changés en certitude. On l'accusait d'avoir pris l'ignoble rôle d'espion et de délateur, et son obséquiosité auprès des chefs justifiait cette accusation.

Bernadotte le protégeait ouvertement et étant ministre de la guerre, l'appela auprès de lui et lui confia la direction du bureau des nominations. Rien ne pouvait mieux convenir à un homme disposé à faire argent de tout, et Sarrasin sut profiter de sa position. Ce fut alors qu'un cri général de réprobation s'éleva contre lui et que la bassesse de sa conduite et de son caractère devint évidente à tous les yeux ; dans toutes les positions où il se trouva postérieurement, il eut à subir le mépris de ses chefs et l'injurieuse méfiance de ses camarades.

Ce fut au Camp de Boulogne, le 10 Juin 1810, qu'il mit le comble à son infamie, et jeta enfin le masque. Depuis longtemps il correspondait avec le ministère anglais et les Bourbons, et leur vendait la connaissance des projets de Napoléon, des mouvements de nos flottes et de nos armées. Aussi lâche que traitre, et craignant que ses manœuvres ne fussent découvertes, il prit un bateau sous le pretexte de faire une promenade en mer, et quand il fut à quelque distance, mettant un pistolet sur la gorge du batelier il le menaça de le tuer s'il ne le conduisait à bord d'une frégate anglaise qui croisait au large.

Ce Bourmont au petit pied ne fut pas reçu et traité en Angleterre comme il s'y était attendu. Le ministère trouva que les révélations qu'il apportait n'étaient pas assez importantes pour mériter le prix que Sarrasin en demandait, car il les évaluait à une très forte somme. On lui fit des offres bien inférieures qu'il refusa, essayant de prendre, dans sa bassesse, les formes de l'élévation des sentiments. Ayant pour dernière ressource demandé du service, il fut envoyé à l'armée d'Espagne, sous les ordres de Wellington.

Rentré en France sous la restauration, Sarrasin avait des droits incontestables aux récompenses des Bourbons, et il les eût reçues sans doute, si d'autres crimes que la trahison et la désertion à l'ennemi ne s'y fussent opposés. Déjà il avait été favorablement accueilli par Louis XVIII à qui il avait présenté une histoire de la guerre d'Espagne et de Portugal, et il s'attendait à être réintégré dans le cadre de l'armée avec le grade de lieutenant-général quand un incident, auquel il aurait dû cependant s'attendre, vint arrêter un avancement mérité par de si honorables services.

Sarrasin avait épousé à diverses époques, une Italienne,

une Française et une Anglaise. Il arriva malheureusement que ces trois femmes se trouvèrent simultanément à Paris en 1815, pour réclamer le domicile conjugal, et que trois plaintes en trigamie arrivèrent en même temps au Procureur du Roi. Sarrasin fut arrêté, jugé et condamné à dix ans de travaux forcés, malgré les efforts que fit pour le sauver, l'entourage de Louis XVIII, car on craignait que les révélations que le traître pouvait faire sur ses antécédents, sur les relations et les correspondances qu'il avait eues dans le temps avec le prétendant, ne causassent du scandale. Ce fut cette crainte qui fit différer l'exécution du jugement, pendant sept à huit mois. On s'y décida cependant: Sarrasin fut envoyé aux galères et y fit son temps. Il s'y conduisit avec le cynisme effronté qu'il avait montré pendant son jugement et qui avait révolté les juges et l'auditoire.

Indépendemment des deux ouvrages dont j'ai parlé, Sarrasin a publié des *Considérations sur la campagne de Russie*. Tous ces écrits décèlent une imagination déréglée et une absence complette de jugement.

NOTE 4, PAGE 170.

Robert Southey l'un des écrivains les plus distingués de la Grande-Bretagne, se laisse malheureusement aveugler par cet esprit étroit de nationalité qui porte ceux qui en sont imbus à ne rien voir de grand et de beau que ce qui se fait dans leur patrie, à déprécier toutes les autres nations. Il est impossible à celui qui ne peut s'élever au-dessus de ces idées, d'écrire l'histoire et surtout l'histoire contemporaine comme elle doit être écrite.

Cependant l'œuvre de Southey, n'en est pas moins, comme je l'ai dit dans mon texte, une production des plus remarquables, et d'autant plus précieuse que rien de complet n'a été écrit en France, sur la guerre de la Peninsule. L'ouvrage du général Foy sur ce sujet, n'est qu'une série de riches tableaux, comme le brillant orateur et illustre guerrier en savait faire, mais qui sont loin de constituer une histoire et d'embrasser l'ensemble des évènements de ces campagnes si mémorables et si désastreuses pour la France.

L'ouvrage de Southey mériterait d'être traduit en français. Mais il ne pourrait l'être qu'accompagné de commentaires pour rectifier les erreurs volontaires de l'auteur, et répondre à sa mauvaise foi. Ce travail avait été entrepris à Paris en 1828 par l'auteur de *l'Histoire des Pontons*, et le général Lamarque s'était engagé à ajouter des commentaires à la traduction. Pendant que cette traduction s'imprimait, le général dont l'immense talent aurait si heureusement rempli la tâche qu'il avait acceptée, tomba malade et ne put s'en occuper; puis vint la révolution de Juillet, et des soins d'une toute autre importance réclamèrent tout son temps et toutes ses pensées. Deux volumes de traduction seulement, parurent donc sans commentaires, et le texte en aurait pu fournir huit. Mais le traducteur se refusa à propager un ouvrage injurieux à sa patrie.

Au reste, quand on porte une accusation de mauvaise foi, on est tenu d'en fournir la preuve, et c'est pour cela que je donne ici un fragment relatif à un des actes les plus iniques commis par nos adversaires pendant la guerre d'Espagne: la violation de la capitulation de Baylen. On verra les efforts que fait l'auteur pour expliquer la déloyauté des généraux anglais et espagnols.

« L'acte de capitulation commençait par rendre hommage à l'éclatante bravoure qu'avait déployée le corps du général Dupont, entièrement entouré par un ennemi très supérieur en nombre. Ces troupes devaient être prisonnières de guerre, excepté la division Vedel qui devait, ainsi que les autres

Français en Andalousie, évacuer cette province avec armes et bagages. Les troupes prisonnières devaient sortir du camp avec les honneurs de la guerre, chaque bataillon, précédé par deux pièces d'artillerie, et les soldats armés de leurs fusils, jusqu'à quatre cents toises du camp, où la remise s'en effectuerait. Les troupes qui évacuaient étaient transportées à Rochefort sur des vaisseaux espagnols. Les généraux et officiers conservaient leurs armes. On accordait aux premiers une voiture et un fourgon, qui ne seraient soumis à aucune visite. Tout ce qui pourrait, dans l'exécution de ce traité, contribuer aux égards à accorder aux Français, et qui y aurait été omis, devait y être ajouté comme articles supplémentaires.

« Les Français montrèrent, dans la négociation de ces articles, plus d'habileté qu'ils n'en avaient déployé dans les opérations préliminaires de la bataille. Pendant l'action, le général Vedel, avec son corps, était assez près du champ de bataille pour entendre le feu ; mais comme il n'avait pas reçu d'ordres, il ne fit aucun mouvement. Les soldats français ne manquèrent pas d'attribuer leur défaite à la trahison, au défaut d'accord entre leurs généraux, et surtout à la faute que Dupont avait commise, disaient-ils, en faisant des attaques partielles, au lieu de faire donner tout son corps à la fois. Tout ce qu'on peut dire de plus certain, c'est que divers ordres, interceptés par les Espagnols, empêchèrent la jonction de quelques corps, et dès lors il est aisé de répondre aux autres inculpations. Il est également facile d'expliquer pourquoi la capitulation ne fut pas observée ; il était impossible de l'exécuter. Le peuple était tout, et il ne considérait pas les Français comme des ennemis envers qui l'on dût observer les lois de la guerre.

«Entraînée par les cris de la population, et retenue par un sentiment d'honneur que cette guerre d'extermination n'avait point détruit encore, la junte délibérait si elle devait observer ou violer la capitulation, lorsque Castanos et Morla arrivèrent à Séville. Le premier soutenait avec fermeté qu'un manque de parole serait une tâche ineffaçable pour l'honneur espagnol. Morla, au contraire, embrassa l'avis du peuple, et la junte rédigea un manifeste, annonçant que Vedel et Dupont avaient déjà enfreint la capitulation, à laquelle d'ailleurs on ne pouvait ni ne devait se conformer. Cette pièce fut envoyée à lord Collingwood et à Sir Hew Dalrymple, que l'on était bien aise de voir sanctionner une démarche dont on sentait toute la déloyauté.

« Lord Collingwood n'avait vu qu'avec peine les avantages accordés au corps de Vedel. Il ne concevait pas comment une divison isolée avait été admise à capituler, après la défaite du corps principal. Cependant, lorsqu'on l'invita à pourvoir au transport de ces troupes, n'ayant pas assez de bâtimens de notre pavillon à sa disposition, il offrit des marins anglais pour équiper des bâtimens espagnols que l'on ne put trouver. Il répondit alors que les termes de tout traité devaient être observés à la rigueur, mais que l'impossibilité de remplir celui-ci l'annulait de fait. La réponse de Sir H. Dalrymple fut moins satisfaisante encore pour ceux qui s'attendaient à voir les Anglais autoriser un manque de foi.

« Trompée dans son attente, mais se reposant sur la difficulté de faire ce qu'elle devait, la junte ne chercha aucun moyen de transporter les troupes françaises. Dupont écrivit à Morla pour se plaindre de cette inaction, et de ce qu'on avait fait visiter, à Lebrixa, les bagages du général et des autres officiers. Morla répondit que ni les désirs de la junte, ni même les ordres du souverain, ne pouvaient faire exécuter ce qui était matériellement impossible. Il n'existait aucun moyen de transport, et ce qui le prouvait incontestablement, c'était l'entretien dispendieux d'un grand nombre de prisonniers faits sur l'escadre, et que l'on était dans l'impossibilité de conduire dans un port français. « D'ailleurs, ajouta-t-il, comment pouvez-vous supposer que les Anglais laisseront sortir de la Péninsule un corps d'armée qu'on ne manquera pas d'employer activement, et peut-être même contre nous? Je suis certain que ni vous, ni le général Castanos, n'avez pensé que la capitulation fût exécutable. Son objet était de sortir d'embarras, le vôtre d'obtenir des conditions qui, tout impossibles à remplir qu'elles étaient, ont rendu votre capitulation honorable. Ces deux buts sont atteints, cédons pour le reste à une impérieuse nécessité... »

NOTE 5, PAGE 207.

Pour ceux de nos lecteurs qui sont étrangers à la marine, je dois dire un mot de ce qu'on entendait par auxiliaires, et de quelle défaveur étaient frappés ceux qui portaient cette qualification.

Il y avait deux classes d'employés et d'officiers : les entretenus et les auxiliaires. Les premiers tenaient leurs brevets ou leurs commissions du ministère, les autres les recevaient provisoirement du préfet maritime ou du chef d'administration, aujourd'hui intendant. Du reste les émoluments, les prérogatives, l'uniforme ne différaient en rien pour les deux classes, et quand l'auxiliaire devenait entretenu, ce qui avait lieu tôt ou tard, ses services, pour l'avancement ou pour la retraite, comptaient du jour où il était entré comme auxiliaire.

Mais s'il avait la mauvaise chance d'être blessé ou fait prisonnier avant d'avoir reçu son brevet d'entretenu, tous ses services étaient considérés comme non avenus. En vain, pouvait-il dire que sa qualité d'auxiliaire ne lui avait point fait rendre la liberté, ne lui avait pas servi de bouclier contre les armes de l'ennemi ; on ne l'écoutait pas, et telle était la règle établie. Ainsi, tout entretenu de six mois de service avait des droits, tout auxiliaire de trente ans n'en avait pas, et on se conforma rigoureusement à ce principe, à la rentrée des prisonniers. Il est à croire cependant que si cette rentrée avait eu lieu sous le gouvernement impérial, les choses se seraient passées autrement, mais l'administration des Bourbons, trouvant un précédant si favorable à ses vues et à ses besoins d'économie, se hâta d'en profiter.

Les uns, appelleront cela la plus ridicule des absurdités; d'autres une injustice criante: je crois que c'est l'un et l'autre.

La classe des auxiliaires se composait de quelques lieutenants de vaisseau, beaucoup d'enseignes, et à peu près les trois quarts des officiers de santé de troisième classe, et des commis de marine embarqués comme agents-comptables ou employés dans les bureaux. Les officiers militaires auxiliaires, ne devenaient presque jamais entretenus, ne s'attendaient pas à le devenir et savaient que, pris parmi les capitaines au long-cours, l'état ne les garderait qu'aussi longtemps qu'il aurait besoin de leurs services.

Il n'en était point ainsi des officiers de santé et des commis, dont l'avenir était d'être entretenus un jour. Mais ils ne s'inquiétaient guère de cet avenir qui ne faisait que consolider leur position sans l'améliorer et qui, comme je l'ai dit, devait finir par arriver. Les évènements ont démontré le tort de leur sécurité.

Note 6, Page 233.

La capture du petit vaisseau le *Calcutta* fut faite par l'escadre que commandait le vice-amiral Allemand et que les marins français avaient baptisée du nom d'invisible. Elle avait pour mission de croiser dans l'Atlantique et de détruire tout ce qui appartenait au commerce anglais. Rarement mission fut aussi bien et aussi heureusement remplie : le nombre des convois qui furent pris et brûlés est incalculable, et des valeurs de plusieurs milliards furent ainsi détruites. On se bornait à envoyer à bord du navire capturé, un canot avec quelques hommes et un officier, pour emmener l'équipage. Cet officier faisait mettre le feu et ne se retirait que quand le bâtiment commençait à devenir la proie des flammes, sans permettre qu'on touchât à rien, sans rien toucher lui-même des marchandises souvent très précieuses qui formaient la cargaison. C'est ainsi qu'ont été détruites des richesses immenses, sans profit pour personne. Tel était le principe du blocus continental.

Il faut avouer cependant que la défense de rien conserver était quelquefois éludée, et que, par suite de cette infraction, les pièces de percale se donnaient pour ainsi dire dans les ports. Mais les délinquants s'exposaient à des peines sévères.

Pendant tout le temps que dura cette croisière qui fut fort longue, les escadres anglaises ne purent parvenir à rencontrer celle du vice-amiral Allemand. Quand ils la cherchaient au Nord elle était au Midi, et c'est ce qui lui avait valu son nom d'invisible.

Note 7, Page 238.

Delmas a fait allusion à ce premier amour, dans une pièce de vers composée à son retour en France en 1814. Le choix du sujet qui rentre parfaitement dans le cadre de ma publication, m'a engagé à la reproduire ici.

Le retour du Prisonnier.

Quel doux espoir vient luire à mon esprit!
Le cri de paix dans les airs retentit;
Lieux fortunés, rivages de la France,
Vers vous mon cœur, impatient s'élance.
Triste Albion ne retiens plus mes pas,
Ah! laisse moi voler vers ces climats,
Séjour des arts, du bonheur, de la gloire,
Et dont l'aspect, offert à ma mémoire,
Sut dans tes fers, par un charme vainqueur,
    De mes ennuis adoucir la rigueur.
    Adieu, terre où le sort des armes
    Voulut retenir mes instants,
    Adieu, pour essuyer leurs larmes,
    La France appelle ses enfants.
    Et vous dont le cœur doux et tendre
    Respire la fidélité,
    Anglaises qui sûtes répandre
    Des fleurs sur ma captivité,
    Le mot de paix se fait entendre,
    Recevez aussi mes adieux;
    Je vis bien souvent vos beaux yeux,
    Votre douce mélancolie,

S'unir dans mon sein amoureux
Au souvenir de ma patrie.
Mais c'en est fait et pour jamais,
A ces lieux je vais me soustraire ;
Déjà, secondant mes souhaits,
Le vent souffle et sur l'onde amère,
Fait voguer la barque légère
Qui me ramène au sol français.
Elle y touche et l'aride plage
A déjà vu mes pas ravis.
Je vous salue ô bords chéris,
Recevez le fidèle hommage,
Et les serments d'un de vos fils.
Déjà les biens que le printemps dispense,
Les doux accents d'une aimable gaîté,
D'un ciel plus pur la bénigne influence,
L'émotion dont je suis agité,
Tout à mes sens annonce la Provence.
Je te revois, ô terre où mon enfance,
Dans les plaisirs passa comme un beau jour,
Je te revois, ô fortuné séjour,
Où je reviens par un destin prospère ;
De mes beaux ans, asile solitaire,
Me rendras-tu le calme et le bonheur,
Que tous les biens d'une rive étrangère
N'ont jamais pû remplacer dans mon cœur.
 Dans ton enceinte chérie
 Tout m'offre un doux souvenir ;
 De l'aurore de ma vie
 Tout me rappelle un plaisir ;
 Ici l'amour sur mon être
 Vint lancer ses premiers traits,
 Ici j'appris à connaître
 Ses rigueurs et ses bienfaits ;
 D'une beauté toujours chère
 Ici je reçus les fers,
 Ici le désir de plaire
 Inspira les premiers vers

Où d'une flamme éternelle
Je fis le premier serment.
A ce vœu toujours fidèle,
Je reviens impatient,
Je reviens, mais de l'absence,
Les maux troublent mon retour;
M'a-t-on conservé l'amour
Que mérite ma constance ?
Heureux celui que les brillants projets,
Que la fortune ou que la gloire inspire,
Par leur éclat n'entraînèrent jamais
Loin de l'asile où tristement soupire
L'unique objet de ses constants regrets.
Il n'a point vu, sur la plaine liquide,
Au gré des vents, fuir un vaisseau rapide
Qui le portait dans de lointains pays,
Tandis qu'au loin, demeuraient au rivage,
Tous les objets que depuis son jeune âge,
Son cœur avait caressés et chéris.
Il ne connaît, dans son humble carrière,
Que le bonheur donné par le repos,
Et pour toujours son âme est étrangère
Aux froids dédains de la grandeur altière,
Au vil désir d'abaisser des rivaux ;
Il ne va point chercher le bien suprême
Dans les regards d'un puissant protecteur,
Mais pour ses vœux la plus douce faveur
Est un coup-d'œil de la beauté qu'il aime.
Ah ! ce bonheur ne fut point fait pour moi,
A tous mes goûts, aux êtres que j'adore,
Du sort cruel l'impérieuse loi,
Dans peu de temps va m'enlever encore,
Mais du destin quels que soient les efforts,
Pour me ravir aux lieux de ma naissance,
Mon cœur sera constamment sur ces bords,
Le sentiment sait franchir la distance.

Note 8, Page 268.

Jamais enthousiasme plus ridicule et plus ignoble pour une nation ennemie que celui qui enflamma quelques parties de la France et surtout Marseille, pour les anglais en 1814. C'était un délire, c'était de l'extravagance poussée à son plus haut periode. Ceux qui s'y sont livrés en ont honte maintenant, ceux qui n'en ont été que les temoins aiment à douter de la réalité de ce qu'ils ont vu.

Ce n'était pas assez que la population entière, à partir des sommités jusqu'aux plus basses classes, se livrât à ces démonstrations injurieuses pour notre armée, pour notre nationalité; l'administration voulut s'y associer et les légaliser par un acte authentique. L'offrande d'une urne en argent ciselé fut votée par le conseil municipal à Hudson Lowe, dont le nom maudit par l'histoire, exécré par la postérité, s'associera naturellement au nom des fonctionnaires qui se sont bénévolement chargés de cette triste solidarité.

Quelque chose cependant égalait le délire inconcevable auquel s'abandonnaient et les citoyens et l'administration; c'était l'insolent orgueil avec lequel les anglais recevaient ces ovations. La France était pour eux une terre conquise, et les officiers n'avaient qu'à jeter le mouchoir pour obtenir les bonnes grâces des beautés les plus fières et les plus haut placées de l'aristocratie commerciale et administrative. Tous les contemporains s'en souviennent et savent les noms qu'il y aurait à flétrir s'il n'était pas plus convenable de jeter le voile de l'oubli sur ces honteuses saturnales.

Tout n'était pas cependant profit et gloire pour nos ennemis, dans ce triomphe éphémère; les militaires, les prisonniers rentrés qui auraient oublié peut-être leur haine et eurs rancunes, s'ils n'eussent pas été temoins de ces odieuses démonstrations, les sentirent revivre avec une recrudescense de force et d'amertume, et quand ils en trouvèrent l'occasion, firent sentir aux anglais qu'il y avait encore en France des cœurs qui n'avaient rien oublié des déloyautés, des crimes politiques, des barbaries dont le gouvernement Britanique s'était souillé pendant la dernière guerre. Des querelles particulières eurent lieu en grand nombre, et se terminèrent d'une manière fâcheuse pour les triomphateurs d'un jour. Quelques soldats et sous-officiers d'artillerie de marine, de ce corps où il y avait tant de braves, avaient reçu l'autorisation secrète et tacite, de porter pendant quelques heures du jour l'épaulette. Ils se rendaient aux cafés, aux lieux publics que frequentaient les officiers anglais, et ne manquaient pas de relever hautement le premier propos injurieux à la France, la première expression inconvenante. L'occasion leur en était fréquemment offerte. Il en résultait des explications à la suite desquelles messieurs les insulaires faisaient de plattes excuses, et quelquefois des duels dont ils ne sont pas toujours revenus.

Ces souvenirs sont loin de nous maintenant ; la France fait tout ce qu'il est possible de faire pour les éteindre, l'Angleterre semble prendre à tâche de les raviver. Nos faits d'armes les plus glorieux en Afrique sont représentés comme insignifiants et nuls, par ses feuilles publiques, et l'esprit qui dicta la lettre datée de la frégate le *Warspite* semble animer la presse et la population Anglaises, semble nous crier ce que j'ai déjà répété plusieurs fois, qu'il faut à eux une dernière leçon, à nous une revanche difinitive.

FIN DU SECOND VOLUME.

TABLE

DU PREMIER VOLUME.

CHAPITRE Ier. — Prison de Bristol. — Projet général d'évasion. — Il échoue par suite d'une délation. — Le délateur est harponné. — Il meurt à l'hôpital avec un peu d'aide. — Cinquante Polonais résistent aux moyens de violence employés par les Anglais. — Aventures et pérégrination de l'Italien Marinelli. — Incendie dans un cautionnement. — Dévouement des officiers Français. — Sa récompense. — Un aspirant de seconde classe et un ultra. . . . . *Page* 5

CHAP. II. — L'ordre du Lion. — Ses fondateurs. — Son but, sa propagation dans divers cautionnements. — Les Rafalés. — Institution parodie. — Pensée généreuse des fondateurs. — Voyage de deux aigles françaises. On en perd une. — Anecdotes diverses. . . . 29

CHAP. III. — CABRÉRA. — Description de l'île. — Arrivée des prisonniers. — Leur dénûment. — Formation des barraques. — L'âne Martin. — Le prêtre Estebrich. — Famine horrible. — Sacrifice de Martin. — Nouvelles calamités. — Ouragan. 51

CHAP. IV. — Industrie, métiers et professeurs à Cabréra. — Salle de spectacle. — Succès de la troupe. — Projet de fuite constamment suivi par quatre prisonniers. — Leur départ de Cabréra. — Leur arrivée sur les côtes d'Espagne. 69

Chap. V.—Désertion rendue indispensable par suites de relations trop intimes. — Elle aboutit à un voyage à Londres. — Séjour dans cette ville. — Bonnes et mauvaises chances. — Arrestation. -- Voyage de Londres à Chatham.. 85

Chap. VI. — Un métaphysicien au ponton. — Amour platonique et idéal. — Ambassade à Londres. — Ses résultats négatifs. — Désespoir. — Duel. — Suicide. 105

Chap. VII.—Aventures d'un officier supérieur de la marine. — Son éducation. — Ses succès. — Son long séjour en Angleterre. — Mariage. — Chagrins domestiques. — Dernier combat. — Amour. — Second mariage. — Catastrophe. 131

Chap. VIII. — Massacre des Français domiciliés à Valence (Espagne). — Le moine Calvo. — Indifférence et incurie des fonctionnaires publics. — Mouvement de compassion des assassins. — Nouveaux meurtres. — Calvo menace la junte.—Il est arrêté et mis à mort. Douze prisonniers français conduits successivement à Cadix, à Lisbonne et en Angleterre. — Traitement affreux qui leur est infligé à bord d'une goëlette espagnole. 155

Chap. IX. — Voyage philosophique. —Commencement d'entente cordiale. — Banquet. — Rencontre inattendue. —Rixe. — Arrivée à Morlaix.—Incurie de l'administration.—Embarras des prisonniers.—Incidents divers. — Continuation du voyage. 174

Chap. X. — Désenchantement de Delmas.—Il part pour l'Angleterre. — Son compagnon de voyage se disant prince russe. Exentricités de ce personnage. — Ils débarquent à Palamos. — Arrivent à Montpellier. — Dispute. — Duel avorté. 205

Chap. XI. — Nouveau voyage en Angleterre. — Nouvelle captivité. — La frégate la *Melpomène*. — Souvenir d'Élisa. — Retour en France. — Les deux amants se retrouvent. — Dispositions bienveillantes du général P... — Dénouement. 229

Chap. XII. — Un corsaire. — Captivité. — Le ponton la *Crown*. — Évasion. — Insuccès. — Déguisement découvert. — Troisième tentative et heureux résultat. Rencontres diverses. — Un Anglais reconnaissant. — Réception bienveillante. — Secours généreux. — Traversée et arrivée en France. 249

Conclusion. 267
Notes. 293

PLACEMENT DES LITHOGRAPHIES.

Prisons d'Angleterre . . . . page 16
Résistance de 50 Polonais   24
Cabrera   32
Delmas et Élisa.   150

www.ingramcontent.com/pod-product-compliance
Lightning Source LLC
Chambersburg PA
CBHW060635170426
43199CB00012B/1565